China
Power
nomics

중국경제권력지도

초판 1쇄 발행 | 2018년 5월 30일

지은이 | 김재현
펴낸이 | 이원범
기획 · 편집 | 김은숙
마케팅 | 안오영
표지 및 본문 디자인 | 강선욱

펴낸곳 | 어바웃어북 about a book
출판등록 | 2010년 12월 24일 제2010-000377호
주소 | 서울시 마포구 양화로56 1507호(서교동, 동양한강트레벨)
전화 | (편집팀) 070-4232-6071 (영업팀) 070-4233-6070
팩스 | 02-335-6078

ISBN | 979-11-87150-41-1 03300

China
power
Pnomics

세계 경제패권의
미래를 포착하다

중국
경제
권력
지도

김재현 지음

어바웃어북

만만디 거북이가
유니콘을 타고
전 세계를 유영하다

상전벽해(桑田碧海)! 뽕나무밭이 푸른 바다로 변한다는 한자어로, 세상이 몰라볼 정도로 변함을 비유한 말이다. 지금 중국을 생각하면 상전벽해란 말이 떠오른다.

2003년부터 2014년까지 10년 조금 넘는 세월동안 필자는 중국에 있었다. 10년이면 강산도 변한다던데, 그 사이 중국에서는 뽕나무밭이 푸른 바다가 될 정도로 엄청난 변화가 일어났다. 중국의 엄청난 변화를 이끈 건 경제였다. 이 기간동안 중국 경제는 매년 평균 10%씩 성장했다.

그런데 더 놀라운 점은, 필자가 귀국한 2014년 이후 중국의 경제 성장 속도는 둔화됐지만 변화의 폭은 더 커졌다는 사실이다. 중국의 경제 규모가 워낙 거대해졌기에 가능한 일이다. 2017년 기준 중국의 경제 규모는 2000년보다 8배 넘게 커졌다. 이러한 양적 성장은 질적 성장으로 이어졌다. 중국인들이 말하는 이른바 '고질량(高質量) 성장'이다.

중국 경제의 질적 성장은 더 경이로운 소식을 낳았다. 가장 대표적인 게 중국 기업들의 '추격'과 '추월'이다. 화웨이가 글로벌 스마트폰 시장에서 3위로 부상하며 삼성전자를 바짝 뒤쫓기 시작했다. LCD 생산 업체 BOE는 이미 LG디스플레이를 제치고 글로벌 LCD 시장 1위에 올라섰다. 중국 업체들의 공급 증가로 LG디스플레이는 2018년 1분기 들어 6년 만에 처음으로 영업손실을 기록했다. 5년 전만 해도 상상할 수 없었던 일들이 벌어진 것이다.

가까운 미래 중국 경제는 또 어떻게 급변해 전 세계를 놀라게 할까?

지금 중국이 총력을 기울이는 분야는 반도체다. 반도체는 한국의 삼성전자와 미국의 인텔이 오랫동안 글로벌 선두자리를 내주지 않는 산업이다. 그런데, 지금과 같은 분위기라면 5년 뒤인 2023년에는 중국 반도체의 공격적인 영업으로 삼성전자가 15년 만에 첫 영업손실을 기록했다는 뉴스가 나오지 않을까? (삼성전자는 2008년 4분기 영업손실을 기록한 뒤 계속 영업이익을 내고 있다.) 필자의 전망이 허황된 예측처럼 들리는가? 하지만, 지난 5년 간 화웨이와 BOE 같은 중국 기업들의 실적을 되새겨보면 결코 불가능한 얘기가 아니다.

그동안 중국의 개혁·개방과 성장은 한국에게는 크나큰 기회였다. 2001년부터 2016년까지 한국의 전체 무역흑자 중 대중(對中) 무역흑자 비중이 무려 98%에 육박했다. 한국의 기업들이 원·부자재와 중간재를 중국으로 수출하면 중국에서 완성품을 생산해서 선진국으로 수출하던 상호보완적 구조였기 때문이다.

그런데 중국이 급성장하면서 한·중간 상호보완적 산업 구조가 경쟁적 구조로 뒤바뀌고 말았다. 비록 지금 삼성전자와 SK하이닉스가 메모리 반도체로 막대한 수익을 올리고 있지만, 5년 혹은 10년 뒤에는 중국의 반도체 기업들이 강력한 경쟁자로 부상할 것이다.

결국 글로벌 적자생존에서 살아남기 위해서는 '굴기'를 외치는 중국의 경제권력을 넘어서야만 한다. 한국을 포함한 전 세계가 중국의 경제권력 구도가 어떻게 변하고 있는지 반드시 알아야 하는 이유다.

과거 중국은 만만디(慢慢的, 천천히)의 나라였다. 지금은 '차이나 스피드'가 무섭다. 모바일 인터넷이 중국에서 확산되면서 중국의 변화 속도가 경이로울 정도로 빨라졌다. 중국 고속철도 '푸싱호'는 평균 시속이 350km에 달한다. 한국보다 고속철도 도입이 늦었지만 중국 고속철도는 KTX를 따돌린 지 오래다.

모바일 결제 보급 속도는 고속철도 발전 속도보다 훨씬 더 빨랐다. 중국은 신문가판대에서도 QR코드를 이용해 모바일 결제로 돈을 내는 등 신용카드보다 모바일 결제가 대세로 부상한지 오래다. 아마존이 무인점포인 '아마존고' 시범 운영을 시작한 뒤 1년이 지나서야 정식으로 오픈하는 사이, 중국은 무인점포를 대도시에 쫙 깔아버렸다. 음식배달 앱도 마찬가지다. 한국에서 음식배달 앱이 활성화되는 동안, 중국 대도시 도로는 이미 형형색색의 유니폼을 입은 음식배달 서비스 배송원으로 가득 찼다. 우스갯소리로 한국이 아닌 중국이 원래 '배달의 민족'이 아니었나 하는 생각이 들 정도다.

인터넷은 미국에서 시작해 발전해오다 한국에서 꽃을 피웠다. 중국인들은 농담 삼아 중국 인터넷 기업의 비즈니스 모델을 'C2C(Copy to China)'라고 말했다. 한때 중국은 미국과 한국의 비즈니스 모델을 베끼는 데 급급했기 때문이다. 하지만, 모바일 인터넷 시대에 들어와서는 얘기가 달라졌다. 중국에서 불고 있는 O2O(온·오프라인 연계) 열풍은 중국에서 모바일 인터넷이 왜 황금 알을 낳는 거위인지 방증한다. 차량공유, 음식배달, 공유자전거, 가사도우미 서비스 등 모바일 인터넷으로 14억 중국인들이 연결되고 있는 것이다. 인터넷 산업의 과거와 현재를 이해하기 위해서는 미국과 한국을 들여다봐야겠지만, 모바일 인터넷 산업의 미래를 보기 위해서는 중국에 가야한다는 말은 결코 과장이 아니다. 한국과 일본을 비롯한 선진국들이 제자리걸음을 하는 동안 중국은 맹렬히 추격해왔고, 어떤 분야에서는 세계를 추월했다. 그리고 어느새 중국은 미국의 'G2' 파트너로 부상했다. 중국인들은 머지않아 중국이 미국을 제치고 '글로벌 넘버원'이 될 거라 믿고 있다. 이른바 '중국몽(中國夢)'의 실현이다.

중국인들이 그리는 중국몽의 중심에는 바로 중국의 기업들이 있다. 중국 기업들의 성장 배경에는 14억 인구라는 거대한 시장이 있지만, 텐센트와 알리바바 같은 인터넷 기업들이 일군 '혁신'은 성장의 불쏘시개 역할을 했다. 현재 중국의 경제권력은 제조업에서 인터넷 산업으로 이동하는 전환기적 경향을 띄고 있다. 중국의 최대 부호는 더 이상 제조업체 재벌이나 부동산 갑부가 아닌 인터넷 기업의 창업자 중에서 나오고 있다. 텐센트의 마화텅, 알리바바의 마윈이 중국 경제권력을 대표하는 인물로 부상한 것이다. 이제 중국은 인공지능, 자율주행, 빅데이터, 블록체인 등 4차산업혁명으로 또 한 번의 변신을 도모하고 있다. 이처럼 중국의 경제권력은 계속 진화해 나갈 것이다.

한때 한국은 멀찌감치 앞서가면서 중국을 뒤돌아봤던 적이 있었다. 마치 토끼와 거북이 우화에서 토끼처럼 말이다. 하지만 지금은 상황이 너무 변했다. 만만디 거북이는 어느새 '혁신'이라는 유니콘에 올라타 하늘 위를 날아오르며 한껏 스피드를 내고 있다. 한숨 푹 자고난 토끼는 놀라서 껑충껑충 뛰며 심장이 터져라 속력을 내보지만, 현실은 녹록치 않다.

필자는 이 책에서 유니콘에 올라탄 거북이의 행방을 지도와 인포그래픽을 그려 추적해봤다. 수많은 산업을 넘나드는 거북이의 진로는 참 거침없었다. 이 책의 집필과 편집을 마치고 인쇄를 넘기기에 앞서 100장을 훌쩍 넘긴 지도와 인포그래픽을 가만히 들여다봤다. 흥미롭게도 지도와 인포그래픽에는 중국의 경제권력이 어떻게 성장해왔고 변화하고 있는지, 그리고 앞으로 어떻게 바뀔지가 그려졌다. 이 책의 제호인 '중국 경제권력 지도'가 한 권의 책으로 묶인 것이다.

책의 출간을 앞두고 5년 뒤를 생각해본다. 그때 중국 경제권력은 또 어떻게 변화해 있을지, 그리고 이 책에서 다룬 내용들이 얼마나 실현되어 있을지를. 그즈음 또 다른 책을 통해서 독자들과 소통할 수 있는 기회가 주어진다면 더 할 나위 없겠다는 소망을 품어 본다.

김재현

CONTENTS

Chapter 1 대륙을 질주하는 유니콘들

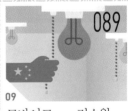

10

'공짜'와 '짝퉁'을
정중히 사절합니다

11

인구대국에 부는
'무인점포' 열풍

Chapter 2 추월자가 된 추격자

12

그들은 어떻게
재벌이 되었나?

13

'굴욕'과 '굴기'의
사이에서

14

시간이
얼마 남지 않았다!

15

그들의 호언장담이
귀청을 때리는 이유

16

세상의 모든 화면이
붉게 물들다!

17

'세계의 공장'에 부는
로봇 열풍

18

중국은 여전히
세계 자동차
大戰 중

Chapter 01

•

대륙을
질주하는
유니콘들

'창업공화국' 중국의 젊은 부자들

'시작이 반'이란 말은 '반'만 맞다!

어떤 일이든 시작이 가장 어렵다. 시작에 이르기까지 수없이 많은 고민을 거듭해야 하고 결심이 선 다음에도 지난한 준비 과정이 요구되기 때문이다. "시작이 반이다"란 말은 그냥 나온 게 아니다.

하지만, 시작만으로 모든 게 다 이뤄지는 것은 아니다. 주변에는 용두사미(龍頭蛇尾)에 그치고 마는 시작이 적지 않다. 신생 창업 기업을 뜻하는 '스타트업(startup)'의 성공 확률이 대단히 낮은 것도 같은 맥락이다.

미국 실리콘밸리에서 출발한 스타트업은 2000년대 초반 '닷컴버블'이 꺼지면서 좀 더 혁신적이고 구체적인 사업 아이템을 기반으로 설립한 벤처 기업을 의미한다.

물론, 모든 스타트업이 실패하거나 중도에 포기하는 것만은 아니다. 구글이나 아마존 같은 회사들처럼 성공 신화를 쓴 곳도 있기 때문이다. 하지만, 구글이나 아마존은 말 그대로 '신화적'인 존재다. 대부분 스타트업에 그치고 마는 경우가 부지기수다. 기업가치가 10억 달러 이상으로 성장한 스타트업을 가리켜 '유니콘(Unicorn)'이라고 부르는데, 이는 스타트업 중에 크게 성공하는 경우가 드물어 '신화' 속에 존재하는 유니콘 같다는 의미에서 붙여진 이름이다. 심지어 기업가치가 100억 달러 이상인 스타트업은 뿔이 10개 달린 상상 속 동물인 '데카콘(Decacorn)'이라 부른다.

대중창업 만중창신

스타트업의 시작과 붐은 미국 실리콘밸리에서 비롯했지만, 스타트업의 메카는 지구 반대편이 됐다. 바로 중국이다. 중국은 하루 평균 1만 5000개의 스타트업이 탄생하는 세계 최대 창업국가다. 대학생에서 해외 유학파, 심지어 공무원 출신 등 경력이 제각기인 수많은 사람들이 창업 전선에 뛰어들고 있다. 중국 대학생들 사이에서는 '창업으로 취업한

■ 중국의 창업 기업 추이   (단위: 만 개)

연도	신설기업 수	하루 평균
2013년	250	0.7
2014년	365	1.0
2015년	444	1.2
2016년	553	1.5
2017년	451	1.65

자료: 중국공상총국,
2017년 1~9월 추정치

다'는 '취업창업(就業創業)'이라는 신조어까지 생겼다.

중국에서 창업이 열풍을 불게 된 계기는, 2014년경 리커창 총리가 다보스 포럼에서 '대중창업 만중창신(大衆創業 萬衆創新 : 모두가 창업하고 혁신하라)'이라는 말을 한데서 촉발됐다. 이후 시진핑 주석은 19기 공산당 지도부 집권 2기 출범 대회에서 "기업가정신을 고취해 더욱 많은 주체가 창업할 수 있도록 지원할 것"이라고 밝혔다.

'창업'으로 대표되는 중국인들의 도전정신은 '혁신'으로 이어졌다. 한때 한국이 '창조경제'를 주창할 때 중국은 이른바 '혁신창업'이란 화두를 던지며 젊은 인재들을 독려하고 구체적으로 지원했다. 창조경제라는 두루뭉술한 개념과는 분명 다른 모습이다. 실제로 인공지능, 드론, 핀테크, 전기차 등 4차산업혁명 분야에서 중국은 미국이나 독일, 일본에 견줄만한 경쟁력을 갖춰나갔다. 아마도 지금 중국을 보고 세계의 굴뚝공장을 떠올리는 사람은 드물 것이다.

중국은 스타트업이 성장해 시장을 만들면 그 시장에서 다시 스타트업

▎주요 국가 스타트업 증가율(2010년 이후)

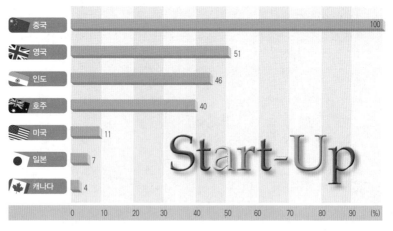

자료: 블룸버그

이 폭발적으로 증가하는 선순환 구조를 구축했다. 이를테면, 중국의 대표 인터넷 기업인 BAT(바이두·알리바바·텐센트)가 만들어놓은 생태계에서 샤오미, 디디추싱 등 100여 개 스타트업이 유니콘 기업으로 성장했다. 신화 속 이야기가 현실이 된 것이다.

중국에 '맨손창업'으로 부를 이룬 젊은 재벌이 많은 이유

중국에는 맨손으로 창업해서 30대 나이에 엄청난 부를 이룬 젊은 재벌들이 적지 않다. 2017년 중국의 자수성가형 30대 창업자 중 10위권 자산이 95억 위안(약 1조6000억 원)에 달했다. 이들 30대 스타 창업자들은 중국 젊은 층 사이에서 '혁신창업' 열풍을 일으킨 촉매 역할을 했다.

2017년 11월 중국 부호연구소인 후룬연구원이 '중국 빠링허우(80년대생) 부호 명단'을 발표했다. 후룬연구원에 따르면 30대 창업자 중 20억 위안(약 3400억 원) 이상의 자산을 보유한 사람이 99명이나 됐다. 2016년 대비 50% 증가한 수치다. 이들 중 37명이 재벌 2세가 아니라 자수성가한 사람이다. 37명의 창업자가 고용한 인원은 약 10만 명에 달했으며, 이들이 창업한 기업의 시가총액 합계는 1조 위안(약 170조 원)이 넘는다. 시가총액이 가장 큰 기업은 디디추싱(차량 공유 서비스), 진르토우탸오(뉴스 정보 서비스)와 하오웨이라이(교육)다.

맨손창업형 30대 부호 1위는 인터넷교육 업체 '하오웨이라이'를 창업한 장방신이 차지했다. 자산총액은 약 400억 위안(약 6조8000억 원), 2016년 대비 2배 이상 늘었다. 2위는 세계 1위 드론 업체 'DJI' 설립자인 왕타오가 차지했다. 자산 규모는 360억 위안에 달한다. 1위와 큰 차이가 없다. 3위는 뉴스앱 '진르토우탸오'를 설립한 장이밍, 4위는 SI 업체 'HAKIM'

을 설립한 왕치청·우옌 부부, 5위는 중국 최대 차량 공유 서비스 '디디추싱'을 설립한 청웨이이다.

한국을 대표하는 벤처 기업 네이버 창업자 이해진 의장의 재산이 1조 원대인데, 중국 맨손창업형 30대 부호 3위인 장이밍의 재산이 5조 원에 달한다. 급성장하는 중국 벤처 기업의 기세를 여실히 보여준다.

업종별로 살펴보면, 게임이 24%, 첨단제조가 16%, 핀테크가 11%를 차지했다. 중국 게임 시장이 워낙 방대하다 보니 게임으로 떼돈을 번 기업이 많은 건 당연하다. 흥미로운 점은 첨단제조로 대박을 친 창업자도 많다는 사실이다. 중국이 제조업에서 갈수록 경쟁력을 높여가고 있는 현실을 반영한다. 또한 핀테크 비중도 크다. 그 다음으로는 투자·교육·전자상거래·전통제조가 각각 8%를 차지했다.

맨손창업형 30대 부호 평균 연령은 35세이다. 공유 자전거 서비스 '오

▎스타트업 생태계 세계 주요 도시 톱 10

(2017년 기준, 각 도시에서 활동하는 기업들의 실적, 자금, 인재 경험 등을 바탕으로 평가)

포(ofo)'를 만든 따이웨이가 26살로 가장 어리고, 그 다음은 소액 대출 업체 '투안따이왕'을 설립한 탕쿤(30)이다. 지역별로 보면 베이징 · 상하이 · 선전 · 항저우에서 창업한 부호들이 대다수다. 베이징과 상하이는 중국 최대 도시이며 선전은 요즘 창업 열풍으로 떠오른 곳이다. 항저우는 알리바바 본사가 위치한 곳이라는 특수성이 있다. 스톡옵션으로 거액을 번 알리바바 출신 창업자들도 항저우에서 창업하는 경우가 많다.

사교육 열풍을 '선행' 하다

장방신이 창업한 하오웨이라이는 초등학생과 중·고등학생을 대상으로 온라인 교육 서비스를 제공하는 기업이다. 장방신의 창업 과정이 흥미롭다. 장방신은 쓰촨대학교를 졸업하고 2002년 베이징대학교 석사과정에 진학했다. 재학 중인 2003년 친구와 함께 '아오수왕'이라는 과외 아르바이트 회사를 만들어 수학 과외를 시작했다. 그는 가장 바쁜 석사과정 1학년 때 무려 7건의 아르바이트를 했다. 개인과외 3건, 그룹과외 2건, 홈페이지 관리 1건, 온라인 문제풀이 1건이다. 2005년 회사 이름을 '쉐얼쓰(學而思)'로 변경하고 초등학생 및 중·고등학생을 대상으로 특화해 과외

중국 최대 사교육 기업
'하오웨이라이'의 장방신

019

서비스를 제공하기 시작했다.

회사는 눈부시게 성장했다. 그리고 누구도 예상치 못한 일이 벌어지기 시작했다. 2010년 뉴욕 증시에 상장했으며 2013년에는 하오웨이라이로 회사명을 변경했다. 현재 하오웨이라이의 임직원은 약 2만 명, 온라인 회원 수는 약 3500만 명에 달한다. 중국 전역 37개 도시에서 400만 명이 넘는 학생에게 오프라인으로 과외 서비스를 제공하고 있다. 하오웨이라이의 시가총액은 약 150억 달러를 기록하고 있다. 2017년 주가가 2배 넘게 상승하면서, 중국 교육 업계 최초로 나스닥에 상장한 신동방 그룹을 뛰어넘어 중국 최대 교육 업체로 성장했다.

후룬연구원은 30대 최고 부호가 교육 업종에서 나왔다는 사실이 의외라고 밝혔다. 하오웨이라이는 '과외'라는 학생 아르바이트를 대규모 사업 아이템으로 일궈냈다. 특히 오프라인 과외에 인터넷을 결합해 고객의 접근성을 높여 시장을 확장했다. 하오웨이라이는 무엇보다 중국인들의 교육열에서 성공 가능성을 확신했다. 경제가 고속 성장하고 중산층이 급증하면서 자녀의 사교육을 위해 지갑을 여는 중국 젊은 부모들의 소비 성향을 일찌감치 꿰뚫어 본 것이다.

하늘을 바라보니 새로운 시장이 열렸다?!

왕타오는 어려서부터 비행기 모형에 관심이 많았다. 2005년 홍콩과기대학교 졸업을 앞둔 시점에도 졸업 과제로 무선 조종 헬리콥터의 비행 컨트롤 시스템을 선택했다. 6개월 간의 노력에도 헬리콥터의 공중 정지에는 실패했지만 당시 지도교수가 왕타오의 능력을 높이 평가해 석사과정 진학을 권유했다. 왕타오는 대학원에 들어가 밤낮을 가리지 않고 연구를 거듭한 끝에, 2006년 1월 첫 번째 제품을 내놓았다. 곧이어 200만 홍콩달러를 조달받아 선전에 'DJI'를 설립했다. 설립 초기 허름한 주택에서 업무를 봤기 때문에 인재를 구하기도 어려웠다. 면접을 보러 온 사람이 사무실 문을 열어본 뒤

| DJI를 창업해 세계 드론 시장 1위 기업으로 만든 왕타오

고개를 돌리고 그냥 가버리는 경우가 적지 않았다.

드론을 향한 집념 하나로 버틴 왕타오에게 기회는 외부에서 찾아왔다. 전 세계적으로 드론 시장이 폭발 성장한 것이다. 2011년부터 2015년까지 DJI의 매출은 약 100배 늘었고 현재 DJI의 글로벌 시장점유율이 약 70%에 달한다.

드론은 대표적인 4차산업 분야 가운데 하나다. DJI가 중국을 넘어 세계 4차산업혁명을 이끄는 유니콘으로 각광받게 된 것이다. '메이드 인 차이나' 하면 조악한 저가 공산품을 떠올리던 생각이 편견에 지나지 않음을 DJI가 바꿔놓았다. 중국인들이 DJI의 성공을 뿌듯해 하는 이유이기도 하다. '국민 혁신 기업'은 이렇게 탄생하는 것이다.

당신의 검색 취향을 저격하다

'진르토우탸오'는 난카이대학교를 졸업한 장이밍이 2012년 창업한 기업이다. 한국에서는 별로 알려져 있지 않지만, 요즘 중국에서 가장 주목을 받은 기업이다. 진르토우탸오는 '오늘의 헤드라인'이라는 뜻인데, 쉽게

장이밍이 창업한 뉴스앱 '진르토우탸오'는 빅데이터와 알고
리즘을 이용해 정교한 뉴스 큐레이션 서비스를 제공한다.

얘기해서 네이버 뉴스라고 보면 된다. 그런데 네이버 뉴스보다 정교하다. 빅데이터와 알고리즘을 활용해서 사용자의 연령·학력·지역과 선호하는 주제를 반영한 뉴스 큐레이션 서비스를 제공한다.

한국에서 진르토우탸오를 실행하면 한국과 관련된 중국 뉴스가 추천 목록에 뜬다. 2012년 서비스를 제공하자마자 석 달 만에 1000만 사용자를 확보하는 등 선풍적인 인기를 끌었으며 2016년 말 기준 사용자 수가 7억 명, 일 활동 사용자 수(DAU)가 7800만 명에 달하는 필수 앱으로 성장했다. 2017년 진르토우탸오의 기업가치가 약 200억 달러로 평가받으면서 장이밍의 순위도 18단계 급상승했다.

혁신의 시계가 멈춘 나라, 창업의 토양이 배양된 나라

중국 경제가 전통제조에서 인터넷과 첨단제조로 무게 중심을 옮겨가면서 새로운 기회를 움켜쥔 젊은 창업자들이 유니콘 신화에 마침표를 찍었다. 중국 경제의 역동성이 돋보이는 대목이다.

시선을 돌려 한국을 바라봤다. 한국은 벤처 창업에 해마다 2조 원이라는 막대한 예산을 쏟아 붓고 있는데 왠지 혁신의 시계는 멈춘 듯하다. 한국에도 성공한 1세대 벤처인들이 존재하지만 그들의 행보는 사뭇 다르다. 그들은 여전히 자신의 텃밭(자산)을 키우는 데만 여념이 없다. 창업 생태계가 1세대에서 정지한 것이다.

중국에는 유니콘 신화를 일으킨 주인공들이 산업 현장에서 신화를 꿈꾸는 젊은이들과 함께 호흡한다. 알리바바를 창업한 마윈은 신유통을 외치며 막대한 일자리를 창출하며 젊은이들을 현장으로 이끈다. 또 유망한 스타트업들과의 협업을 마다하지 않으면서 그들과 수익을 나눈다. 심지어 마윈은 스타트업 기업인을 양성하기 위해 대학교까지 설립했다. 중국에는 마윈 같은 스타 경영인들이 참 많다. 저마다 멘토를 자청하며 대학을 돌며 강연 활동에도 많은 시간을 할애한다. 그들에게 영향 받은 수많은 젊은이들이 너도나도 창업에 나선다. 많은 젊은이들이 대기업 취업과 공무원을 목표로 하는 한국과는 분명 다른 모습이다.

"혁신은 사람이 마음먹기에 달렸다. 어떤 비전으로 무엇을 시작할 것인가를 늘 생각하고 준비해두고 있어야 한다." 하오웨이라이의 장방신이 모교 강연에서 한 말이다. 그는 또 자신은 '맨손'으로 창업했지만 결코 '맨 땅'에서 시작한 게 아니라고 했다. 창업 멘토인 선배들이 남겨준 생태계가 자신을 성공으로 이끈 토양이 됐다는 장방신의 후일담은 울림이 크다.

중국 맨손창업 30대 부호 순위

1위 장방신(37)
400억 위안
하오웨이라이
(교육)

2위 왕타오(37)
360억 위안
DJI(드론)

3위 장이밍(34)
290억 위안
진르토우탸오
(뉴스앱)

4위 왕치청(37)
265억 위안
HAKIM(SI)

5위 청웨이(34)
165억 위안
디디추싱
(차량 공유 서비스)

6위 류루오펑(34)
135억 위안
광치(초재료)

7위 루오민(34)
125억 위안
취디엔(소액 대출)

8위 시에지아(37)
115억 위안
DJI(드론)

9위 린치(36)
95억 위안
YOOZOO(게임)

10위 우창(37)
95억 위안
JD캐피탈
(사모펀드)

자료: 후룬연구원, 2017년 8월 15일 기준

거침없이 스타트업

BAT vs. FANG

중국에서 자주 듣게 되는 단어 중 하나가 'BAT'다. 중국 IT 기업인 바이두·알리바바·텐센트의 영문 이름 첫 글자를 따서 합성한 말이다. 검색 업체인 바이두는 영향력이 줄었지만 알리바바와 텐센트는 중국 대표 인터넷 기업으로 성장하며 글로벌 플레이어로 자리매김했다.

세계 인터넷 기업 시가총액 1~3위는 구글·아마존·페이스북으로, 모두 미국 기업이다. 이들 3인방에 넷플릭스까지 가세해 'FANG'이란 조어가 생겼다. 이들은 글로벌 인터넷 산업에서 미국의 주도적인 위치를 상징한다.

그런데 중국 인터넷 기업들의 추격이 만만찮다. 알리바바와 텐센트가 각각 글로벌 시가총액 4위와 5위를 차지하며 미국 기업들의 뒤를 바짝 쫓고 있다(2017년 6월말 기준). 최근에는 텐센트가 페이스북을 따라잡고 3위로 부상했다는 자료도 눈에 띈다. 그 뒤를 이어 바이두·징동닷컴·왕이도 10위 안에 들었다. 세계 인터넷 기업 시가총액 10위 안에 중국 인터넷 기업만 5개다.

미래를 대표하는 인터넷 기업이 될 유니콘(기업가치 10억 달러 이상의 스타트업) 중에서도 중국 기업의 비중이 크다. 2017년 200개가 넘는 유니콘 기업 중 미국 기업이 절반으로 아직은 비중이 높지만, 중국 기업 비중도 30%를 차지했다. 미국에 이어 두 번째다.

중국 인터넷 기업이 급성장하면서 이들에 대한 글로벌 컨설팅 업체들의 관심이 매우 높아졌다. 최근 세계적인 컨설팅 기업인 보스턴컨설팅 그룹이 알리바바 · 바이두 · 디디추싱 등 중국 인터넷 기업들과 공동으로 중국 인터넷 산업을 연구 · 분석한 보고서를 발표했다. 바로 '중국 인터넷의 특징 분석'인데, 보고서가 발표되자마자 전 세계 전문가들로부터 큰 주목을 받았다. 보고서의 행간에 어떤 함의가 담겨 있었던 걸까? 그 핵심을 파헤쳐 보자.

▌ 나라별 유니콘 기업 현황

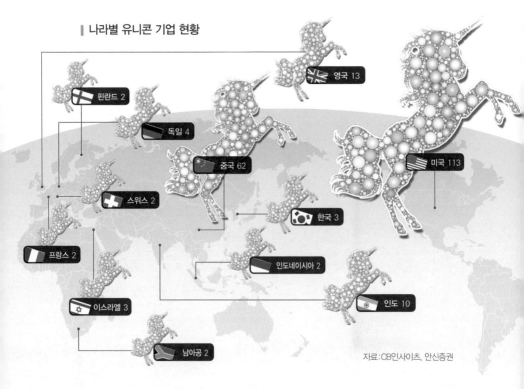

영국 13
핀란드 2
독일 4
중국 62
미국 113
스위스 2
한국 3
프랑스 2
인도네시아 2
인도 10
이스라엘 3
남아공 2

자료:CB인사이츠, 안신증권

알리바바 총 거래 규모 월마트 뛰어 넘어

최근 몇 년 동안 중국 인터넷 산업의 성장을 보여주는 기념비적인 사건이 줄을 이었다. 2013년 전자상거래 업체인 알리바바의 총 거래 규모는 2480억 달러로 아마존과 이베이의 총거래 규모를 합친 금액보다 많았다. 이후 알리바바는 2015년에 총 거래 규모가 4900억 달러로 미국 유통 공룡 월마트를 뛰어넘어 세계 최대 유통 플랫폼으로 성장했다. 같은 해 중국 P2P(개인 간 거래) 대출 업체의 대출 규모는 669억 달러로 미국의 4배에 달했다.

2016년에는 더 큰 변화가 있었다. 스타트업 기업 '모바이크'가 중국에서 세계 최초로 공유 자전거 서비스를 출시하며 인터넷 트렌드를 선도하기 시작했다. 또한 중국에서의 모바일 결제 거래가 8조5000억 달러로 급증하며 미국의 70배 이상으로 커졌다. 알리바바 계열사인 앤트파이낸셜이 운영하는 '위어바오'는 2017년 4월 기준 운용자산 1656억 달러로 JP모건을 제치고 세계 최대 머니마켓펀드(MMF) 자리를 차지했다.

전 세계 시가총액 10대 인터넷 기업 (단위: 10억 달러, 2017년 6월 말 기준)

1위 구글 636
2위 아마존 463
3위 페이스북 438
4위 알리바바 356
5위 텐센트 336
6위 프라이스라인 92
7위 넷플릭스 64
8위 바이두 62
9위 징동 56
10위 왕이 39

자료:Crunch Base, BCG

미국이 힘겹게 자동차를 만들 때, 중국은 손쉽게 모바일 유저를 늘린다!

중국 인터넷 기업들이 급성장하면서 미국이 이끌어오던 글로벌 인터넷 산업이 미·중 양국으로 재편됐다. 특히 모바일 인터넷 시대로 진입하면서 중국의 영향력은 미국을 압도했다. 마윈 알리바바 회장은 "미국이 자동차의 나라라면 중국은 인터넷과 모바일 단말기의 나라"라고 했는데, 이 말에는 미국이 비싼 노동력과 부품을 들여 자동차를 만드는 동안, 중국은 손쉽게 모바일 유저를 늘린다는 의미가 담겨 있다.

중국 인터넷 산업의 특징 중 하나는 '규모'다. 2016년 말 기준 중국 네티즌 수는 7억1000만 명에 달했다. 인도와 미국 네티즌을 합친 규모와 맞먹을 뿐 아니라, 세계 네티즌 수의 20%를 차지하는 규모다. 중국의 인터넷 소비 규모 역시 어마무시하다. 2016년 9670억 달러로 미국에 이어 세계 2위를 차지했다.

그런데, 중국 인터넷 산업의 '규모' 보다 더 놀라운 것이 있다. 바로 '차이나 스피드'다. 중국 네티즌 수는 지난 15년 간 연평균 25% 넘게 늘었고 인터넷 소비 규모도 매년 32%씩 커졌다. 특히 아직도 인터넷 보급률이 52%에 불과한 만큼 성장 가능성이 무궁무진하다.

중국 네티즌, 새로운 서비스 적극 받아들여

흥미로운 대목은 중국 네티즌의 특징이다. 중국 네티즌은 연령대와 학력 수준이 미국보다 낮으며 모바일 인터넷 이용 비중이 크다. 중국 네티즌 평균 연령은 28세로 미국의 42세에 비해 14살 적다. 중국인의 평균 연령이 낮기도 하지만, 중국 노년층의 인터넷 미사용 비중이 크기 때문이다. 학력도 낮다. 중국에서 전문대 졸업 이상 학력의 네티즌 비중은 21%에 불과하지만, 미국은 64%에 달한다. 중국 네티즌 절반 이상이 고등학교 졸업 이하의 학력이다.

낮은 연령대 때문인지는 몰라도 중국 네티즌들은 새로운 것을 적극적으로 받아들이는 성향이 강하다. 네티즌 마음을 사로잡는 서비스가 빠르게 성장할 수 있다는 얘기다. 중국 인터넷 시장의 특성을 살필 수 있는 중요한 단서다. 실례로 차량 공유 서비스인 '우버'는 2016년경 미국 시장침투율이 50%에 못 미쳤지만, 중국의 경쟁 업체인 '디디추싱'은 3년 만에 시장침투율 50%를 달성했다.

인터넷 보급률은 중국이 미국보다 낮지만, 모바일 인터넷 보급률은 중국이 90%로 미국(78%)보다 오히려 높다. 알리바바의 회장 마윈이 모바일을 강조했듯이 현재 진행 중인 중국의 인터넷 혁명은 정확히 말하면 '모바일 인터넷' 혁명이다.

▌ 전 세계 네티즌 수 순위　　　　　　　　(단위: 억 명, 2016년 기준)

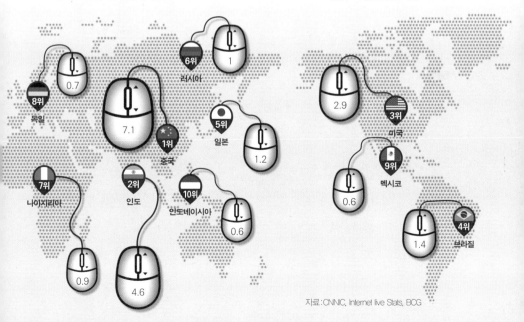

자료: CNNIC, Internet live Stats, BCG

중국에서는 샤오미가 스마트폰을 출시한 이후 2012년부터 가격 하락이 지속되면서 스마트폰의 범용화(commoditization)가 진행됐다. 이때를 기점으로 스마트폰 보급과 모바일 인터넷 이용이 급증하면서 중국의 모바일 인터넷 혁명이 시작된 것이다.

바람구멍을 타고 하늘 높이 날아오른 돼지들

인터넷 산업의 세부 섹터로 한 걸음 더 들어가 보자. 중국은 미국보다 전자상거래 시장 규모와 인터넷 금융 비중이 높다. 매출액으로 볼 때, 중국에서 전자상거래가 차지하는 비중은 미국(27%)보다 훨씬 높은 44%에 달한다. 인터넷 금융의 비중 역시 12%로 미국(5%)보다 높다.

중국 인터넷 업계의 경쟁은 날이 갈수록 치열해지는 추세다. 중국 인터넷 업계 3강인 BAT가 각자의 생태계를 구축하는 한편, 모바일 결제, 차량 공유 서비스 등 분야 별로 선두 기업을 육성하고 있다. 알리바바는 전자상거래에서 '타오바오'와 '티몰'을 키우면서 압도적인 점유율을 차지하고 있다. SNS에서는 텐센트의 중국판 카카오톡인 '위챗'의 영향력이 독보적이다. 차량 공유 서비스에서는 텐센트와 알리바바가 모두 투자한 '디디추싱'이 독점 기업으로 성장하고 있다. 온라인 여행사는 바이두가 투자한 '씨트립'이 눈에 띈다. BAT 외에 전자상거래 업체 '징동닷컴', 포털 · 게임 퍼블리싱 업체 '왕이'도 경쟁력을 갖췄다는 평가다.

중국은 최근 몇 년 간 인터넷 산업에서의 굵직굵직한 기회들을 놓치지 않았다. 차량 공유 서비스, 소셜커머스, P2P 대출, 인터넷 라이브 방송 등이 그 예이다. 차량 공유 서비스의 '우버', 소셜커머스의 '그루폰', P2P 대출의 '렌딩클럽'은 모두 미국 기업이었지만 이들이 선보인 비즈니스 모델은 중국 시장에서 훨씬 큰 반향을 불러일으켰고 경쟁도 치열했다. 2011년 소셜커머스가 한창 열풍일 때 중국 소셜커머스 업체는 5000여 개로 늘었다가 경쟁 구도가 상위 업체 중심으로 재편되면서 200여 개로 정리됐다. P2P 대출 역시 마찬가지다. 2015년 P2P 대출 업체는 3400개까지 급증했다. 그야말로 우후죽순처럼 늘다가 금융 리스크를 우려한 중국 금융당국의 규제가 시작되면서 경쟁력을 갖춘 업체들만이 살아남아 시장을 견고하게 다졌다.

중국 인터넷 산업에서 눈에 띄는 점은 거품이 꺼지면서 시장 자체가 무너지지 않고 오히려 더 단단해지고 내실을 갖췄다는 사실이다. 중국인들이 즐겨 쓰는 말 중에 "바람구멍(風口) 앞에 서 있으면 돼지도 날 수 있다"는 얘기가 있다. 이 말은 급격히 커지는 시장에서 기회를 잘 포착하면 순식간에 급성장 할 수 있다는 뜻이다. 바람구멍 앞에서 흔들리지 않고 오히려 바람을 타고 더 높이 올라가는 중국 인터넷 기업들이 바로 그 돼지인 것이다.

┃ 중국과 미국의 인터넷 산업 구조 비교 (단위: %, 2016년 기준)

■ 전자상거래　　44
■ SNS/엔터테인먼트 23
■ 검색, 지도, 뉴스　12
■ 인터넷 금융　　12
  교통, 의료, 교육　6
■ 기타서비스　　　3

■ 전자상거래　　27
■ SNS/엔터테인먼트 23
  교통, 의료, 교육　17
■ 기타서비스　　　15
■ 검색, 지도, 뉴스　13
■ 인터넷 금융　　　5

자료: eMarketer, BCG

설립 2년 안에 유니콘 기업으로 성장한 비중 46%

한국은 카카오와 일부 게임 업체 말고는 2000년대 중반 이후 탄생한 대형 인터넷 기업이 드물다. 그런데 중국은 다이내믹한 산업 분위기를 반영하듯 몇 년 사이 급성장한 스타트업 기업들이 적지 않다. 차량 공유 서비스 업체 '디디추싱'은 560억 달러 이상의 기업가치를 평가 받고 있으며, 소셜커머스 업체인 '메이투안'의 기업가치도 300억 달러가 넘는다.

중국에서 인터넷 기업이 더 빨리 성장한다는 통계 수치도 있다. 중국 유니콘 기업들은 설립된 지 평균 4년 밖에 지나지 않았다. 심지어 2년 안에 유니콘 기업으로 성장한 비중도 46%에 달한다. 이와 달리 미국 인터넷 기업은 유니콘 기업이 되기까지 평균 7년이 소요된다.

보스턴컨설팅그룹은 중국 인터넷 산업의 발전 이유를 세 가지로 정리했다. 우호적인 거시경제 환경, 인터넷 산업의 높은 투명성, 그리고 '도약 성장'이다.

첫째, 우호적인 거시경제 환경 중 가장 중요한 것은 평균 연령 33세에 불과한 중국의 14억 인구다. 디지털 환경에 익숙한 중국의 젊은 네티즌들이 빠르게 새로운 서비스를 받아들이면서 인터넷 기업들을 성장시켰다. 아울러 인적 자원 역시 빼놓을 수 없다. 중국에서 해마다 대학을 졸업하는 약 700만 명 중 절반인 350만 명이 이공계 졸업생이다. 컴퓨터 관련 전공 졸업생도 40만 명에 이른다. 평균 임금은 미국 엔지니어의 3분의 1에 불과하다.

중국 정부의 인터넷 기반 시설 확충도 호재로 작용했다. 중국 정부는 경제 개발 계획인 '12·5규획', '13·5규획'과 '브로드밴드 중국' 등을 통해서 초고속 인터넷망, 모바일 인터넷망과 클라우드 컴퓨팅 설비를 대대적으로 확충했다. 특히 2011년부터 2015년까지 진행된 '12·5규획' 기

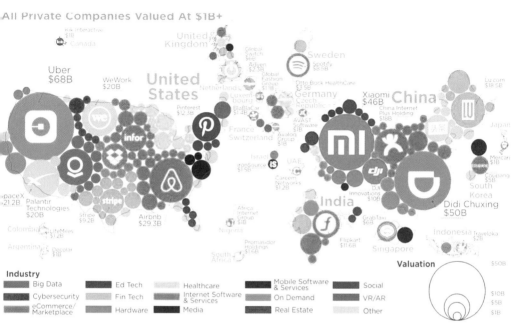

간 동안 IT 산업에 2조 위안을 투자하는 등 정부가 앞장서서 인터넷 사업 환경을 개선했다. 과거 한국에서 김대중정부가 만든 초고속 인터넷망이 IT 산업 발전의 초석이 된 것을 떠올리게 하는 대목이다.

둘째, 인터넷 산업의 높은 투명성이란, 인터넷의 정보 공개와 빠른 전달 속도를 뜻한다. 특히 중국에서는 인터넷의 '오픈 소스(Open Source)' 정신에 따라 공개된 코드를 이용해 개발할 수 있는 기회가 많았다. 중국에서 저가 스마트폰을 처음 내놓은 샤오미 역시 구글이 공개한 안드로이드 기반 오픈 소스 코드를 이용해 1년 만에 초기 스마트폰의 연구개발을 끝냈다.

셋째, '도약 성장'은 인터넷 발전 과정에서 중국과 다른 나라가 차이를 나타낸 결정적인 요인으로 꼽힌다. 선진국에서 인터넷 산업의 발전은 점진적으로 진행됐으며 기존 시스템을 부분적으로 개선하는 차원에서 이뤄졌다. 수백 년 동안 이어져온 기존의 산업 구조가 소비자들의 수요를 충족시키고 있었기 때문이다. 하지만 중국은 달랐다. 인터넷 시대로 진입할 무렵, 중국은 전통 산업의 성숙도가 대체로 떨어졌다. 미성숙한 전통 산업의 단점을 인터넷이 보완하면서 '퀀텀 점프'를 이뤄낸 것이다. 특히 중국에서는 유통과 금융 산업의 효율성이 떨어졌는데, 알리바바 등이 인터넷 기술을 이용해 산업의 효율성과 소비자 편익을 크게 높였다. 결국 알리바바는 세계 최대 전자상거래 업체로 성장했다.

미국이 중국을 베끼는 시대가 온다!

중국에서는 자국 인터넷 기업의 비즈니스 모델을 'C2C'라고 농담 삼아 말하곤 했다. 'Copy to China', 즉 미국에서 창안한 비즈니스 모델을 중국에서 카피한 것에 불과하다는 얘기다. 하지만 중국 인터넷 기업들이 'C2C' 과정에서 이룬 혁신도 만만치 않다. 이건 결코 중국 기업들을 두둔하는 얘기가 아니다. 알리바바는 이베이와 중국 전자상거래 시장을 놓고 치열한 경쟁을 벌이는 과정에서 소비자와 판매자 간 메신저 서비스를 도입해 중국 소비자들에게 어필하는 데 성공했는데, 이는 알리바바가 창안한 영업 노하우다.

앞으로는 중국 인터넷 기업들이 미국 IT 업계를 대표하는 'FANG'처럼 글로벌 인터넷 산업을 선도할 지도 모른다. 'Copy to China'가 아니라 미국이 중국을 카피할 수도 있다는 얘기다.

실제로 2017년 9월 18일 「파이낸셜 타임스」는 '중국 대 미국 : 누가 누구를 카피하는가?(China vs US : who is copying whom?)'라는 특집기사에서 중국 인터넷 기업들이 이끌고 있는 트렌드를 다룬바 있다. 그 가운데 메신저 애플리케이션의 원조격인 '왓츠앱'이 중국판 카카오톡인 '위챗'의 공중계정(기업이나 단체의 위챗용 계정) 서비스를 도입했다는 내용이 눈에 띈다. 미국 인터넷 기업이 중국을 모방하기 시작한 것이다.

인터넷 강국을 자처애온 한국이 중국 인터넷 기업들의 성장에서 배울 점은 무엇일까? 역설적이게도 규제 완화다. 중국은 계획경제 체제이기 때문에 기업에 대한 규제가 까다롭다. 그런데 유독 인터넷 기업들에게는 규제를 풀고 있다. 이를 테면 사업 초기에는 규제 완화 상태에서 인터넷 기업이 자유롭게 사업을 하도록 놔두고 나중에 꼭 필요한 부분만 사후 규제를 도입한다. 한국이 게임 산업에 대한 전방위 규제로 골머리를 앓는 동안, '텐센트'가 '라이엇게임즈'와 '슈퍼셀'을 인수하며 글로벌 1위 게임 업체로 부상한 사실은 시사하는 바가 크다.

2017년 9월 18일자 「파이낸셜 타임스」는 '중국 대 미국 : 누가 누구를 카피하는가?'라는 특집기사에서 메신저 애플리케이션의 원조격인 '왓츠앱'이 중국판 카카오톡인 '위챗'의 공중계정(기업이나 단체의 위챗용 계정) 서비스를 도입했다는 내용을 비중 있게 다뤘다. 미국 인터넷 기업이 중국을 모방하기 시작했음을 지적한 것이다.

CHINA
POWERNOMICS
03

중국인의 모바일 지갑을 털어라!

인터넷 속도 세계 1위 VS. 핀테크 도입률 세계 1위!

2010년까지만 해도 중국의 인터넷 속도는 10MB(메가바이트)에도 미치지 못하는 곳이 태반이었다. 초고속 인터넷을 즐기던 한국인이 중국에서 살려면 속이 터질 수밖에 없었다. 그 시절 중국 네티즌들에게 한국은 부러움의 대상이었다. 한국하면 초고속 인터넷과 IT 선진국이라는 인상이 강했기 때문이다. 네트워크 서비스 업체 아카마이가 발표한 자료에 따르면 지금도 한국은 인터넷 속도 세계 1위 자리를 지키고 있다.

하지만 이제 중국 네티즌들은 더 이상 한국을 부러워하지 않는다. 중국 정부의 정책적 노력으로 인터넷 속도가 100MB 이상으로 빨라졌고, 생활밀착형 O2O(온·오프라인 연계) 서비스의 확산으로 일상생활도 훨씬 편리해졌기 때문이다. 이미 모바일 결제, 인터넷전문은행, P2P(개인간 거래) 대출 등 핀테크(FinTech) 분야에서 중국은 글로벌 대표 주자로 부상했다.

글로벌 회계·컨설팅 법인 언스트앤영(EY)이 발표한 '2017 핀테크 도입

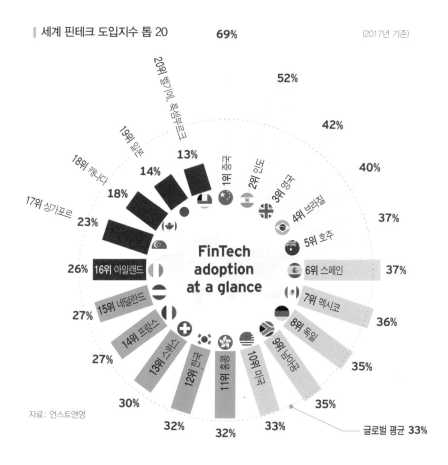

세계 핀테크 도입지수 톱 20 (2017년 기준)

- 1위 중국 69%
- 2위 인도 52%
- 3위 영국 42%
- 4위 브라질 40%
- 5위 호주 37%
- 6위 스페인 37%
- 7위 멕시코 36%
- 8위 독일 35%
- 9위 남아공 35%
- 10위 미국 33%
- 11위 홍콩 32%
- 12위 한국 32%
- 13위 스위스 30%
- 14위 프랑스 27%
- 15위 네덜란드 27%
- 16위 아일랜드 26%
- 17위 싱가포르 23%
- 18위 캐나다 18%
- 19위 일본 14%
- 20위 꼴찌(?), 룩셈부르크 13%

FinTech adoption at a glance

글로벌 평균 33%

자료: 언스트앤영

지수'에 따르면, 중국의 핀테크 도입률은 69%로 조사 대상 20개 국가 중 1위를 차지했다. 한국은 32%(12위)로 평균(33%)에도 미치지 못했다. 중국은 어떻게 한국을 앞서가게 된 것일까? 모바일 결제 시장부터 차근 차근 살펴보도록 하자.

중국인들이 모바일 결제에 푹 빠진 이유

중국의 모바일 결제 시장은 그야말로 폭발적으로 성장했다. 시장조사기관인 아이리서치에 따르면, 2016년 중국의 모바일 결제 시장 규모는 58조8000억 위안에 달했다. 시장 규모가 2015년 대비 약 4배 정도 커진 것이다.

모바일 결제 시장 규모가 급성장한 이유는 모바일 결제의 편리성과 생활 깊숙이 파고든 O2O 서비스 영향이 크다. 인터넷 쇼핑, 계좌이체, 공과금 납부, 통신요금 납부, 대형마트 쇼핑, 재테크 등 중국에서는 거의 모든 일상생활에서 모바일 결제가 활용된다.

중국에서 모바일 결제가 활성화된 것은 2012년으로 거슬러 올라간다. 이 때부터 택시호출앱인 '디디추싱'이 대도시를 중심으로 급속히 보급되기 시작했는데, 택시를 잡으려면 길가에 서있기 보다는 디디추싱앱을 이용해야 했다. 목적지에 도착하면 요금은 디디추싱과 연동된 모바일 결제로 지불했다. 2015년부터는 음식 배달 서비스(어러머), 자전거 공유 서비스(모바이크, ofo) 등 새로운 O2O 서비스가 모바일 결제를 확산시켰다.

▌중국 모바일 결제 시장 규모

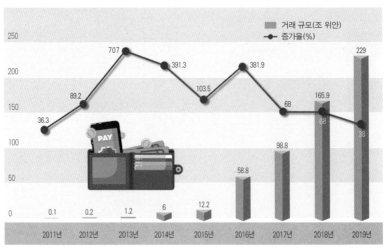

자료: iResearch

모바일 결제 시장을 선점하기 위해 인터넷 기업들도 할인쿠폰 등 다양한 혜택을 제공했고 이에 따라 다시 모바일 결제가 증가하는 선순환 구조가 형성됐다. 또한 중국 최대 전자상거래 업체인 알리바바와 중국 최대 인터넷 업체인 텐센트가 중국 O2O 시장의 패권을 차지하기 위해 O2O 기업을 앞 다퉈 인수하고 막대한 보조금을 뿌린 것도 시장 활성화에 크게 기여했다.

중국 모바일 결제 시장은 알리바바의 알리페이가 약 54%의 시장점유율을, 텐센트의 위챗페이가 약 40%의 점유율을 차지하고 있다. 원래는 알리페이의 점유율이 압도적이었다. 처음에는 모바일 결제가 인터넷 쇼핑몰에서 물건을 살 때 주로 사용됐기 때문이다. 그런데 택시호출, 배달음식 등 생활밀착형 O2O 시장이 커지는 과정에서 중국판 카카오톡인 위챗에 기반을 둔 위챗페이가 무섭게 추격하며 격차를 줄였다.

저조한 신용카드 보급률의 역설

중국 모바일 결제 시장은 왜 이렇게 커진 걸까? 높은 스마트폰 보급률과 생활밀착형 O2O 서비스의 발달이 많은 영향을 미쳤지만, 이보다 더 큰 이유가 있다. 바로 낮은 신용카드 보급률이다. 신용카드를 발급하려면 신용조회 회사가 개인의 신용정보에 기반해 작성한 신용평점과 신용등급이 있어야 한다. 하지만, 중국인 중 도시 지역의 화이트 컬러를 제외하고 농촌 주민이나 서비스업 종사자는 신용등급이 아예 없는 경우가 많다. 이 때문에 중국의 신용카드 보급률은 상당히 저조하다. 2014년 말 기준, 중국의 신용카드 보급률은 16%에 불과하다. 한국의 신용카드 보급률이 약 90%인 사실과 극명한 대조를 이룬다.

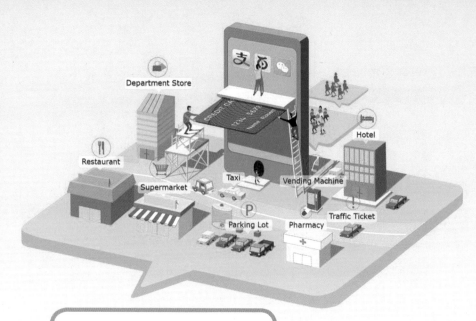

중국 모바일 결제 시장이 크게 성장한 이유는 낮은 신용카드 보급률 때문이다. 중국 신용조회 회사가 14억 명에 이르는 전 국민의 신용정보를 축적하기는 사실상 불가능하다. 이런 제도적 결점을 O2O 서비스와 모바일 결제라는 기술적 혁신이 해결한 것이다.

립프로깅의 위력

그동안 대다수 중국인들이 신용카드가 없어 현금을 내야만 했는데, 모바일 결제가 이런 불편을 없애준 것이다. 중국은 국토 면적이 960만km^2, 인구가 14억 명에 이르는 이른바 '대륙'에 가까운 나라다. 중국 신용조회 회사가 전 국민의 신용정보를 축적하기는 사실상 불가능하다. 이런 제도적 결점을 O2O 서비스와 모바일 결제라는 기술적 혁신이 해결했다. 중국에서 모바일 결제 시장이 폭발적으로 성장한 이유다. 이와 달리 한국은 신용카드 보급률이 높기 때문에 기술적 혁신이 해결할 수 있는 불편함의 정도가 중국보다 훨씬 덜하다.

중국은 현금에서 신용카드, 다시 신용카드에서 모바일 결제로 진화하

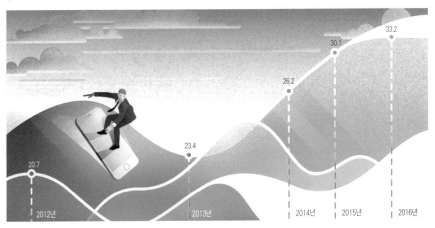

는 지급결제 시스템의 발전 과정에서 신용카드 단계를 건너뛰는 '립프로깅(Leapfrogging, 중간 단계의 기술을 뛰어넘어 다음 단계의 기술을 이용하는 현상)'을 이뤘다. 중국 정부는 멍석만 깔아줬고 수많은 O2O 스타트업과 알리바바, 텐센트의 활약이 컸다.

중국 모바일 결제 시장은 언제까지 얼마나 성장할까? 2016년 중국 민간 소비 규모는 33조 위안을 넘어섰다. 하지만, 비현금 수단을 사용한 지급 결제 규모는 14조5500억 위안에 그쳤다. 더구나 오프라인에서의 모바일 결제 금액은 6500억 위안으로 비중이 2%에도 못 미친다. 중국 소비자들의 모바일 결제 습관이 형성됐기 때문에 모바일 결제 시장은 앞으로도 성장할 가능성이 크다.

핀테크 최강자 '앤트파이낸셜'

중국의 인터넷전문은행은 어떤 상황일까? 중국에서 은행은 대표적인

알리바바의 자회사인 앤트파이낸셜은 알리페이를 자회사로 두고 있으며 마이뱅크의 대주주이다. 시장가치가 무려 700억 달러에 이르는데, 한국 증시에서 시가총액 2위인 SK하이닉스(약 50조 원)를 훌쩍 뛰어넘는 규모다.

독점 산업이다. 4대 국유은행의 시장점유율이 60%가 넘는다. 그런데 중국이 2014년 텐센트의 위뱅크, 알리바바의 마이뱅크를 포함한 5개 민영은행의 설립을 허가하면서 변화의 기미가 나타나기 시작했다. 5개 민영은행 모두 2015년에 본격적인 영업을 시작했다. 최근에는 민영은행 설립 허가 속도가 더 빨라졌다. 2016년 중국 은행감독관리위원회는 12개 민영은행의 설립을 허가했는데, 12월에만 7개 민영은행의 설립을 허가했다. 지금까지 설립 허가를 받은 17개 민영은행 중 절반에 가까운 8개 은행이 인터넷전문은행을 표방하고 나섰다.

가장 큰 영향력을 가진 인터넷전문은행은 텐센트의 '위뱅크'와 알리바바의 '마이뱅크'다. 이들 모두 대주주인 텐센트와 앤트파이낸셜(알리바바 자회사)의 지분율이 30%에 달한다. 마이뱅크에 대해 살펴보기 전에 중국 최대 핀테크 업체인 앤트파이낸셜부터 알아보자.

알리바바의 자회사인 앤트파이낸셜은 알리페이를 자회사로 두고 있으며 마이뱅크의 대주주이다. 시장에서 앤트파이낸셜은 약 700억 달러의 가치를 인정받고 있다. 한국 증시에서 시가총액 2위인 SK하이닉스(약

50조 원)를 훌쩍 뛰어넘는 규모다. 세부적으로 보면, 700억 달러 중 모바일 결제 사업을 영위하는 알리페이의 가치가 500억 달러, 마이뱅크 및 소액대출의 가치가 약 80억 달러다. 이 밖에도 자산운용(MMF), 보험 등 진출하지 않은 금융 분야가 없다. 앤트파이낸셜은 신용조회 사업까지 영위하고 있다.

앞서 언급했듯이 중국은 신용평점과 신용등급 등 개인의 신용정보 구축이 현실적으로 쉽지 않다. 여기서 기회를 포착한 앤트파이낸셜은 개인정보, 자산현황 및 빅데이터(전자상거래, 모바일 지급결제 내역 등)를 이용해 자체 신용등급 시스템을 갖췄다. 바로 '즈마신용(芝麻信用)'인데, 350~950점까지 신용평점을 부여한다. 예를 들어 필자의 즈마신용 점수는 200여 건의 전자상거래 이용실적이 있음에도 604점에 불과하다. 개인정보를 자세히 입력하지 않았고 중국 신용카드를 알리페이와 연동하지 않았기 때문이다. 즈마신용은 빅데이터를 기반으로 기존 중국인민은행의 개인신용조회 시스템이 커버하지 못하는 10억 명의 중국인에 대

┃ 중국 인터넷전문은행 양대산맥 비교 (2016년 말 기준)

	위뱅크	마이뱅크
주요 주주	텐센트(30%), 바이예웬(20%)	앤트파이낸셜(30%), 상하이푸싱(25%)
영업인가일	2014.12.12	2015.5.27
핵심 고객	개인소비자 및 자영업자	인터넷쇼핑몰, 개인소비자, 농촌지역고객
대표 상품	웨이리따이(소액 대출)	왕상따이(자영업자 대출)
자본금	69억 위안	40억 위안
총자산	520억 위안	615억 위안
대출잔액	308억 위안	329억 위안
당기순익	4억 위안	3억1500만 위안

자료: 위뱅크, 마이뱅크 각 사업보고서

한 신용등급 시스템을 구축하는 것이 목표다.

중국의 대표 인터넷전문은행인 마이뱅크를 살펴보자. 마이뱅크는 모회사인 알리바바가 중국 최대 전자상거래 업체인 점을 적극 활용하고 있다. 인터넷 쇼핑몰을 하는 소규모 기업을 핵심 고객으로 설정했으며 이미 350만 곳에 달하는 소기업과 소상공인을 고객으로 확보했다. 대표 상품 역시 '왕상따이(網商貸)'라는 자영업자 신용대출 상품이다. 이 상품의 신용대출 금리는 연 5~14%인데, 대부분의 고객들이 연 7~8% 금리로 대출상품을 이용하고 있다. 중국의 소상공인이 고리대금업자로부터 자금을 융통할 때 지급하는 금리(약 15%)의 절반에 불과하다. 이렇다 보니 대출도 잘 되고 수익성도 괜찮다.

2016년 사업보고서에 따르면, 마이뱅크의 자본금은 40억 위안이다. 총자산과 대출잔액은 각각 615억 위안, 329억 위안을 기록했다. 특히 2016년 대출 규모가 4배 증가할 정도로 적극적인 영업을 펼쳤다. 당기순이익은 영업 초기인 2015년 6874만 위안 적자를 기록했으나 2016년에는 3억 1500만 위안으로 흑자 전환했다. 이미 마이뱅크는 몸집이 커진 메기로 성장해서 중국 금융 시장이라는 연못을 휘젓고 다니기 시작했다.

중국은 넓고 팔 곳은 많다!

중국 핀테크가 이렇게 활성화된 데에는 몇 가지 이유가 있다. 막대한 사용자 수, 기술적 혁신 및 제도적 뒷받침이다. 이 가운데 가장 중요한 것은 역시 중국의 네티즌 수이다.

전 세계 인구(72억2000만 명) 중에서 중국(약 14억 명)이 차지하는 비중은 약 19%다. 전 세계 인구 다섯 명 중 한 명이 중국인인 셈이다. 특히 중국 네티즌은 모바일로 인터넷을 사용하는 비중이 높다. 중국의 모바일 네티즌 수는 6억2000만 명에 달한다. 무려 전 세계 모바일 네티즌 수 (20억 명)의 31%를 차지한다. 전 세계 모바일 네티즌 세 명 중 한 명이 중국 네티즌인 셈이다. 중국에서 모바일 혁명이 일어날 수밖에 없는 이유다.

게다가 기술적 혁신으로 개선할 수 있는 제도적 결함이 미국 같은 선진국보다 중국에 더 많았다. 역설적이지만, 낮은 신용카드 보급률과 신용조회 시스템 미비가 모바일 결제 확산이라는 불길에 기름을 붓는 역할을 했다. 이미 불길이 크게 일어났기 때문에 21세기의 모바일 혁명은 중

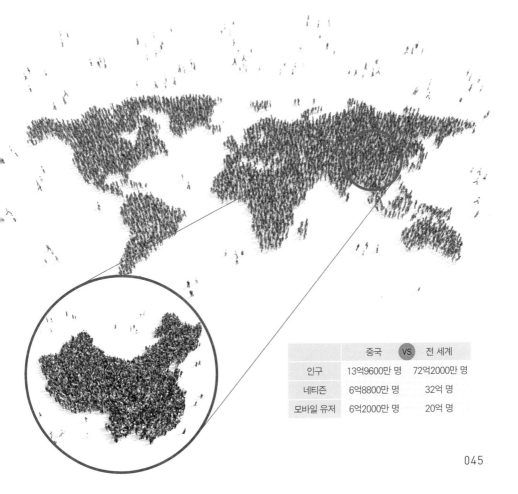

	중국 VS.	전 세계
인구	13억9600만 명	72억2000만 명
네티즌	6억8800만 명	32억 명
모바일 유저	6억2000만 명	20억 명

국에서 발생할 가능성이 크다.

기술적 혁신도 마찬가지다. 2014년 리커창 총리가 '대중창업(大衆創業)', '만인창신(萬人創新)'을 내세우고 창업과 혁신을 통한 경제 발전을 정책 기조로 삼으면서 창업 분위기가 조성됐다. 막대한 자본이 스타트업으로 몰렸고 뛰어난 인재들이 너나 할 것 없이 창업에 뛰어들었다. 자본과 인재가 몰리면서 기술적 혁신도 가능해졌다.

제도적 뒷받침도 한몫 했다. 사회주의 체제인 중국은 주요 기간산업인 중공업·정유·통신뿐 아니라 금융에서도 정부가 적극 개입하며 국유은행의 독점체제를 유지해왔다. 하지만, 유난히 인터넷 분야에서는 민영기업이 주도적 지위를 지켜왔고 정부 개입과 규제도 비교적 적었다. 중국 정부가 오히려 토종 인터넷 기업들에게 기회를 제공하기도 했다. 2014년 알리바바와 텐센트에게 민영은행 라이선스를 발급한 것이 좋은 예이다.

엄청나게 도약한 중국의 핀테크 산업을 한국이 쫓아갈 수 있을까? 중국에서 일어나는 핀테크 혁명은 분명 한국의 핀테크 업계에 위기가 아닐수 없다. 경쟁에서 이기기 위해서는 기초체력(펀더멘털)이 중요한데, 일단 시장 규모에서 압도당하고 있기 때문이다.

하지만, 동전의 양면처럼 위기는 늘 기회를 동반한다. 중국 대륙에 전세계 모바일 네티즌의 3분의 1이 존재한다. 바로 지척에 거대한 엘도라도가 있는 것이다.

'중국은 넓고 팔 곳은 많다!' 금융결제 시스템과 관련해 우수한 기술력을 보유한 한국 전자결제 기업들에게 매력적인 구호가 아닐 수 없다.

대륙은 지금
'플랫폼' 전성시대

콘텐츠 시대가 지고 플랫폼 시대가 뜬다!

아르헨티나의 소도시 '로사리오'에서 태어난 소년은 축구천재로 불릴 만큼 재능이 번뜩였다. 늘 작은 키가 마음에 걸렸던 부모는 아이에게 호르몬 주사를 맞춰가며 운동을 시켰다. 소년이 성인이 됐을 때 170센티미터를 넘지 않았으니 결과적으로 호르몬 주사는 별 효과가 없었다. 하지만 작은 체구에도 이 축구신동은 커서 세계 최고 슈터가 되었다. 소년의 천재성을 간파한 부모는 호르몬 주사만 맞힌 게 아니라 세계 축구의 중심 스페인 바르셀로나 유소년 클럽에 아이를 입단시켰고 그곳에서 소년의 실력은 일취월장했다. 리오넬 메시 얘기다. 메시가 스무 살이 넘도록 아르헨티나에 머물러 있었다면 어린 축구천재에서 세계적인 축구 황제로 자랄 수 있었을까? 재능과 노력만큼 중요한 게 있으니 바로 실력을 펼칠 '무대'다.

메시 얘기를 꺼낸 이유는 바로 '플랫폼(platform)' 때문이다. 프랑스어 'plateforme'에서 유래한 이 단어는 사전적 의미로 '무대' '연단' '발판'

'기차역' 등을 뜻하며, 다른 곳으로 진출하기 위해 이용하는 수단을 일 컫기도 한다.

플랫폼은 여기서 한 걸음 더 들어가 IT 산업에서 좀 더 확장된 의미로 이해된다. 사업자(공급자)가 네트워크를 구축하고 여기에 소비자의 시간 과 공간의 제약을 받지 않고 참여할 수 있도록 하는 사업 형태를 뜻한 다. 스마트폰, 컴퓨터, 게임기 제조 업체들은 각종 소프트웨어 공급자들 이 다양한 서비스를 제공할 수 있는 '무대'를 마련해 준다. 쇼핑몰도 일 정한 지리적 공간에 다양한 상점들이 입점하게 유도함으로써 소비자들 이 원스톱 쇼핑을 할 수 있도록 하는 '플랫폼'을 제공한다.

디지털 생태계를 연구하는 경제학자들은, 시장의 중심이 '콘텐츠 시대'

디지털 생태계를 연구하는 경제학자들은, 시장의 중심이 '콘텐츠 시대'에서 '플랫폼 시대'로 이동했다고 말한다. 아 무리 훌륭한 콘텐츠라도 그것을 세상에 퍼트릴 플랫폼을 만나지 못하면 소용없다는 것이다. '메시'라는 콘텐츠가 '스페인 프리메라리가'라는 플랫폼을 만나지 못했다면 지금의 축구황제 '메시'는 없다는 얘기다.
사진은 '세계 클럽 축구의 메카'라 불리는 바르셀로나의 홈 경기장 캄프 누에서의 메시.

에서 '플랫폼 시대'로 이동했다고 말한다. 아무리 훌륭한 콘텐츠라도 그것을 세상에 퍼트릴 플랫폼을 만나지 못하면 소용없다는 것이다. '메시'라는 콘텐츠가 '스페인 프리메라리가'라는 플랫폼을 만나지 못했다면 지금의 축구황제 '메시'는 없다는 얘기다.

상황이 이러하다보니 대부분의 업종에서는 플랫폼을 갖춘 기업들이 '甲'으로 군림한다. 이러한 현상은 IT 산업에서 두드러진다. 글로벌 인터넷 기업들은 저마다 자신의 플랫폼을 내세워 패권 경쟁이 한창이다. 2017년 미국 증시 상승을 이끈 FANG(페이스북·아마존·넷플릭스·구글)도 대표적인 플랫폼 기업들이다.

플랫폼 열풍은 중국에서도 예외가 아니다. SNS·게임 부문의 '텐센트'와 '웨이보', 전자상거래의 '알리바바'와 '징동닷컴'이 주인공이다. 중국 플랫폼 기업들은 아직은 자국 시장이라는 한계에 봉착해 있으면서도 사업실적만 놓고 보면 '세계적인' FANG을 뛰어넘는다. 도대체 그들에게 어떤 마력(!)이 숨어 있는 걸까?

페이스북, 게 섰거라!

중국 최대 IT 기업인 텐센트의 주가는 2017년 들어 급등했다. 홍콩거래소에 상장된 텐센트는 2018년 1월 22일 460홍콩달러로 거래를 마쳤다. 텐센트의 시가총액은 약 5563억 달러로, 아시아 IT 기업 중 처음으로 시가총액 5000억 달러를 돌파했다. 페이스북의 시가총액(약 5400억 달러)도 뛰어넘었다.

텐센트는 모바일 메신저인 '위챗'으로 유명하다. 사업 분야는 SNS, 게임, 인터넷광고, 지불결제 등 다방면에 걸쳐 있다. 중국 국민 메신저인 위챗 사용자 수는 9억8000만 명에 달한다. 중국에서 스마트폰을 가지고 있는 사람은 100% 위챗을 사용한다고 보면 된다. 텐센트는 위챗을 플랫폼으로 활용해, 차량 공유 서비스, 전자상거래, 배달음식 서비스, 모바일 결제 등 온갖 서비스를 제공하고 있다. 중국 일상생활에서

■ 중국 4대 인터넷 플랫폼 기업과 페이스북의 시가총액 비교
(단위 : 억 달러, 2018년 1월 22일 기준)

웨이보 290
징동닷컴 645
알리바바 4711
페이스북 5400
텐센트 5563

자료 : 시나재경, 야후파이낸스

느끼는 텐센트의 영향력은 한국에서 네이버와 카카오톡을 합친 정도다. 중국 네티즌은 스마트폰 이용 시간의 약 30%를 위챗에 쓴다.

텐센트는 2017년 3분기 실적이 시장 예상을 뛰어넘으면서 주가가 급등했다. 해당 분기 영업수익은 652억 위안으로 전년 대비 61% 늘었고 당기순이익은 180억 위안으로 전년 대비 69% 증가했다. 한화로 환산하면 당기순이익이 약 3조 원으로 같은 기간 네이버 당기순이익(2158억 원)의 14배 수준에 달한다. 게임 부문 영업수익도 268억 위안으로 전년 대비 48% 증가했다. 2017년 출시해 중국에서 선풍적인 인기를 끌고 있는 모바일 게임 '왕자영요(王者榮耀)' 덕분이다.

중국 SNS 최강자답게 SNS 부문 영업수익은 153억 위안으로 전년 대비 56% 늘었다. 인터넷광고 매출도 50% 가까이 증가한 110억 위안을 기록했다. '이보다 더 좋을 수 없다'는 게 텐센트에 대한 애널리스트들의 평가다.

자료 : 텐센트 사업보고서

텐센트와 페이스북의 차이는 사업 포트폴리오와 시장의 다변화 측면에서 두드러진다. 사업 포트폴리오 다변화 측면에서는 텐센트가 페이스북보다 우월하다. 텐센트는 SNS와 온라인 게임 부문에서 중국 1위 자리를 굳혔고, 중국 모바일 결제 시장에서도 약 40%의 시장점유율로 2위를 차지했다. 2016년 텐센트의 사업 부문별 매출을 살펴보자. 온라인 게임 부문 매출 비중이 42%, SNS 유료서비스 매출 비중이 23%, 제3자 지급결제 서비스 매출 비중이 17%를 차지하고 나머지(18%)가 광고 매출이다. 한국으로 치면, 넥슨(게임)에 카카오톡(SNS)과 네이버(광고)를 더한데다 업계 2위의 제3자 지급결제 서비스를 보탠 격이다. 반면, 페이스북은 매출 중 광고가 차지하는 비중이 95%가 넘는다.

다만, 중국 시장에 치중되어 있다는 지리적 제한이 텐센트의 단점이다. 이점만큼은 전 세계를 대상으로 하는 페이스북이 텐센트보다 우월하다.

중국 최대 전자상거래 플랫폼

중국 최대 전자상거래 기업인 알리바바도 텐센트에 뒤지지 않는다. 알리바바의 2017년 3분기 영업수익은 551억 위안으로 전년 대비 61% 늘었다. 같은 기간 당기순이익도 174억 위안으로 전년 대비 63% 증가했다. 심지어 신규 사업인 클라우드 서비스 매출은 약 29억7500만 위안으로 전년 대비 100% 가량 급증했다.

알리바바 주가 역시 고공행진을 지속했다. 뉴욕 증시에 상장된 알리바바 주가는 2018년 1월 22일 기준 184.02달러를 기록했는데, 이는 딱 1년 전보다 100% 넘게 오른 액면가다. 같은 기간 알리바바의 시가총액은 4711억 달러다.

알리바바는 전자상거래 뿐만 아니라 자회사인 앤트파이낸셜을 통해서 모바일 결제와 핀테크 영역에도 진출해 있다. 또한 배달음식 애플리케이션(앱)인 '어러머', 차량 공유 서비스인 '디디추싱' 등 O2O 사업에 대한 투자를 늘리고 있다. 즉, 텐센트의 '위챗'을 중심으로 한 온라인 생태계에 맞서 알리바바만의 독자적인 생태계를 구축하겠다는 의지가 강하다.

하지만 중국 네티즌은 하루 평균 90분 이상 위챗을 사용한다. 알리바바가 텐센트의 아성을 무너트리는 것은 아직 시기상조다. 알리바바의 '알리페이'는 주로 온라인 쇼핑몰에서 물건을 구매할 때 결제를 위해서 사용하는 경우가 대부분이다.

플랫폼 헤게모니 쟁탈전 점입가경

중국 전자상거래 분야는 알리바바와 넘버 투 징동닷컴의 양강 체제가 굳어지고 있다. 징동닷컴의 2017년 3분기 영업수익은 837억 위안으로 전년 대비 39% 늘었고 당기순이익은 22억 위안으로 전년 대비 3배 넘게 증가했다. 징동닷컴은 판매자와 구매자를 연결해주는 오픈마켓 위주의 알리바바와 달리 직매입한 상품을 판매하는 직영몰 비중이 크다. 그래서 알리바바보다 영업수익은 많지만 순이익은 적다.

나스닥에 상장된 징동닷컴 주가는 2018년 1월 22일 45.26달러로 거래를 마감했다. 시가총액은 645억 달러다. 알리바바에 비해 규모는 작지만 결코 얕볼 수 없는 상대다. 중국판 블랙 프라이데이로 불리는 광군제에서 알리바바가 1682억 위안의 매출을 기록하는 동안, 징동닷컴도 1271억 위안에 달하는 매출을 올렸기 때문이다.

전자상거래 플랫폼으로서 알리바바보다 영향력이 제한적인 징동닷컴은 텐센트와 협력 체제를 구축했다. 위챗 앱에서 징동닷컴으로 바로 연결이 가능하다. 플랫폼 헤게모니 쟁탈전이 점입가경에 이른 것이다. 알리바바로서는 긴장하지 않을 수 없게 됐다. 징동닷컴의 뒤에 텐센트가 버티고 있기 때문이다. 알리바바와 징동닷컴의 싸움은 훨씬 복잡하고 치열해졌다.

중국판 트위터? 청출어람 웨이보!

웨이보는 우리나라에서 흔히 중국판 트위터로 소개되던 기업이다. 그런데 이제는 트위터를 넘어섰다. 웨이보의 2017년 3분기 영업수익은 3억 2000만 달러로 전년 대비 81% 늘었고 당기순이익은 전년 대비 무려 215% 증가한 1억110만 달러를 기록했다. 사용자 수도 급증했다. '월 활성 사용자 수(MAU)'가 3억7600만 명으로 늘었다.

웨이보는 2018년 1월 22일 나스닥에서 131.13달러로 거래를 마쳤으며 시가총액은 290억 달러에 달했다. 트위터의 시가총액(175억 달러)을 훌쩍 뛰어넘었다. 웨이보는 한마디로 청출어람이다. 웨이보는 트위터 모방에서 시작했지만 혁신을 거듭하며 중국 콘텐츠 업계의 주요 플랫폼으로 성장했다. 트위터보다 제공하는 기능도 훨씬 많아졌다.

웨이보가 변신을 거듭하는 동안 주가 역시 급등했다. 2016년 2월의 저점과 비교하건대 10배 넘게 올랐다. 알리바바의 투자로 든든한 지원군도 생겼다. 알리바바는 웨이보 지분 31%를 보유하고 있다. 웨이보를 통해 텐센트를 견제하겠다는 알리바바의 속내가 읽힌다.

중국 인터넷 기업들의 주가는 롤러코스터 운명이어서 늘 투자자들을

| 중국 4대 인터넷 플랫폼 기업들의 주가 급등 추이

(기준 : 1주당 가격)

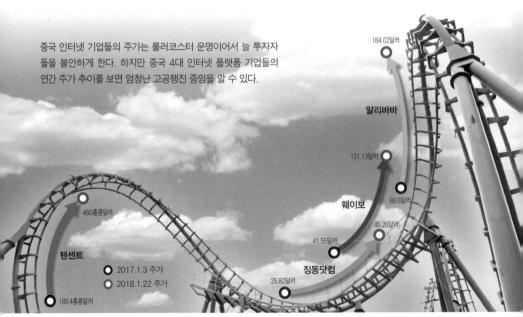

중국 인터넷 기업들의 주가는 롤러코스터 운명이어서 늘 투자자들을 불안하게 한다. 하지만 중국 4대 인터넷 플랫폼 기업들의 연간 주가 추이를 보면 엄청난 고공행진 중임을 알 수 있다.

184.02달러

알리바바

131.13달러

88.6달러

웨이보

460홍콩달러

45.26달러

41.55달러

텐센트

2017.1.3 주가

2018.1.22 주가

징동닷컴

25.82달러

189.4홍콩달러

자료 : 시나재경, 야후파이낸스

불안하게 한다. 하지만 중국 4대 인터넷 플랫폼 기업들의 연간 주가 추이를 보면 엄청난 고공행진 중임을 알 수 있다.

'중국'이라는 홈 어드밴티지에서 벗어나야 산다!

지난해 중국 인터넷 기업들은 대체로 호실적을 기록했다. 중국 공업신식화부에 따르면, 2017년 1~3분기 중국 인터넷 기업의 매출 합계는 5113억 위안으로 전년 대비 22% 증가했다. 다만 플랫폼을 갖춘 선두업체가 대부분의 이익을 차지하는 '20대80 법칙'이 두드러졌다. 기존 선두 업체들이 구축한 경제적 해자(垓字)로 인해 신규 기업들의 시장 진입이 만만치 않은 실정이다. 견고한 플랫폼을 가지고 있는가에 시장에서의 성패가 갈리고 있는 것이다.

이처럼 미국 기술주 상승을 이끄는 FANG 못지않게 중국 플랫폼 기업들의 성장도 눈부시다. FANG과 다른 점은 주력인 중국 시장 비중이 크다는 점이다. 하지만, 변화의 조짐이 나타나고 있다. 텐센트는 슈퍼셀과 라이엇게임즈를 인수하며 글로벌 게임 산업의 강자를 꿈꾸고 있다. 알리바바는 인도 모바일 결제 회사인 페이티엠(Paytm) 투자를 통해 인도에 진출하는 방식으로 글로벌 진출을 모색하고 있다.

이미 중국 플랫폼 기업들은 미국 플랫폼 기업들에 맞먹을 정도로 성장했다. 물론 이들이 이렇게 성장할 수 있었던 배경에는 14억 인구를 가진 거대한 중국 시장이 배경이 됐다. 자국 시장 규모에 힘입어, 텐센트는 페이스북 시가총액을 넘어섰고 알리바바는 중국 전자상거래 시장을 평정했다. 웨이보는 원조격인 트위터를 뛰어넘는 플랫폼 기업이 됐다.

이제 중국 플랫폼 기업들에 대한 전 세계 투자자들의 관전 포인트는 하나밖에 남지 않았다. 해외 시장에서의 성공 여부다. 그들은 중국이라는 '무대'를 뛰어넘어 세계적인 플랫폼을 꿈꾼다. 꿈은 실현될 것인가? 지금으로선 장담할 수 없지만 낙담할 단계도 아니다. 다만, 그들이 '중국'이라는 홈 어드밴티지를 통해 거둔 성장의 모습과는 분명 달라져야 한다는 게 글로벌 전문가들의 공통된 시각이다. '중국'은 성장의 발판이자 뛰어넘어야 할 통과의례다.

▎중국 소셜 미디어의 사업 환경

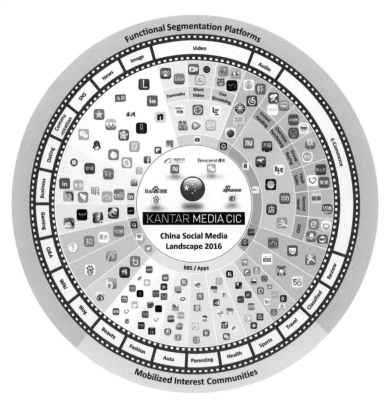

14억 유저를 보유한 중국의 소셜 미디어 환경은 거대한 시장을 창출하며 중국 플랫폼 기업들이 성장할 수 있는 프리미엄을 제공했다. 하지만, 미래에 글로벌 경쟁력을 갖기 위해서는 중국이라는 홈 어드밴티지를 과감히 버릴 수 있어야 한다.

결제 전쟁터가 된
스마트폰 액정

모바일로 세뱃돈을 준다?!

중국인들은 최대 명절인 춘절에 '홍빠오(紅包, 홍포)'를 주고받는 풍습이
있다. 홍빠오는 우리말로 붉은 봉투를 뜻하는 데, 중국인들은 춘절이 되
면 홍빠오에 세뱃돈을 넣어 주고받는다. 중국인들은 예부터 붉은 색을
길하다고 여기고 세뱃돈이나 결혼축의금 등을 홍빠오에 넣어 마음을
전했다. 그래서 중국에서는 춘절 시즌만 되면 문구점마
다 홍빠오가 날개 돋친 듯 팔리곤 했다.

그런데 이제 중국인들은 춘절이 와도 이 붉은 봉
투를 잘 사지 않는다. 어느새 중국의 세뱃돈 전통
이 사라진 것일까? 그렇지 않다. 중국인들
은 요즘 홍빠오 대신 스마트폰으로 세뱃돈
을 준다. 중국판 카카오톡인 위챗이 운
영하는 위챗페이를 이용해 세뱃돈
을 준다는 얘기다. 심지어 명절

춘절에 모바일 뱅킹으로 세뱃돈을 준다?! 중국의 모바일 메신저 위챗이 서비스한 '모바일 홍빠오'.

전 날 은행에서 빳빳한 지폐를 바꾸기 보다는 모바일 뱅킹을 통해서 위챗페이에 돈을 채워 넣는다.

2017년 춘절 전날에만 위챗을 통해서 142억 개가 넘는 '모바일 홍빠오'가 보내졌다. 전년 대비 76% 증가한 수치다. '모바일 홍빠오'를 받은 사람은 직불카드나 신용카드를 계정에 연결해야만 받은 돈을 쓸 수 있다. 위챗페이는 모바일 홍빠오 이벤트를 통해서 모바일 결제 이용자 수를 크게 늘려왔다. 알리페이도 마찬가지다. 2016년 알리페이는 중국 CCTV의 설 특집 대형 버라이어티 쇼 춘완(春晚)과 독점계약을 했다. 생방송 동안 알리페이는 시청자 79만 명에게 2억1500만 위안의 '모바일 홍빠오'를 뿌렸고 당첨자는 1인당 평균 272위안(약 4만6000원)을 받아갔다.

길거리 군밤 행상에서도 간편결제

"현금 대신 QR코드 스캔할께요." 요즘 중국에서 물건을 살 때 가장 많이 들리는 말이다. 이제 중국인들은 쇼핑하러 갈 때 지갑은 두고 가도 스마트폰은 반드시 챙긴다. 중국 산둥성 지난시에 사는 펑샨씨의 일상 생활을 들여다보자.

12월의 어느 날 아침 펑샨씨는 출근하기 전에 집 앞에 있는 작은 식당에서 7위안짜리 아침식사를 한다. 음식을 받기 전에 스마트폰으로 벽에

붙어 있는 QR코드를 스캔하면 계산은 끝난다. 오전 9시가 되기 전에 식당주인 장씨의 스마트폰에는 20건이 넘는 입금기록이 표시됐다. 지난 시 같은 대도시만의 풍경이 아니다. 장씨는 고향인 지양현에서도 두부를 파는 행상이 QR코드를 붙여놓은 걸 봤다고 했다. 장씨 식당에서는 고객 중 약 3분의 1이 모바일 결제로 계산한다.

아침을 먹고 나서 평샨은 차량 공유앱인 디디추싱으로 차를 부른다. 차비는 당연히 모바일 결제로 지불한다. 하루 일과를 마친 평샨의 퇴근길. 금요일이라 마트에 들러서 주말 동안의 먹을거리를 사기로 했다. 이것저것 사다 보니 161위안이 나왔다. 모바일 결제를 사용하니 1위안을 깎아준다. 집으로 가기 전에 KFC에 들렀다. 스마트폰 앱으로 할인쿠폰을 찾아서 알리페이로 결제했다. 집에 오는 길에 마주치는 밀크티 가게, 제과점, 심지어 군밤행상까지도 어디에나 QR코드가 붙어있다. 밀크티 가게에는 알리페이 결제시 5%를 할인해준다는 문구가 선명하다.

집에 돌아온 후 위챗페이에서 500위안을 내일 백일잔치를 준비하는 사촌언니에게 보냈다. 오늘 쓴 돈만 해도 700위안(약 12만 원)이 넘었지만 모두 모바일 결제로 지불했다. 지난 주말 재래시장에서 채소 살 때 말고는 현금을 쓴 적이 없다.

중국에서는 대도시의 상점은 물론, 길거리에서 두부나 군밤 파는 행상도 QR코드로 결제를 받는다.

'만만디'의 놀라운 변신

우리 기억 속에서 중국은 만만디의 나라였다. 만만디는 한자어로 풀어
쓰면 '만만적(慢慢的)'이 되는 데, 행동이 굼뜨거나 일의 진척이 느림을
뜻한다. 그런 중국이 어떻게 IT강국이었던 한국을 뛰어넘어 순식간에
모바일 결제 세계 최대 시장이자 핀테크 강국이 된 것일까?

아이러니하게도 중국의 낙후된 지불결제 시스템이 일익을 담당했다. 한
국은 신용카드 등 지불결제 시스템이 발달돼 있어서 카드 한 장만 있으
면 현금이 없더라도 불편이 없다. 따라서 신규 진입자인 모바일 결제 서
비스가 침투할 수 있는 틈새가 좁다.

중국은 달랐다. 신용등급 산출이 어려운 고객이 많아서 대도시만 신용
카드 보급률이 높았고 중국 전체적으로는 신용카드가 현금을 넘어서는
결제 수단으로 자리 잡지 못했다. 신용카드는 화이트 컬러의 전유물로
여겨졌다. 이런 상황에서 알리페이의 출현은 많은 중국 소비자에게 편

❙ 중국 모바일 결제와 PC 결제 비중 추이

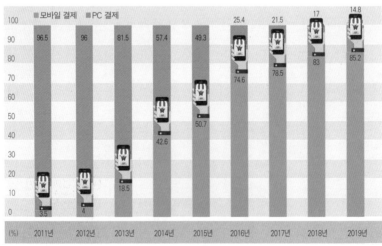

자료: iResearch

의를 제공했다. 결과적으로 낮은 신용카드 보급으로 인한 불편함이 모바일 결제 시장 확대를 위한 기회를 제공한 셈이다.

여기에 스마트폰 앱을 이용한 중국 O2O(온라인·오프라인 연계) 시장이 폭발적으로 성장하면서 모바일 결제 시장까지 더불어 확대되는 결과를 가져왔다. 역설적이지만 기존의 낙후된 서비스가 인터넷을 이용한 O2O 사업자에게는 오히려 기회를 제공한 셈이다. 이제 중국에서는 택시를 타기보다는 차량 공유앱으로 차를 부른다. 결제는 당연히 알리페이나 위챗페이를 사용한다. 마트에서 장을 보거나 영화표를 살 때도 마찬가지다.

알리페이와 위챗페이의 치열한 경쟁도 시장 확대에 기여했다. 이들은 시장을 선점하기 위해서 차량 공유앱, 소셜커머스, 식당 예약, 영화 티켓 등 다양한 분야에서 치열한 경쟁을 벌였고 풍부한 할인 혜택으로 중국 소비자의 모바일 결제를 유도했다.

잡아먹힐 것이냐, 살아남을 것이냐

급성장한 중국 모바일 결제 사업자들은 이제 해외로 눈을 돌리고 있다. 알리페이가 대표적이다. 2016년 7월 말 기준, 알리페이는 7만 개 이상의 해외 가맹점을 확보했다. 3년 안에 100만 개 이상의 해외 가맹점을 확보하는 것이 목표다. 특히 중국 관광객의 주요 목적지인 한국·일본·홍콩에서 알리페이 가맹점이 빠르게 늘고 있다. 알리페이는 한국 인터넷전문은행인 케이뱅크의 지분 4%도 가지고 있고, 2016년 11월 태국 온라인 결제 업체인 어센드머니에 투자하며 태국 시장에도 진출했다.

뿐만 아니다. 2015년 알리페이는 인도 최대 모바일 결제 업체인 페이티엠(Paytm)에 9억 달러를 투자해 지분 40%를 취득했다. 알리페이의 사용자 수가 4억5000만 명인데, 이 중 4000만 명이 해외 사용자다. 여기에 페이티엠의 사용자 수 1억5000만 명을 합치면 해외 사용자 수만 2억 명에 육박한다. 중국에서 급성장한 알리페이가 이제는 검증된 비즈니스 모델을 가지고 글로벌 시장으로 뻗어나가는 중이다.

다급해진 곳은 한국의 모바일 결제 업체들이다. 알리바바의 해외 가맹점 7만 개 중 3만4000개가 한국에 있다. 명동에 나가보면 알리페이와 위챗페이 광고를 어디서나 볼 수 있다. 심지어 카카오페이가 한국에서

▌ 전 세계 인터넷 소비 규모 순위   (단위: 10억 달러, 2016년 기준)

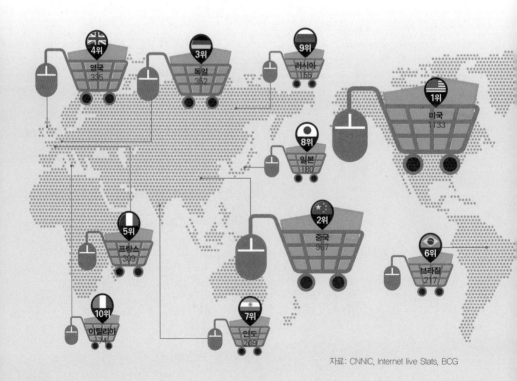

영국 4위 335
독일 3위 352
러시아 9위 155
미국 1위 1133
일본 8위 180
중국 2위 967
프랑스 5위 309
브라질 6위 217
이탈리아 10위
인도 7위 209

자료: CNNIC, Internet live Stats, BCG

의 가맹점 수를 늘리기 위해서 알리페이와 제휴를 추진해야 할 지경에 이르렀다.

한국 모바일 결제 시장은 위챗페이의 대공습에 잠식당하고 말 것인가? 한국 업체들로서는 역발상이 필요하다. 알리페이처럼 해외로 시선을 넓혀야 한다. 중국 대륙에는 6억 명이 넘는 모바일 결제 유저가 있다. 카카오페이는 2017년 2월 알리페이로부터 2억 달러의 투자를 유치하고 전략적 파트너십을 맺었다. 카카오페이는 해외 진출, 알리페이는 한국 시장 진출에 있어서 서로 도움을 받을 수 있게 된 것이다. 중국의 모바일 결제 공룡들에게 잡아먹힐 것이냐, 아니면 그들이 포획한 거대한 먹이를 함께 누릴 것이냐, 작은 스마트폰 액정에서 피 말리는 전쟁이 시작됐다.

'알리바바와 20억의 고객'
이야기

아랍 우화? 성장 신화!

한국인에게 '알리바바'하면 가장 먼저 떠오르는 건 『아라비안 나이트』
에 나오는 이야기 '알리바바와 40인의 도적'이다. 지혜로운 청년 알리바
바가 "열려라 참깨!"하고 주문을 외치는 대목에서는 제법 이야기의 긴
장감이 고조되기도 한다.

그런데 중국인들은 '알리바바'에서 더 이상 아랍 우화를 떠올리지 않는
다. 중국인들에게 '알리바바'는 전자상거래 쇼핑몰이다. 미국인들에게
'아마존'이 남아메리카의 정글이 아니라 거대한 인터넷 서점인 것과 마
찬가지다.

요즈음 돈 꽤나 굴리는 글로벌 투자자들은 알리바바 덕분에 살맛이 난
다. 중국 최대 전자상거래 업체 알리바바의 주가가 급등하면서 글로벌
시가총액 10위 종목으로 부상했기 때문이다. 우화 속 알리바바가 외치
듯 "열려라 참깨!"라며 판도라의 주식 상자를 열어 젖혔더니 그 속에 금
은보화만큼 반가운 투자수익이 가득 나온 것이다.

알리바바의 행복한 주문은 언제까지 이어질까? 흥분을 가라앉히고 지금부터 차분하게 살펴보도록 하자.

세계 투자자들의 숨을 멈추게 한 알리바바의 주가

알리바바와 텐센트는 세계 2위 경제대국으로 부상한 중국에서 글로벌 영향력이 가장 큰 기업에 속한다. 통신장비 업체인 화웨이도 빼놓을 수 없다. 하지만 화웨이가 스마트폰 등 한국에서도 접할 수 있는 제품으로 익숙한 반면, 알리바바와 텐센트는 여전히 낯설다. 두 회사 모두 중국 내수 사업 비중이 크기 때문이다. 특히 알리바바는 중국 전자상거래 시장에서 절대적인 영향력을 가진 플랫폼 기업이다. 한국 검색 시장에서 네이버가 가진 영향력만큼 행사하고 있다고 보면 된다. 중국 내수 시장이 워낙 크다 보니 알리바바는 글로벌 시장에서도 무시할 수 없는 존재

Please smile to the camera

알리바바는 신유통(온라인＋오프라인＋물류를 통합한 새로운 유통 방식) 열풍을 타고 '무인 매장'이 중국 유통 업계를 관통하는 트렌드로 떠오르자, 그에 걸맞는 안면인식 결제 기술을 적극 도입했다. 사진은 마윈 회장이 독일 하노버에서 열린 Cebit 컨퍼런스에서 안면인식 결제 시스템을 시연 중이다.

가 되었고, 전 세계 증시에서도 주목받고 있다.

알리바바 주가 급등의 계기는 2017년 6월 8일 개최된 IR 컨퍼런스였
다. 창업자 마윈과 장용 CEO 등이 참가한 이날 행사에서 알리바바는
2020년까지 총 거래액(GMV) 1조 달러(6조 위안)를 달성하고 2036년까
지 전 세계 20억 소비자에게 서비스를 제공한다는 원대한 목표를 발표
했다. 또한 2018년 회계연도(2017년 4월~2018년 3월) 매출 성장률이 무려
45~49%에 달할 것이라고 밝혔다. 시장 예상치인 37% 수준을 크게 상
회하는 수치다. 이날 뉴욕 증시에 상장된 알리바바 주가는 13% 상승한
142.3달러를 기록했다.

알리바바의 총 거래액은 2017년 3월까지인 2017년 회계연도에 이미
3조8000억 위안을 기록했고 영업수익도 전년 대비 56% 증가한 1582억
위안에 달했다. 알리바바가 대단한 이유는 바로 총 거래액에 있다.
2016년 중국 전체 민간 소비 규모는 33조2316억 위안이다. 이 중 알리

▌중국 전자상거래 시장 규모

자료: iResearch

바바가 차지하는 비중이 11%가 넘는다. 어마어마한 규모다.

알리바바가 이베이를 잡은 전략은?

2016년 알리바바의 매출 규모는 세계 최대 유통 업체인 월마트의 매출액(4860억 달러)을 넘어섰다. 세계 최대 전자상거래 업체가 오프라인의 최대 유통 업체를 뛰어넘은 기념비적인 사건이다.

그런데, 의문이 하나 생긴다. 인터넷, 전자상거래 모두 미국에서 가장 먼저 시작됐고 내수 시장 규모도 미국이 가장 크다. 그런데 왜 미국이 아니라 중국에서 알리바바 같은 기업이 탄생했을까? 이 의문의 해답이 바로 알리바바의 성장 비결과도 연관돼 있다. 뒤에서 자세히 살펴보자.

알리바바의 성장사에서 빼놓을 수 없는 것은 2003년 설립된 '타오바오왕(淘寶網)'이다. 타오바오왕은 개인 간 거래를 중개하는 C2C 플랫폼인데, 출범부터 강력한 경쟁자가 있었다. 중국에 진출한 '이베이'다. 2003년 6월 이베이가 중국 최대 경매 사이트인 '이취(易趣)'를 인수한 후 중국 전자상거래 시장에 본격적으로 진출하자 알리바바의 앞길을 밝게 예상한 사람은 드물었다. 전문가 대부분이 이베이가 중국 전자상거래 시장을 장악할 것이라고 내다봤다.

하지만, 결과는 전혀 예상밖이었다. 알리바바의 완승이었다. 알리바바가 이베이를 꺾기 위해 내놓은 전략은 단순했다. '공짜 전략'이

이베이가 중국에 진출했을 때만 해도 알리바바와의 싸움에서 완패할 것이라고 예측한 사람은 없었다.

▌알리바바 연간 활동 고객 수 및 모바일 MAU

(모바일 MAU: 1개월 동안 알리바바 모바일 앱을 1회 이상 사용한 고객 수)

■ 알리바바 연간 활동 고객 수
■ 모바일 MAU

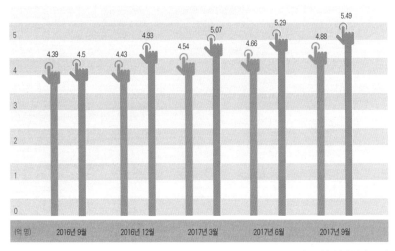

(억 명)	2016년 9월	2016년 12월	2017년 3월	2017년 6월	2017년 9월
	4.39 4.5	4.43 4.93	4.54 5.07	4.66 5.29	4.88 5.49

자료 : 알리바바 분기보고서

다. 경쟁 업체들은 거래금액의 2%를 수수료로 책정했는데, 알리바바는 무료였다. 거기다 등록비, 검색 추천 비용도 받지 않았다. 2003년 말까지 알리바바는 등록 회원 30만 명을 확보했다.

특히 알리바바의 성장에 결정적인 역할을 한 것이 바로 '알리페이'였다. 거래 당사자 간의 신뢰 부족은 중국 전자상거래 시장의 가장 큰 장애물이었는데, 알리페이의 '에스크로 서비스'가 이 문제를 해결했다. 알리페이는 에스크로 서비스를 통해 구매자의 결제대금을 수탁하고 있다가 구매자가 물건 수령 후 이상이 없다고 확인해야 판매자에게 결제대금을 송금했다. 알리바바가 2003년 10월 제3자 결제 서비스인 알리페이를 내놓고 나서 타오바오왕의 회원 수와 거래 규모는 급속도로 늘어났다. 타오바오왕은 판매자들이 대형화되면서 B2C 사이트의 성격도 가지기 시작했다.

타오바오왕의 메신저 서비스인 '왕왕(旺旺)'도 호평을 받았다. 구매자는 타오바오왕에서 상품을 구매하기 전 왕왕을 통해서 판매자와 실시간으로 소통하면서 궁금함을 해소할 수 있다. 중국에서 타오바오왕을 이용할 때 아주 편리했던 이유 중 하나다. 구매자가 궁금한 점을 메신저 왕왕을 통해서 판매자에게 물어보면 실시간으로 회신이 왔다. 밤늦게 문의해도 너무 빨리 회신이 와서 의아할 정도였다. 따져보면, 타오바오왕이라는 오픈마켓에 입점한 판매자들이 모두 개별적인 고객 센터를 하루종일 운영한 셈이다. 왕왕은 중국의 인건비가 저렴했기에 가능했던 서비스다.

열려라, 20억!

알리바바의 성공적인 경영 전략에 힘입어 타오바오왕은 급성장했다. 출시 6개월 만에 글로벌 사이트 순위 100위 안에 올랐고 9개월 후에는 50위 이내, 1년 후에는 20위 이내로 순위가 급상승했다. 2005년 초가 되자 승부는 결판이 났다. 타오바오왕 회원 수는 600만 명으로 이베이의 1000만 명보다 적었지만, 취급 상품 수, 검색량, 거래금액은 모두 이베이를 넘어섰다. 2007년이 되자 타오바오왕은 점유율 80%가 넘는 시장 지배자가 됐다. 2008년에는 기업형 판매자들을 위한 B2C사이트 '티몰'을 론칭하고 중국 최대 전자상거래 사이트로서의 입지를 굳혔다.

역설적이지만, 알리바바 성공의 가장 큰 원인은 중국 유통 시장이 미국보다 훨씬 낙후되어 있었기 때문이다. 데이비드 에반스와 리처드 슈말렌지가 쓴 책『매치메이커스(Matchmakers)』는 신경제의 대표적인 기업들을 다루고 있다. 알리바바, 애플, 페이스북, 구글, 텐센트 등인데, 이 기업들은 모두 '다면 플랫폼(Multisided Platform) 기업'이다. 플랫폼 기업은 생산자와 소비자를 연결하는 브리지 역할을 하는데, 이중 알리바바는 전자상거래 분야에서 아마존, 이베이를 제치고 세계 최대 플랫폼 기업으로 성장했다. 알리바바는 세계 무대를 주름잡는 아마존이나 이베이가 아닌, 중국에서만 존재하는 독특한 기업이다. 무엇보다 알리바바는 B2B와 B2C를 성공적으로 결합한 '온라인 마켓 플레이스'라는 독보적인 비즈니스 모델을 성공적으로 론칭시켰다.

게다가 알리바바는 '신뢰'와 '소통'이라는 (이미 미국 등 선진국에서는 찾아볼 수 없는) 중국만이 가진 문제를 해결하면서 진화해 나갔다. 『매치메이커스』의 저자 데이비드 에반스와 리처드 슈말렌지의 표현을 빌리자면,

알리바바는 글로벌 시장 진출의 일환으로 해외 유망 기업의 인수합병 및 지분 확보에 110억 달러 (약 12조 원, 2017년 기준)를 투자했다. 인도 전자결제 기업 Paytm의 지분 62%를 7억 달러에 사들인 데 이어, 역시 인도 전자상거래 기업 Bigbasket의 지분 20%를 2억 달러에 인수했다.

중국 시장의 마찰(friction, 불편함 정도로 해석하면 될 듯하다)이 미국보다 훨씬 심각했고 이것을 해결한 알리바바는 중국에서 기하급수적인 성장을 보상으로 받았다는 분석이다. 실제로 그 당시 중국의 유통 시스템은 매우 낙후되어 있었다. 베이징, 상하이 등 대도시의 경우는 그나마 상황이 나은 편이지만 지방 3·4선 도시나 농촌지역은 제대로 된 유통 채널이 없었다.

마윈 역시 이에 동의할 것이다. 알리바바의 IR 행사에서 마윈은 "기업의 핵심은 문제를 해결함으로써 사회가 발전하고 진보할 수 있게 하는 것이며 이런 기업만이 가치가 있고 성장할 수 있다"고 말했다. 마윈의 주장은 틀리지 않다. 알리바바는 중국의 수많은 중소기업이 내수는 물론 해외 시장에서 판로를 개척하는 것을 돕고 있다. 골목상권까지 점령하는 한국의 유통재벌과는 다르다. 무엇보다 알리바바는 소비자가 원하는 질 좋은 상품을 착한 가격으로 공급한다는 기본 원칙에 충실하다. 유통 마진을 덜 가져가는 대신 더 많은 고객을 유인하는 것인데, 결과적으로 전체 영업이익이 증가하면서 기업의 신뢰도까지 높였다.

이로써 알리바바는 중국 내 전자상거래 시장점유율이 60%에 달하는 기업으로 성장했다. 알리바바의 다음 행보는 '세계'다. 중국과 세계를 연결함으로써 글로벌 전자상거래 리더로 거듭나려 하고 있다. 2036년까지 전 세계 20억 소비자의 마음을 열겠다는 것이 알리바바의 목표다. '열려라, 20억!' 그들의 주문이 만리장성을 넘어 전 세계에 퍼질지 두고 볼 일이다.

광군제
패권 전쟁

상인들의 장부에 흑자(黑子)가 기록되는 날

블랙 프라이데이(Black Friday)는 미국에서 추수감사절(11월 넷째 주 목요일)
다음 날인 금요일로, 1년 중 가장 큰 폭의 세일 시즌이 시작되는 날이
다. 백화점과 대형 쇼핑몰에서는 블랙 프라이데이를 시작으로 할인 판
매 행사를 시작해 성탄절과 연말까지 세일 시즌을 진행한다. 미국 유통
업계에서는 블랙 프라이데이를 기점으로 월마트 같은 대형 소매체인의
매출 추이를 통해 미국 전역의 소비 동향을 파악하기도 한다.

미국의 상인들에게 블랙 프라이데이는 한마디로 '대목'이다. 그런데 이
름이 우리말로 '검은 금요일'이라니 좀 어색하다.

블랙 프라이데이는 추수감사절 다음 날 쇼핑을 나온 사람들로 도심 곳
곳이 극심한 교통 체증에 시달리자 이를 빗대어 지어졌다는 속설이 있
다. 한편, 대목을 잡아 매출이 오른 상인들의 장부가 흑자(黑字)로 기록
되는 날이 시작된다는 의미에서 블랙 프라이데이라는 이름이 비롯했다
는 이야기도 전해진다. 후자가 좀 더 설득력 있다.

중국판 '블랙 프라이데이'

흥미로운 사실은, 중국에도 블랙 프라이데이와 같은 시즌이 존재한다.
물론 이름과 유래는 다르지만 말이다. 바로 11월 11일 '광군제(光棍節)'
다. 여기서 '광(光)'자는 '빛나다'는 의미가 아니라 '아무 것도 없이 텅 빈'
을 의미한다. '군(棍)'은 막대기를 뜻하는데, 11월 11일에서 '1'을 빗댄 표
현이다. 따라서 '광군'은 '아무 것도 없이 막대기만 달랑 있는' 것이 되는
데, 이는 곧 배우자나 애인이 없는 싱글(솔로)을 의미한다. 따라서 광군제
는 '싱글들을 위한 날'이 된다. 11월 11일이 광군제가 된 것은 혼자임을
상징하는 듯한 '1'이라는 숫자가 4개나 겹쳐 있는 날이기 때문이다.

알리바바는 광군제를 '쇼핑을 즐기는 날'로 홍보하면서 하나의 사회 현상으로
각인시켰다. 이른바 중국판 '블랙 프라이데이'가 탄생한 것이다.

광군제는 1993년 난징대학교 학생들이 애인이 없는 사람들끼리 서로
위로하자는 취지에서 생겼다. 그들은 11월 11일에 파티를 열어 선물을
교환했는데, 훗날 중국 전역으로 퍼지게 된 것이다.

2000년대 들어 광군제가 중국 청년층의 문화로 확산되자 전자상거래 업체인 알리바바가 이날을 마케팅에 활용하기 시작했다. 마치 한국에서 제과 업체가 11월 11일을 가늘고 기다란 과자를 사먹는 날로 활용한 것과 일맥상통한다. 알리바바는 젊은이들에게 쇼핑을 통해 외로움을 달래야 한다고 광고하면서 광군제를 '구매를 즐기는 날(狂欢购物节)'로 홍보했다. 그리고 자회사인 오픈마켓 '타오바오'를 통해 대대적인 할인 이벤트를 열었다.

알리바바의 마케팅 전략은 적절하게 맞아 떨어졌다. 그러자 다른 전자상거래 업체들도 속속 동참하면서 광군제가 중국 최대의 쇼핑 축제가 된 것이다. 이른바 중국판 '블랙 프라이데이'의 탄생이다.

광군제 역사가 곧 중국 온라인 쇼핑몰의 성장사

미국에서 블랙 프라이데이가 연간 소비지수를 가늠하는 중요한 바로미터가 되었듯이, 중국의 광군제도 민간 소비 규모에서 차지하는 비중이 상당히 크다. 특히 광군제의 폭발적인 성장은 중국 온라인 쇼핑 시장의 급성장과 밀접하게 맞닿아 있다. 광군제를 마케팅에 도입한 전자상거래 업체 알리바바의 영향이다.

중국 유통 업계에서는 광군제 원년을 2009년으로 여긴다. 그 해 '징동닷컴'과 '판커' 같은 B2C 전자상거래 업체가 생겼고 알리바바도 C2C에서 B2C로의 전환을 모색했다. 2009년 알리바바는 B2C 사이트인 타오바오상청(상점)의 판촉을 위해서 광군제 행사를 진행했는데, 이때만 해도 하루 동안의 거래금액이 5000만 위안(약 85억 원), 참여 업체는 27개에 불과했다. 하지만 알리바바는 광군제가 중국판 블랙 프라이데이로 커질 수 있는 가능성을 봤다.

알리바바는 그 다음해인 2010년부터 광군제 프로모션을 더욱 강화했다. 덕분에 참여 업체 수도 많아졌고, 거래금액도 9억3600만 위안(약 1600억 원)으로 1년 사이에 무려 20배 가까이 늘었다. 2010년은 중국 B2C 전자상거래 시장이 폭발적으로 성장하기 시작한 해이기도 하다. 징둥닷컴과 판커는 각각 3배, 4배씩 매출액이 늘었다.

2011년 이후 중국 전자상거래 시장은 플랫폼 경쟁시대로 진입했다. 타오바오상청 · 징둥닷컴 · 아마존이 나란히 1~3위를 차지했고 수닝이 그 뒤를 이었다. 경쟁이 격화되는 와중에 마케팅의 영향력에 관심이 집중되면서 온라인 쇼핑몰 대부분이 광군제에 참여하기 시작했지만 아직은 수동적이었다. 중국 소비자들은 여전히 광군제를 타오바오만의 이벤트로 여겼다. 2011년 11월 11일 타오바오상청은 2200여 참여 업체와 함께 52억 위안(약 8600억 원)의 거래금액을 기록했다.

▌ 알리바바 광군제 거래금액 추이

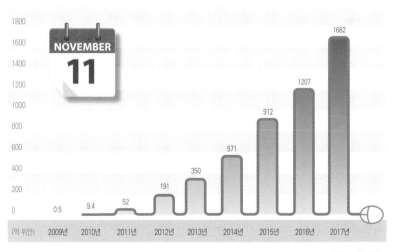

자료 : 알리바바

2012년 타오바오상청은 '텐마오'로 명칭을 바꾸며 드디어 광군제를 폭발시켰다. 거래금액이 무려 191억 위안으로 늘어난 것이다. 이를 계기로 광군제가 알리바바의 이벤트에서 중국 전자상거래 업계 전체의 행사로 주목받기 시작했다.

2013년은 중국의 전자상거래 업체들이 말 그대로 '광군제 대전(大戰)'을 치른 해로 기억된다. 알리바바의 텐마오는 350억 위안의 거래금액으로 다른 업체들을 멀찌감치 따돌렸지만, 거래량 급증으로 문제점이 속출했다. 물류가 폭발하는 거래량을 따라가지 못하면서 배송이 1~2주 지연되거나 배송 과정에서 물품이 손상되는 사례가 속출했다. 애프터서비스 문제나 가격 속이기도 지적됐다. 대다수 소비자는 인터넷 쇼핑과 저렴한 가격을 동일시했고 광군제 역시 20대 소비자들이 선호하는 물건을 싸게 사는 기회로 여겨졌다.

3분 만에 매출액 100억 위안

2014년에도 광군제 영향력은 커져만 갔다. 텐마오에서만 약 3만 개 업체가 참여했으며 거래금액도 60% 넘게 증가했다. 하지만, 전자상거래 업체들은 양적으로만 팽창하는 시장을 우려해 질적인 변화를 모색하기 시작했다. 전자상거래 업체들은 무엇보다 물류 시스템을 개선해나갔다. 징동닷컴은 자체 물류 시스템을 개발해 소비자들로부터 호평을 얻었다. 2014년이 특별하게 기억되는 이유는 스마트폰 보급 확대로 모바일 쇼핑이 급성장한 해이기 때문이다. 텐마오의 거래금액 중 모바일 구매 비중이 43%에 달했다. 본격적인 모바일 결제시대가 열린 것이다.

2015년부터는 광군제가 중국의 커다란 축제이자 하나의 사회 현상으로

▌ 알리바바 광군제 거래금액별 소요시간

거래금액/소요시간	2014년	2015년	2016년	2017년
10억 위안	3분1초	1분12초	52초	28초
100억 위안		12분28초	6분58초	3분1초
500억 위안	21시간12분	9시간52분	2시간50분	40분12초
1000억 위안			18시간55분	9시간
1500억 위안				21시간13분

자료: 중신증권

부각됐다. 알리바바는 5000만 위안을 쓰면서 광군제 특별 파티를 개최
했다. 연출자는 중국 유명 영화감독인 펑샤오강이었다. 징동닷컴 역시
질세라 중국 CCTV와 공동으로 광군제 특별공연 방송을 제작했다.

2016년 중국 민간 소비 규모가 33조 위안을 기록했다. 이 가운데 온라
인 쇼핑이 차지하는 비율이 무려 15%에 육박했다. 중국 지방 중소도시
와 농촌지역은 여전히 백화점이나 대형마트 같은 유통망이 공백 상태
였는데, 이 거대한 틈을 온라인 쇼핑이 채운 것이다.

이후에도 광군제 매출액은 매년 30~40%의 성장세를 이어갔다. 2017년
에는 1682억 위안(약 28조 원)의 매출액을 달성했다. 이때 10억 위안을
돌파하는데 28초가 걸렸으며 100억 위안도 3분 1초 만에 넘어섰다.

우물 안 고래

현재 중국 온라인 쇼핑 시장점유율 1위는 알리바바다. 58%로 압도적인 선두를 차지하고 있다. 2위 징동닷컴의 점유율이 25%이고, 3위부터는 시장점유율이 4%에 불과할 정도로 1위와 격차가 크다. 결국 중국 온라인 쇼핑 시장은 알리바바와 징동닷컴의 싸움터나 다름없다.

최근 알리바바의 독주를 막으려는 징동닷컴의 도전이 매섭다. 2017년 광군제 당일 알리바바가 매출액 1682억 위안을 기록하는 동안 징동닷컴은 1271억 위안에 달하는 매출액을 올렸다. 물론 11월 1일부터 11일까지의 매출액 합계이긴 하지만 만만찮은 실적이다. 11월 11일 광군제 당일도 징동닷컴 매출이 알리바바의 약 30%에 달했다.

상황이 이러하다보니 알리바바도 마음을 놓지 못하는 눈치다. 알리바바는 내부적으로 징동닷컴과의 경쟁을 위한 핵심성과지표(KPI)를 따로 만들어 직원들을 독려하고 있다는 소식도 들린다. 또 입점 업체들에게 자사의 텐마오에서만 할인 이벤트를 진행하도록 종용하기도 했다. 하지만 징동닷컴의 시장점유율이 상승하면서 많은 업체들이 알리바바와 징동닷컴에서 모두 할인 이벤트를 진행하고 나섰다.

알리바바의 1등 수성 전략도 만만치 않다. 알리바바의 경쟁력은 빅데이터와 클라우드 서비스에 있다. 특히 알리바바는 입점 업

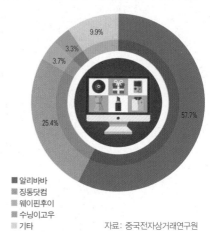

▌중국 전자상거래 시장점유율 (2016년 기준)

9.9%
3.3%
3.7%
25.4%
57.7%

■ 알리바바
■ 징동닷컴
■ 웨이핀후이
■ 수닝이고우
■ 기타

자료: 중국전자상거래연구원

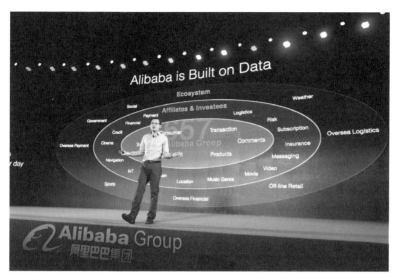

14억 중국 소비자의 구매 성향을 파악하는 것은 결코 쉬운 일이 아니다. 알리바바가 빅데이터와 클라우드 서비스 기술에 투자를 게을리 하지 않는 이유가 여기에 있다. 광군제 매출 기록을 해마다 경신할 수 있는 것도 알리바바의 빅데이터 수집 및 분석 능력의 결과다. 사진은 알리바바의 최고기술경영자 제프 장의 빅데이터 프리젠테이션 모습.

체들에게 상품 사진의 클릭 수까지도 제공할 만큼 빅데이터 수집 및 분석 능력이 뛰어나다.

알리바바는 광군제 이벤트를 화교들이 많이 거주하는 동남아와 한국, 일본으로까지 확산시키고자 국제화 전략에 나섰다. 2016년에는 광군제 개막식도 홍콩에서 진행했다. 알리바바의 거래금액은 3조8천억 위안으로 중국 소매금액의 약 10%가 넘는다.

14억 인구를 가진 중국이라는 우물이 크지만, 알리바바는 이미 우물 안의 고래가 됐다. 중국과 아시아를 넘어 세계 시장이라는 넓은 바다로 나가야 할 때가 온 것이다.

텐센트엔 뭔가
특별한 게 있다!

아시아 시가총액 1위

아시아에서 시가총액이 가장 큰 기업은 어딜까? 한국인이라면 삼성전자가 아닐까 생각하겠지만, 중국 최대 인터넷 기업인 텐센트다. 텐센트의 시가총액은 약 5560억 달러로 구글, 아마존, 페이스북에도 뒤지지 않는다.

2010년 초반부터 중국 인터넷 업계는 BAT(바이두·알리바바·텐센트) 3강 체제가 형성됐다. 하지만 검색엔진인 바이두는 서서히 경쟁에서 탈락하며 알리바바와 텐센트의 2강 체제가 굳어졌다. 최근에는 전자상거래 업체인 알리바바도 텐센트에 다소 밀리는 분위기다. 이렇게 텐센트의 독주 체제가 굳어진 것은 중국판 카카오톡인 '위챗' 덕분이다.

바야흐로 '소셜 네트워크 서비스(SNS)'의 시대가 아닌가. 특히 중국은 페이스북을 사용할 수 없기 때문에 위챗의 반사이익이 엄청나다. 위챗의 모멘트 기능을 이용해서 사소한 일상이나 뉴스를 공유하는 사람이 많기 때문이다. 중국에서 지하철을 타면 승객 대부분이 스마트폰으로 위챗을 보고 있다. 한국 같으면 카카오톡이나 페이스북을 볼텐데 중국에서는 모두 위챗을 보고 있으니 위챗 사용자 수가 많을 수밖에 없다.

도대체 위챗 사용자 수가 얼마나 많기에 삼성전자를 밀어내고 텐센트를 아시아 시가총액 1위 기업으로 올려놓은 걸까? 2017년 9월 기준 위챗의 사용자 수는 약 9억8000만 명으로 집계됐다. 지금으로부터 5년 전만 해도 2억 명에도 미치지 못하던 것이 5배나 증가한 것이다.

텐센트는 위챗만 있는 게 아니다. 게임과 광고 등 다양한 영역에서 호조를 이어가며 텐센트 실적을 크게 끌어올리고 있다. 텐센트는 2016년 기준 매출액 1519억 위안(약 25조2000억 원), 순이익 414억 위안(약 6조9000억 원)을 기록했다. 각각 전년 대비 48%, 42% 증가한 수치다.

텐센트는 순이익이 적지 않은 편에 속하지만 아직 삼성전자(22조7261억 원)의 3분의 1에도 미치지 못한다. 하지만, 시가총액은 텐센트가 삼성전

▌위챗 사용자 수 추이

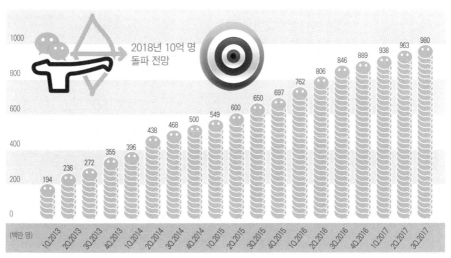

자료: 텐센트 IR 보고서

자보다 훨씬 높다. 텐센트의 실적 성장세가 좋은데다 인터넷 기업이라는 특성상 높은 밸류에이션을 받고 있는 것이다.

그들은 무조건 베끼지만은 않는다!

텐센트는 어떻게 성장했을까? 마화텅 텐센트 회장은 1998년 11월 선전에서 대학 친구인 장즈동과 함께 텐센트를 창업했다. 두 사람은 선전대학교 컴퓨터학과 동기다. 당시는 미국에서 AOL이 42억 달러에 넷스케이프를 인수하는 등 인터넷 산업이 폭발적으로 성장하던 때였다.

하지만, 텐센트의 초기 사업은 순탄치 않았다. 사업 아이템이 문제였다. 마화텅은 무선호출기(삐삐)와 인터넷을 연결하는 시스템을 구축하려 했다. 인터넷으로 무선호출기를 호출한다든지, 무선호출기에서 이메일의 일부 내용을 볼 수 있는 서비스였다. 시대를 앞선 아이디어였지만 문제

Tencent

텐센트는 늘 후발주자였지만 단순한 카피가 아닌 작은 혁신을 통해 경쟁력을 키웠다.
창조적 모방과 소비자 위주의 사고가 그들의 성공을 가능케 했다.

가 있었다. 휴대폰 시장이 커지면서 무선호출기 시장이 침체하기 시작한 것이다.

기회는 우연히 찾아왔다. 텐센트는 이스라엘 기업이 개발한 인스턴트 메시징 서비스인 ICQ에 주목했다. 1998년 AOL은 ICQ를 4억700만 달러에 인수했고 당시 중국에는 이미 3~4개 회사가 중국판 ICQ를 서비스하고 있었다. 텐센트는 후발주자였지만, 단순한 카피가 아닌 작은 혁신을 통해서 자사의 OICQ(Open ICQ)라는 제품을 성공적으로 키워나갔다.

우선, 다른 제품들은 사용자 정보와 친구목록을 컴퓨터에 보관했지만 텐센트는 서버에 저장했다. 미국과는 달리 PC가 없어서 회사나 PC방에서 인터넷을 사용하는 중국 네티즌을 고려한 것이다. 아울러 소프트웨어 용량을 크게 줄였다. ICQ 소프트웨어는 용량이 3~5MB에 달했지만 텐센트가 개발한 소프트웨어는 약 200KB에 불과했다. 모뎀으로 인터넷을 사용하던 시절 ICQ를 다운로드하기 위해서는 수십 분을 기다려야 했지만, OICQ는 5분 만에 다운로드가 가능했다.

텐센트는 개발보다 모방에 치중한다고 해서 중국 내에서도 많은 비판을 받아왔다. 하지만, 텐센트가 무작정 모방만을 일삼았다는 주장은 오해다. 텐센트는 모방 과정에서 핵심적인 업그레이드를 이뤄냈다. 이런 창조적 모방과 소비자 위주의 사고가 텐센트의 성공을 가능케 했다.

텐센트의 OICQ는 비록 후발주자였지만 무섭게 시장점유율을 높여 나갔다. 1999년에는 ICQ를 인수한 AOL이 상표권 소송을 제기하는 바람에 QQ로 명칭을 바꿨다. 사용자 수가 9개월 만에 100만 명을 돌파했고, 중국 경쟁 기업이던 CICQ과 PICQ도 멀찌감치 따돌렸다.

그런데, QQ 사용자 수가 폭발적으로 증가하면서 텐센트의 고민이 커졌다. 늘어나는 유지보수 비용과 서버 수를 감당할 수 없게 된 것이다. 자금 사정이 악화된 텐센트는 당시 잘 나가던 인터넷 기업인 '신랑'과 '소후'를 찾아가 투자를 타진했지만 모두 실패했다. 야후 차이나, 레노버 등 다른 기업들도 투자를 거절했다. 아직 QQ의 수익 모델이 없었기 때문이다.

희망은 예상치 않았던 곳에서 나타났다. 한 미국인이 느닷없이 텐센트를 방문한 것이다. 그는 남아프리카공화국의 미디어 기업인 '나스퍼스'의 투자 자회사 MIH의 부총재였다. 투자 대상을 물색하기 위해 중국을 찾았는데, PC방의 PC마다 QQ가 깔려있고 투자를 위해 만난 창업자들의 명함에도 모두 QQ 아이디가 있자 텐센트에 흥미가 생긴 것이다.

자본만 많다고 무조건 성장하는 건 아니다!

나스퍼스는 3400만 달러를 투자해서 텐센트의 지분 46.5%를 취득했다. 마화텅도 거절할 이유가 없었다. 당장 자금이 필요했고 불과 1년 전만 해도 550만 달러로 평가받던 기업가치가 11배 넘게 올랐기 때문이다. 이후 지분이 희석되었지만 지금도 나스퍼스는 텐센트 지분 33.6%를 보유하고 있다. 지분가치는 1800억 달러가 넘는다.

나스퍼스 투자를 발판으로 텐센트는 성장에 탄력을 받기 시작했다. 중국 유명 작가 우샤오보가 쓴 『텐센트전』에서는 텐센트의 성공 비결을 7가지로 요약한다. 그 중 가장 눈에 띄는 것은 '내부 경쟁 시스템'과 '생태계 조성 전략'이다.

내부 경쟁 시스템은 텐센트 혁신의 가장 큰 비결이다. 인터넷 시대에 가장 혁신적인 제품은 모두 예상치 못한 곳에서 시작됐다. 기존의 대형 인터넷 기업들은 새로운 흐름을 찾는 데 실패하고 몰락하는 경우가 많았

다. 야후가 대표적이다. 하지만 텐센트는 달
랐다. 계속해서 QQ시우(아바타), QQ공간(미
니홈피) 및 위챗 같은 메가 흥행을 터뜨리며
텐센트의 지속적인 성장을 가능케 했다. 그
런데, 이 메가 흥행 상품들은 모두 기업의 조
직 말단에 있는 일선 개발 부서에서 추진
된 아이템이다. 신사업 기획안
이 통과되면 그 이후 모든 진
행 과정은 반드시 기획을 주도
한 팀에서 담당했다. 서로 치열
하게 아이디어를 내고 경쟁할
수밖에 없는 내부 시스템을 구
축한 것이다.

아울러 텐센트가 중국 최대 인

모든 것을
연결하고 모든 산업에
인터넷을 접목시키는
'인터넷 플러스 전략'에 힘입어
중국 인터넷 생태계에서
탠센트는 거대한 축을
형성하고 있다.

터넷 기업으로 거듭날 수 있었던 이유는 설립 초기부터 SNS를 기반으
로 한 생태계 구축을 염두에 두고 사업을 했기 때문이다. 메신저, 아바
타, 미니홈피 그리고 정점을 찍은 위챗이 이를 증명한다. 2013년부터 마
화텅은 '모든 것을 연결'하고 모든 산업에 인터넷을 접목시키는 '인터넷
플러스' 전략을 제창했다.

흥미로운 점은 텐센트의 성장에 한국의 인터넷 기업들이 적지 않은 영
향을 끼쳤다는 사실이다. 텐센트가 2003년 출시한 QQ시우(아바타) 서비
스는 텐센트에게 하나의 이정표가 된 사건이다. 그때까지만 해도 QQ사
용자는 기하급수적으로 증가했지만, 텐센트는 유료 수익 아이템이 전무
했다. 그런데 QQ시우 출시 후, 사용자가 돈을 내고 아바타를 구입하면

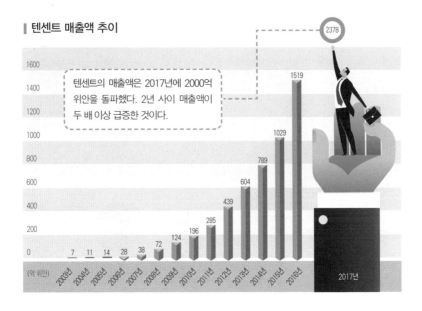

┃ 텐센트 매출액 추이

텐센트의 매출액은 2017년에 2000억 위안을 돌파했다. 2년 사이 매출액이 두 배 이상 급증한 것이다.

(억 위안)

2003년 7, 2004년 11, 2005년 14, 2006년 28, 2007년 38, 2008년 72, 2009년 124, 2010년 196, 2011년 285, 2012년 439, 2013년 604, 2014년 789, 2015년 1029, 2016년 1519, 2017년 2378

서 마침내 매출이 발생하기 시작했다. 이때 텐센트는 '세이클럽'의 아바타를 카피했다. 세이클럽은 2000년 11월 세계 최초로 온라인 캐릭터인 아바타를 유료로 판매하면서 선풍적인 인기를 끌었던 한국의 채팅 사이트다. 처음에는 텐센트가 한국 인터넷 기업한테 배웠지만, 모바일 메신저부터는 힘의 균형이 텐센트 쪽으로 기울기 시작했다.

그들의 M&A 전략은 합리적으로 열려있다!

텐센트는 중국 기업 중에서 해외 M&A에 적극적인 곳으로 유명하다. 텐센트는 2012년 720억 원을 카카오톡에 투자해 약 13%의 지분을 취득했다. 카카오와 다음이 합병한 지금은 약 8.3%의 지분을 보유하고 있다. 약 8600억 원에 달하는 규모다. 2014년 넷마블게임즈에 약 5300억 원을 투자한 텐센트는 넷마블게임즈의 3대 주주(17.7%)이기도 하다.

텐센트는 중국 최대 게임 퍼블리싱 업체이기 때문에 한국의 게임 업체들도 텐센트의 지분 투자를 선호할 수밖에 없다. 중국에서 텐센트를 통해 게임을 퍼블리싱하면 히트 가능성이 크기 때문이다. 선풍적인 인기를 끌고 있는 '배틀 그라운드'도 텐센트와 독점 퍼블리싱 계약을 체결했다. 앞으로 텐센트가 한국 게임 업계에 미치는 영향력은 더욱 커질 전망이다.

텐센트는 2008년 미국 게임 업체 라이엇게임즈에 투자한 후 2011년 지분 50%, 2015년 100%를 인수했다. 라이엇게임즈는 온라인 게임 '리그 오브 레전드(LOL)' 개발 업체다. 2016년에는 약 10조 원을 들여 슈퍼셀 지분 84.3%를 인수했다. 슈퍼셀은 '클래시 오브 클랜', '클래시 로얄' 등으로 글로벌 모바일 게임 시장을 이끌고 있는 핀란드 회사다.

텐센트의 M&A 전략에서 주목을 끄는 점은, 어떤 회사의 지분을 아무리 많이 취득하더라도 그 회사 고유의 경영권을 보장해 준다는 사실이다. 텐센트는 라이엇게임즈 지분을 취득했을 때도 경영에는 간섭하지 않았다. 심지어 라이엇게임즈를 인수한 뒤에도 경영 관여를 최대한 자제한다는 원칙을 지키고 있다. 슈퍼셀이 텐센트의 지분 취득을 허락한 것도 라이엇게임즈의 경영을 보장해 준 사실 때문이다. 한편, 텐센트의 지분 30% 이상을 보유한 나스퍼스도 텐센트의 경영권을 최대한 보장해 주고 있다. 나스퍼스의 경영권 보장 덕분에 텐센트는 시행착오 없이 해오던 사업을 꾸준히 이어가면서 결실을 볼 수 있었다. 나스퍼스가 텐센트에게 보여준 신뢰와 지지는, 이제 텐센트가 투자하고 인수하는 회사들에게 이어지고 있다.

지분 투자와 경영권 참여를 분리하는 것은 결코 쉽지 않은 일이다. 한국의 경우, 지분 투자에서 인수합병으로 확대될 경우 대체로 경영권 참여

텐센트의 M&A 전략에서
주목을 끄는 점은,
어떤 회사의 지분을 아무리
많이 취득하더라도
그 회사 고유의 경영권을
보장해 준다는 사실이다.

로까지 이어진다. 인수합병한 회사에서 이른바 점령군을 보내 경영진을
교체하고 조직을 개편하며 심지어 기업 문화까지 바꿔 버린다.

하지만, 단지 지분만 내줬을 뿐 그대로 둬도 잘 운영하고 있는 회사를
자본의 논리를 앞세워 뒤바꾸는 것은 다시 생각해 볼 일이다. 그런 의미
에서 텐센트의 합리적이고 열린 기업 경영은 한국의 기업 문화에 시사
하는 바가 크다.

모바이크 vs. 러스왕,
중국식 혁신을 묻다

러스왕은 경영 위기, 모바이크는 승승장구

최근 중국에서 가장 뜨거운 감자로 부상하고 있는 기업이 있다. '모바이크'와 '러스왕'이다. 이유는 정반대다. 모바이크는 '자전거 공유'라는 누구나 생각할 수 있을 법한 사업 모델로 가장 혁신적인 스타트업이 됐다. 차스닥 대장주인 러스왕은 테슬라를 목표로 전기차 생산에 뛰어 들었다가 경영 위기에 봉착했다.

모바이크 창업자인 후웨이웨이는 '사람들이 자전거를 타면 도시의 내면을 더 자세히 바라볼 수 있지 않을까'하는 생각에서 자전거 공유 서비스를 시작했다. 러스왕 창업주인 자웨팅은 중국의 엘론 머스크(테슬라 CEO)를 꿈꾸며 동영상 스트리밍 사이트에서 전기차로 사업을 확장했다.

경영 위기와 승승장구! 이 두 혁신 기업은 왜 서로 정반대의 행보를 걷게 된 걸까?

차스닥 황제주의 위기

차스닥 시장의 황제주였던 러스왕의 속사정을 먼저 살펴보자. 2010년 차스닥에 상장한 러스왕은 2015년 한때 주가가 179위안까지 상승했다. 시가총액 역시 1000억 위안을 넘어서며 중국 신성장 산업의 대표 기업으로 자리매김했다. 러스왕의 모기업인 '러에코'는 동영상 사이트에서 스마트폰, 영화 제작, 전기차로 사업 영역을 넓혔다. 러에코는 2014년 미국 캘리포니아에 전기차 메이커 '패러데이 퓨처'를 설립했다. 2016년 7월에는 20억 달러를 투자해 미국 평판TV 제조 업체 '비지오'를 인수했다. 같은 해 8월에는 200억 위안을 투자해 저장성에 슈퍼카 생산단지를 건설하겠다고 발표했다.

문제가 생기기 시작한 건 2016년 10월이다. 러에코의 자동차 사업 부문이 미국 협력 업체에 5000만 달러에 달하는 채무를 상환하지 못한 사실이 밝혀지면서 자금 문제가 불거졌다. 뒤이어 당장 상환해야 할 채무만 100억 위안에 달한다는 보도가 터져 나왔고, 러스왕의 주식은 거래소에서 거래 정지되고 말았다.

2017년 1월 러스왕은 롱청중국을 비롯한 투자자들이 168억 위안을 투

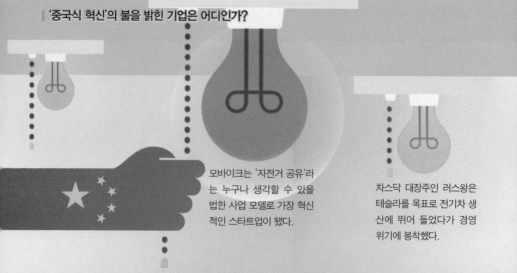

'중국식 혁신'의 불을 밝힌 기업은 어디인가?

모바이크는 '자전거 공유'라는 누구나 생각할 수 있을 법한 사업 모델로 가장 혁신적인 스타트업이 됐다.

차스닥 대장주인 러스왕은 테슬라를 목표로 전기차 생산에 뛰어 들었다가 경영 위기에 봉착했다.

자하기로 했다는 공시를 발표하고 나서야 거래가 재개됐다. 급한 불은 껐지만 러스왕의 미래는 불투명하다. 자금 수혈도 전기차 부문을 제외하고 현금 창출능력이 있는 사업 부문에만 이뤄졌다. 자웨팅은 테슬라의 CEO 엘론 머스크처럼 혁신 기업을 만들고 싶어 했다. 하지만, 중국 주식 시장의 거품이 꺼지자 자금 위기에 빠졌고, 엎친 데 덮친 격으로 악재들이 한꺼번에 드러났다.

도라에몽이 준 아이디어

모바이크는 러스왕과는 다르다. 단순한 가치에 집중해서 중국 스타트업 중 가장 주목받는 기업이 됐다. 2017년 1월 모바이크는 2억1500만 달러에 달하는 시리즈 D펀딩을 유치했다. 중국 최대 IT 기업인 텐센트와 중국 최대 온라인 여행사인 '시트립'이 참여한 이번 펀딩에서 모바이크는 10억 달러의 기업가치를 인정받았다. 더욱 놀라운 것은 모바이크가 본격적으로 서비스를 제공한 지 9개월밖에 되지 않았다는 점이다.

모바이크는 2016년 4월 상하이에서 자전거 공유 서비스를 시작했다. 지금은 9개 국 180여 개 도시로 확장했으며 중국에서 700만 대가 넘는 공유 자전거를 보유하고 있다. 모바이크 앱을 다운받은 사람만 2억 명이 넘는다.

모바이크가 한국의 지방자치단체가 운영하는 공공 자전거와 다른 점은 자전거를 주차하는 지정된 스테이션이 없다는 점이다. 모바일 앱으로 주변에 있는 자전거를 찾아서 이용한 후 아무 곳에나 두면 된다. 사용 방법은 간단하다. 우선 스마트폰으로 앱을 실행하면 내 위치를 확인해 주변에 있는 자전거들을 보여주는데 가까운 거리에 있는 자전거를 예

❚ 중국 공유 자전거 시장 규모 전망

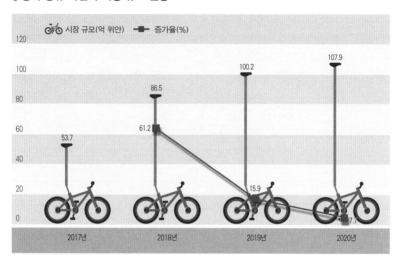

자료: 이관

약할 수 있다. 자전거를 찾은 후 자전거에 있는 QR코드를 스캔하면 잠금 장치가 풀리고 자전거를 이용할 수 있다. 보증금은 299위안, 이용료는 30분당 0.5~1위안이다.

모바이크를 좀 더 이해하기 위해서는 창업주인 후웨이웨이가 어떤 사람인지 알아볼 필요가 있다. 후웨이웨이는 모바이크를 창업하기 전에 10여 년 동안 자동차 전문 기자로 취재를 하고 글을 썼다. 변화의 계기는 2013년 라스베이거스에서 개최된 CES였다. 당시 후웨이웨이는 사람과 자동차, 심지어 자동차와 자동차를 연결하는 다양한 사물인터넷(IoT) 환경의 제품들을 접하고 큰 충격을 받았다. 귀국 후 자동차와 IT 기술을 접목하는 분야를 파고들려 했지만, 회사 반응은 부정적이었다. 결국 후웨이웨이는 퇴사해 자동차와 IT 기술 관련 전문 매체 '지커자동차'를 만들었다. 창업 후 후웨이웨이는 자동차 업계 전문가들과 자주 교류하면서 미래의 이동 방식에 대해서 계속 고민했고 결국 1인 이동장치(자전거,

전동자전거)가 다시 주목받을 것이라는 결론을 내렸다.

모바이크 창업에는 후웨이웨이의 감성도 큰 영향을 미쳤다. 대학 졸업 후 베이징에서 일자리를 얻은 그녀는 원룸을 구했고 자전거도 한 대 샀다. 그러나 몇 년 후 차가 생기고 나서는 도시와 격리된 느낌이 들었다. 그녀는 한 인터뷰에서 그 당시 감정을 이렇게 소회했다.

"도시의 변화도, 날씨의 변화도 느낄 수가 없었다. 도시의 생동감도 느낄 수가 없었다. 교통 체증 속에 갇혀 있을 때는 내가 왜 이 도시에 사는지 회의감이 밀려왔다."

후웨이웨이는 다시 자전거를 사서 베이징에 처음 왔을 때의 느낌을 되찾으려 했다. 하지만, 곧 자전거가 큰 부담으로 변한다는 사실을 깨달았다. 자전거를 타고 싶을 때는 자전거가 옆에 없었고 자전거를 타기 싫을 때는 보관하기가 힘들었다. 분실 우려도 컸다. 공공 자전거가 있었지만 실제 이용은 쉽지 않았다.

IF A City Has Many Cyclists
IT Must Be A Liveable City

모바이크는 "도라에몽처럼 자전거가 필요할 때 주머니에서 자전거를 꺼내 타고 싶다"는 창업주 후웨이웨이의 엉뚱하지만 재기발랄한 생각에서 출발했다.

후웨이웨이가 한 말 중 가장 재밌는 것은 '도라에몽론(論)'이다. 후웨이웨이는 "도라에몽처럼 자전거가 필요할 때는 주머니에서 자전거를 꺼내서 타고 싶다"는 생각을 여러 번 했다고 한다. 그런데 어느 날 산업 디자이너, 투자자들과 대화를 하는 도중 한 에인절 투자자가 "공유 자전거 서비스 사업을 할 생각이 없냐?"는 말을 무심코 던졌다. 이때, 후웨이웨이는 번개를 맞은 것 같은 느낌이 왔다고 했다. 다른 참석자들은 모두 시큰둥했는데 후웨이웨이만 번뜩였다. 이렇게 해서 후웨이웨이는 모바이크의 창업자가 됐다.

전 세계 100대 도시 진출이 목표

모바이크의 성공 비결은 막대한 잠재 수요가 있는 시장에서 적절한 시기에 필요한 서비스를 제공했기 때문이다. 2000년대 중반 이후 중국은 매년 자동차가 1000~2000만 대 이상 늘어나면서 자동차 보유량이 2억 대를 초과할 정도로 급증했다. 대기오염, 교통 체증이라는 부작용도 나날이 커져만 갔다. 무엇인가 반대 방향으로의 사고 전환이 필요한 시점이었다. 게다가 자전거 대국이었던 중국은 누구나 자전거에 대한 추억이 있었다.

늘어나는 자동차 수를 도로가 감당하지 못하면서 교통 체증이 심해진 것도 공유 자전거 시장 성장에 기여했다. 중국 대도시의 출퇴근 시간에 자동차 운행 속도는 시속 약 20km에 불과하다. 중국인들은 매년 수백 시간을 길바닥에 버리고 있는 셈이다. 그래서 중국 대도시의 지하철역 부근에는 어마어마한 수의 공유 자전거가 놓여 있다. 수많은 중국인들이 자가용 대신 공유 자전거와 지하철을 선택하고 있는 것이다.

▌ 중국 10대 교통 혼잡 도시

순위	도시	교통 혼잡 지수	피크타임 통행속도(km/h)	1인당 연간 교통 혼잡 비용 (시간가치, h)
1	지난	2.067	21.1	273
2	베이징	2.033	22.2	268
3	하얼빈	2.028	21.9	268
4	충칭	1.951	23.3	257
5	후허하오터	1.949	23.7	257
6	광저우	1.892	24.1	249
7	허페이	1.881	23.4	247
8	상하이	1.878	23.2	247
9	다롄	1.875	25.2	246
10	창춘	1.861	23.7	244

중국 대도시의 교통 혼잡 지수가 높아질수록 공유 자전거 서비스 사업은 더욱 성장할 것이다.

모바이크의 성공이 중국에서 가지는 의미는 남다르다. 전 세계적으로 주목받는 중국 IT 기업이 많았지만, 하나같이 미국 IT 기업의 사업 모델을 모방한 기업들이었다. 중국에서 농담 삼아 말하는 'C2C(Copy to China) 모델'이다. 알리바바는 이베이, 바이두는 구글, 웨이보는 트위터, 요우쿠는 유튜브, 모두 미국 IT 기업을 벤치마킹했다.

물론 C2C와 벤치마킹은 다르다. 벤치마킹이 비난받을 일은 아니다. 다만 모바이크는 기존 중국 기업들과는 다른, 좀 더 독창적인 행보를 걸어왔다는 점에서 그 의미가 남다르다. 즉, 모바이크가 지닌 가치 · 기술 · 경험 모두 '메이드 인 모바이크'라고 하는 데 이의를 제기할 사람은 많지 않을 것이다. 모바이크만의 정체성을 확립한 것이다.

2016년 11월 모바이크는 싱가포르에서 공유 자전거 서비스 사업을 시작하면서 전 세계 100대 도시에 진출하겠다는 목표를 밝혔다. 모바이크는 한국에서도 정식 서비스를 개시했다. 2018년 1월 초 수원에서 공유 자전거 200대를 운영하기 시작했고, 상반기에 1000대로 규모를 키울 예정이다.

모바이크는 진정 '중국식 혁신'의 모델이 될 만하다. 중국인들이 필요로 하는 니즈(needs)를 정확하게 집어내 그에 걸 맞는 비즈니스 모델을 창출한 것이다. 세계적인 경쟁력을 갖추기 위해 정부 차원에서 대대적인 투자를 단행해 성공에 이르는 '중국식 굴기'하고는 분명 차이가 있다. 이제 모바이크는 혁신을 꿈꾸는 전 세계 스타트업들에게 '워너비'가 되고 있다. 모방을 일삼아온 중국 IT 기업이 어느덧 모방의 대상이 된 것이다.

'공짜'와 '짝퉁'을
정중히 사절합니다

'공짜 본능'을 벗다

세상에 '공짜' 싫어하는 사람이 있을까? 대가 없이 얻는 불로소득(不勞
所得) 말이다. 공짜를 바라는 욕구는 인간의 본능과도 같은데, '공짜 본
능'에 유독 정직한 사람들이 있으니 바로 중국인이다. 중국 산업 전반
에 걸쳐 모방이나 표절(무단도용)이 횡행해온 것도 같은 이유다. 특히 인
터넷 공간에서 정당하게 대가를 지불하고 콘텐츠를 이용하는 중국인은,
불과 얼마 전까지만 해도 상상하기 어려운 일이었다.

그런 중국이, 변했다! 중국에서 '유료' 지식 콘텐츠가 각광을 받으면서
지식경제가 급부상하는 기적(!)이 일어나고 있는 것이다. 중국인들이 팟
캐스트를 듣고, 인기 작가의 칼럼을 읽고, 전문가와 음성 문답(Q&A)을
하기 위해 기꺼이 지갑을 열고 있다. 도대체 무엇이 이런 변화를 가능하
게 만들었을까?

자기개발에 적극적인 중국인들

중국에서 '말 잘하기(好好說話)'라는 유료 팟캐스트가 선풍적인 인기를 끌고 있다. 히말라야FM에서 출시 첫날에만 500만 위안(약 8억5000만 원), 열흘 만에 1000만 위안(약 17억 원)의 매출을 기록했다. 화법을 다룬 '말 잘하기'는 총 260회(매회 7~9분)로 구성돼 있으며 가격은 198위안(약 3만 4000원)이다. 출시 초기에만 5만 명이 넘는 네티즌이 구매한 셈이다.

한국어로 '논리사유'를 뜻하는 지식 콘텐츠 플랫폼 '뤄지쓰웨이(罗辑思维)'가 내놓은 '더다오(得到)'는 유명 작가나 경제학자의 칼럼을 정액제(연 199위안)로 판매한다. 등록 사용자 수가 600만 명을 넘었고 하루 사용자 수도 60만 명에 달한다. 일찌감치 1억 위안(약 170억 원)이 넘는 매출을 올렸다.

'펀다(分答)' 역시 독특한 지식 콘텐츠 플랫폼이다. 전문가가 직접 가격(1~500위안)을 책정하면 질문자는 관심 있는 전문가에게 텍스트로 질문

▍중국 유료 지식 콘텐츠 플랫폼

	히말라야FM	더다오	즈후 라이브
주요 사업	팟캐스트 포털	전문 칼럼 서비스	유료 질의응답
월간 활동 사용자 수	3566만 명	237만 명	1371만 명
콘텐츠 유료 판매	팟캐스트 유료 구독	칼럼 유료 구독	텍스트로 질의응답, 답변자 가격 설정 + 엿듣기 기능(1위안)
대표 유료 콘텐츠	말 잘하기 (이용자 수 10만 명, 매출액 1980만 위안)	뤄지쓰웨이 (이용자 수 8만 명, 매출액 1592만 위안)	인기 답변자 리카이푸와의 질의응답 통해 수익 창출
콘텐츠 생산 방식	공동 제작 및 1인 미디어	자체 제작 및 1인 미디어	자체적으로 인기 답변자 양성
콘텐츠 판매 구조	무료+유료 팟캐스트	무료+유료 구독	엿듣기 기능으로 발생하는 매출은 질문자와 답변자가 공동 분배

을 하고 전문가는 1분 이내의 음성으로 답을 남긴다. 또한 누구나 1위안만 지불하면 답변을 들을 수 있다.

뜻밖에도 유료 지식 콘텐츠에 대한 중국 네티즌의 거부감은 낮다. 텐센트 산하 데이터 분석 기관 치어즈쿠(企鵝智酷)가 발표한 '유료 지식 경제 보고'에 따르면, 중국 네티즌 중 55.3%가 유료 지식 콘텐츠를 구매한 적이 있다. 이 중 50.3%가 유료 구독이나 유료 다운로드 서비스를 사용했고, 36.9%는 온라인 강좌를 이용한 경험이, 26.4%는 온라인 팁인 '다샹(打賞)'을 한 적이 있는 것으로 나타났다. '다샹'은 콘텐츠를 보고 마음에 들면 모바일 결제를 통해 자발적으로 팁을 주는 방식이다.

2012년 8월 설립된 히말라야FM은 원래 모바일 라디오를 제공하다가 아예 팟캐스트 포털로 사업을 전환했다. 히말라야FM은 이미 사용자 수가 4억5천만 명에 달하는 중국 최대 팟캐스트 포털로 성장했다. 팟캐스트 제작자만 500만 명이 넘으며 매일 10만 개가 넘는 팟캐스트가 업로드 된다. 앱의 일 평균 사용횟수는 3.9회, 적극적인 사용자의 일 평균 청취시간은 124분에 달하며, 일 평균 9000만 회의 팟캐스트 서비스를 제공 중이다.

히말라야FM 팟캐스트 콘텐츠는 유명 인사 등 전문 지식인이 제작한 PGC(Professional Generated Content)와 일반 사용자가 만든 UGC(User Generated Content)로 구성된다. 일반 사용자의 팟캐스트 방송이 활발한 게 히말라야FM의 성공 비결이다. 현재 히말라야FM에는 약 500만 개의 팟캐스트가 있는데, 이 중 대부분이 일반 사용자 팟캐스트다. 물론 유료 매출을 이끄는 건 유명인의 팟캐스트다. 마둥·우샤오보·러지아 등 중국을 대표하는 오피니언 리더(KOL, Key Opinion Leader) 2000여 명이 제작한 팟캐스트만 약 1만 개에 이른다. 이 팟캐스트들은 비즈니스·외국

중국 관영 방송 CCTV 교양 PD 출신 뤄전위가 진행하는 '뤄지쓰웨이'는 중국의 경제, 역사, 시사 등을 다루는 1인 토크 쇼로, 온라인 조회 수 10억 회를 돌파한 최고 인기 지식 콘텐츠다. 뤄전위는 2015년 10월 13억 위안 규모의 시리즈 B 투자 유치에 성공해 모바일 플랫폼 '더다오'를 설립했다.

어 · 음악 · 육아 · 오디오북 등 다방면에 걸쳐 있는데, 대개 100~300회로 구성되며 가격은 99~399위안이다.

뤄지쓰웨이는 2015년 10월 B 시리즈 투자 유치 때 약 13억 위안(약 2200억 원)의 기업가치를 인정받았다. 창업자인 뤄전위 역시 2016년 선풍적인 인기를 일으킨 '논리사유' 시리즈를 내놓으며 지식 콘텐츠 시장의 아이콘이 됐다. '더다오'는 이미 사용자 수가 558만 명, 일간 사용자 수(DAU)가 45만 명에 달할 정도로 성장했다. 더다오는 유료 구독 칼럼, 유료 팟캐스트, 전자책 등의 서비스를 제공하고 있는데, 이 중 가장 눈에 띄는 상품은 유료 구독 칼럼이다. 2017년 8월 초 기준 27개의 콘텐츠를 운영하며, 화이트 컬러를 고객층으로 경제 · 경영, 심리학, 창업 등 다양한 분야를 아우르며 실용과 교양을 겸비한 콘텐츠를 서비스한다. 그 중에는 베이징대학교나 칭화대학교 같은 명문대 교수가 제공하는 콘텐츠도 있다. 예를 들면, 쉐자오펑 베이징대학교 경제학과 교수가 진행하는 유료 칼럼은 1년 동안 매주 4번 팟캐스트와 텍스트를 제공하고 금요일에는 질의응답 시간을 가진다. 1년 구독가격이 199위안(약 3만4000원)에 이르지만, 자기개발을 위해 수많은 화이트 컬러들이 기꺼이 지갑을 열고 있다.

'즈후 라이브'는 음성 질의응답 사이트다. 즈후는 2010년 12월 설립된 중국 최대 지식 공유 사이트로, 진르자본과 텐센트 등이 참여한 D 시리즈 투자 유치에서 1억 달러를 조달받았다. 즈후 라이브는 지식 공유에 다 요즘 대세인 팟캐스트를 결합했다. 앱을 열면 '공부 효율 높이는 방법' '아이 올바르게 키우기' '공무원 시험 합격하기' '왕초보 영어문법 배우기'와 같은 제목이 눈에 띈다. 가격도 비교적 싸다. 1회로 구성된 라이브 구매 가격은 9.9위안(약 1700원)에 불과하다. 라이브는 진행자가 질문자의 문의에 실시간으로 응답하면서 진행된다. 라이브는 평균 65분간 이루어지며, 시간당 평균 수입은 1만1000위안(약 190만 원)에 달한다. 라이브를 듣는 사용자 수가 적게는 수백 명에서 수천 명에 이르다 보니 라이브 당 매출이 1만 위안이 넘는다. 물론 진행자가 다 가져가는 게 아니고 즈후 라이브가 수수료 30%를 챙긴다. 즈후 라이브는 2016년 5월

┃ 중국 유료 지식 콘텐츠 이용자 규모 추이

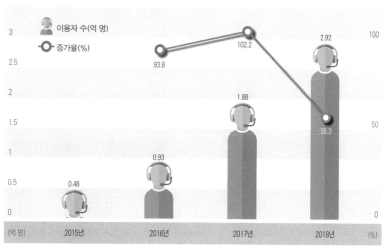

자료: iResearch

부터 2017년 4월까지 2900번의 라이브를 진행했다. 1회성 라이브 외에 5~10회로 구성된 라이브 과정도 있다. 가격은 59.9~399위안으로 높은 편이다. '아이 올바르게 키우기'는 16회로 구성돼 있는데, 구매가격이 199위안(약 3만4000원)이다. 실시간으로 강의를 들으면서 강사에게 질문할 수도 있고 다시 듣기도 가능하다. '왕초보 영어문법 배우기'는 더 비싸다. 15회로 구성된 라이브를 듣기 위해서는 399위안(약 7만2000원)을 내야 한다.

정보와 지식에서 유명인의 가십까지

중국 네티즌들이 어떻게 유료 지식 콘텐츠를 사용하는지 구체적으로 살펴보자. 20대 초반의 대학생인 샤오린은 히말라야FM에서 198위안을 내고 '말 잘하기(好好說話)'라는 유료 팟캐스트를 구매했다. 49만 명에 달하는 청취자 중 한 명이 된 것이다. "처음으로 유료 콘텐츠를 구매했는데, 가난한 학생이기에 한참을 망설였다"면서도 샤오린은 많은 도움이 됐다고 말했다. 사교성이 부족하고 EQ가 낮은 자신 같은 사람이 유용한 대인관계 기술을 배울 수 있다는 것이다.

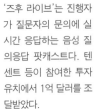

'즈후 라이브'는 진행자가 질문자의 문의에 실시간 응답하는 음성 질의응답 팟캐스트다. 텐센트 등이 참여한 투자 유치에서 1억 달러를 조달받았다.

대학 졸업 후 막 직장생활을 시작한 팡밍은 즈후 라이브를 즐겨 찾는다. "대기업 인사 담당자의 채용 관련 충고를 듣는데, 10위안도 안 되는 돈만 내면 쓸데없는 시간 낭비를 하지 않아도 된다"는 게 이유다. 평소 지하철 출퇴근길에서도 팡밍은 자기개발에 열심이다. "많은 플랫폼들이 짧고 유익한 콘텐츠를 내놓고 있다. 비록 돈을 내야 하지만, 이전에 쓸데없는 내용만 많던 공짜 콘텐츠보다 훨씬 유용하다"고 팡밍은 말한다. 쉬리는 직장생활을 한 지 10년이 넘은 30대 여성 직장인이다. 쉬리는 요즘 시간이 날 때마다 '펀다'를 이용한다. "얼마 전 직장에서 곤란한 일이 생겨서 우울했는데, 펀다에서 10위안을 내고 심리상담사와 상담했다"며 "만약 오프라인이었더라면 몇 백 위안이 들고 먼 길을 오가야 했을 것"이라며 펀다를 흡족해 했다. 다이어트를 원하는 쉬리는 펀다에서 헬스트레이너를 찾아 맞춤형 다이어트 계획도 세웠다. "만약 피트니스센터에 갔다면 별다른 상담 없이 수백 위안이 들었을 텐데, 여기서는 적게는 1.5위안이면 충분하고 여러 군데를 비교할 수 있다"는 게 쉬리의 말이다.

팟캐스트가 긍정적인 평가만 받는 건 아니다. '펀다'에서도 오락거리, 흥미 위주의 내용이 갈수록 인기를 끌고 있다. 빼놓을 수 없는 인물이 중국 최대 부호 왕지엔린의 아들 왕쓰총이다. 13만 명이 왕쓰총을 팔로잉 중인데, 대부분의 질문은 왕쓰총의 사생활에 관한 것이다. 예를 들면 "당신은 여자친구가 당신을 좋아하는지 당신의 돈을 좋아하는지 어떻게 판단하나요?" "아시아 최대 부호의 아들로서 당신 인생에서 살 수 없는 것도 있나요?" 등이다. 왕쓰총은 질문가격을 3000위안(약 51만 원) 이상으로 책정했는데, 첫 번째 질문자는 4999위안(약 85만 원)을 지불하고 질문을 했다.

미국? 더 이상 혁신적이지 않다!

중국 유료 지식 콘텐츠 시장의 성장은 유명인들이 이끄는 '팬 경제'와 밀접한 관련이 있다. 또한 바쁘다 보니 진득이 앉아서 책을 읽기보다 스마트폰으로 단편적이고 재밌는 콘텐츠를 소비하는 문화도 영향을 미쳤다. 게다가 갈수록 경쟁이 치열해져서 끊임없이 자기개발을 해야 하는 사회 분위기도 유료 콘텐츠 시장의 성장을 부추겼다.

중국의 인터넷 전문가 팡췐은, 2017년에 출간한 책『푸페이(付費, Pay)』에서 유료 콘텐츠 시장이 중국에서 성장하게 된 핵심 요인을 분석했는데, 퍽 인상적이다. 팡췐은, 가장 결정적인 요인으로 모바일 인터넷, SNS, 그리고 1인 미디어를 꼽았다. 즉, 얼마 전까지만 해도 중국에는 지식 콘텐츠가 턱 없이 적었고 소비자들도 지식 콘텐츠에 대한 이해가 부

▌**세계 콘텐츠 시장 규모 톱 10**　　　　　　(단위: 억 달러 / 괄호 안은 성장률: %)

8위 캐나다 510(4.1)
5위 독일 910(2.2)
7위 한국 520(6.1)
4위 영국 970(4.3)
2위 중국 1760(11.4)
1위 미국 7010(5.1)
3위 일본 1600(3.2)
9위 브라질 380(2.7)
10위 이탈리아 370(2.8)
6위 프랑스 710(4.4)

자료: 한국콘텐츠진흥원

족했다. 하지만, 스마트폰 보급이 확산되면서 모바일 인터넷 사용이 중국인들의 일상에 자연스럽게 스며들었고, SNS와 팟캐스트를 통해 다양한 정보를 주고받으면서 유료 콘텐츠 시장으로 이어졌다는 것이다.

아울러 팡쿼은 지금의 중국과 견주어 미국 시장을 꼬집었다. 미국은 지식재산권 선진국이자 지식 콘텐츠 시장의 메카를 자처하며 중국을 '짝퉁 공화국'이라 비웃었지만, 지금은 상황이 역전됐다는 것이다. 즉, 오히려 미국은 혁신에 대한 수요가 낮은 '발달 사회의 저주'에서 벗어나지 못하고 있다고 팡쿼은 일갈했다.

카피캣의 추억

중국에서 유료 지식 콘텐츠 시장은 2016년부터 급성장하기 시장했다. 팡쿼의 견해를 좀 더 부연하면, 중국의 유료 지식 콘텐츠들은 모방을 일삼던 과거와 달리 '혁신(innovation)' 코드가 도드라진다. 필자도 팡쿼의 견해에 동의한다. 위챗의 공중계정, 즈후 라이브, 펀다, 더다오 등 새로운 지식 콘텐츠 플랫폼들이 봇물 터지듯 쏟아져 나오고 있지만 제각각 독창성이 돋보인다.

또한 중국의 지식 콘텐츠 플랫폼은 모바일 인터넷에서 네이버가 각종 플랫폼 역할을 수행하는 한국과 다르다. 중국은 뉴스(진르토우탸오), SNS(웨이보·위챗), 팟캐스트(히말라야FM), SNS 질의응답(즈후) 등 각각의 분야에서 다양한 플랫폼 기업들이 성장했다. 유료 지식 콘텐츠의 확산에 가장 큰 역할을 한 주인공이 바로 이들 지식 콘텐츠 플랫폼이다.

전통적인 미디어는 브랜드 형성, 콘텐츠 생산, 채널을 통한 발행, 광고·판매 등 4가지 기능을 수행해야만 했다. 그런데 지식 콘텐츠 플랫

■ 중국 유료 지식 콘텐츠 플랫폼 시장점유율

4%

7%

9%

57%

15%

■ 히말라야FM
▨ 더다오
▨ 칭팅FM
■ 허타오 라이브
■ 기타

자료: 이관

폼이 지식 생산자와 지식 소비자를 연결하는 브리지 역할을 수행하면서, 이제 미디어는 브랜드 형성과 콘텐츠 생산에만 집중하면 된다. 채널을 통한 발행, 광고·판매 기능은 플랫폼이 대신 수행함에 따라 미디어로의 진입장벽이 크게 낮아진 것이다. 1인 미디어 시장이 성장할 수 있는 환경이 마련된 셈이다. 대표적인 예로, 팟캐스트 포털인 히말라야FM은 전체 유료 지식 콘텐츠 시장의 50% 이상을 차지하며 대표적인 지식 콘텐츠 플랫폼으로 자리매김 했다. 이처럼 중국의 지식 콘텐츠 플랫폼들은 모바일 인터넷 시대로 진입하면서 혁신의 아이콘이 됐다. 공짜와 베끼기를 좇던 '카피캣'은 어느덧 추억의 닉네임이 된 것이다.

인구대국에 부는
'무인점포' 열풍

모바일혁명이 가져다준 새로운 비즈니스 모델

요즘 중국에서 가장 주목 받는 키워드 중 하나는 '무인점포'다. 모바이크 등 공유 자전거에 이어 가장 핫한 투자 아이템으로 등극했다. 2017년 6월 상하이에 '빙고박스'라는 무인편의점이 들어선 데 이어, 같은 해 7월 항저우에서는 알리바바가 '타오카페'라는 무인카페를 시범 운영했다. 역시 7월 말에는 중국 건축자재 업체인 '이지홈'이 베이징에서 '잇 박스(Eat Box)'라는 무인편의점을 열었다.

무인점포가 중국인들의 주목을 끌게 된 건 2016년 12월 아마존이 무인매장 '아마존고(Amazon Go)'를 선보이고 나서부터다. 그런데 아마존고가 2018년 1월이 되어서야 정식 오픈한 것과는 달리 중국은 순식간에 무인편의점을 개점했다. 이른바 '차이나 스피드'의 모습이다. 중국에서는 비즈니스 모델이 기획되면 거의 동시에 실행에 옮겨진다. 유럽 같은 지역에서는 상상할 수 없는 일이다. '차이나 스피드' 경향 역시 모바일혁명의 영향이 크다. 중국은 2012년경 스마트폰이 급속도로 보급되면서 모든 것이 빨라졌다.

중국에서 무인점포 시장은 전망이 매우 밝다. 중국 시장조사기관 '아이리서치'는 2018년 무인점포 매출 규모가 330억 위안에 달할 것으로 전망했다. 이어서 2022년에는 매출 규모가 30배 가까이 켜져 9500억 위안에 이를 것으로 내다봤다. 2017년 약 500만 명에 불과하던 무인점포 이용고객 수는 2022년에 2억4천만 명으로 늘어날 것으로 예상됐다. 2017년에 중국 소비자들을 대상으로 한 설문조사에서 무인점포 이용 의사를 밝힌 응답자 비중이 67%에 달했다. 모바일 결제에 익숙한 중국인들의 소비 행태를 엿볼 수 있는 대목이다.

무인점포는 장점이 많은 판매 시스템이다. 무엇보다 사업자는 임대료와 인건비를 아낄 수 있다. 부대비용을 줄이게 되면 판매 상품의 가격을 낮출 수 있어 소비자에게도 이득이다.

이동 냉장시설에서 시작한 무인편의점

중국에서 무인점포하면 떠오르는 업체는 빙고박스(Bingo Box, 繽果盒子)다. 빙고박스는 중국 대형 유통 채널 '다룬파' 및 프랑스 유통 기업 '오샹그룹'과 협력관계를 구축해 2016년 8월 상하이에서 영업을 시작했다. 빙고박스는 무인점포의 원조격인 아마존고와 기술적인 측면에서 경쟁관계에 있다. 미국 시애틀 아마존 본사에 있는 아마존고는 전용 애플리케이션(앱)을 켜고 매장에 들어가서 원하는 상품을 담고 계산할 필요 없이 매장을 나오면 그만이다. 매장 안의 카메라와 센서가 고객을 식별할 뿐 아니라 상품을 인식하며 전용 앱에 연결된 신용카드로 자동결제까지 이뤄진다. 컴퓨터비전과 딥러닝 등 최첨단 인공지능(AI) 기술을 활용한다.

빙고박스는 우선 QR코드를 스캔해야 점포 안에 들어갈 수 있다. 내부 시설은 일반 편의점과 크게 다르지 않다. 실내 면적이 약 15㎡로 일반 편의점(약 40㎡)보다 다소 작지만, 진열된 상품 수는 800여 개에 이른다. 구입할 물건을 고른 후 카운터에 있는 상품인식대에 놓으면, 물건에 부착된 전자태그(RFID)를 인식해서 모니터가 구입 목록과 가

아마존고는 전용 앱을 켜고 매장에서 원하는 상품을 담고 계산할 필요 없이 매장을 나오면 그만이다. 매장 안의 카메라와 센서가 고객을 식별하고 상품을 인식해 전용 앱에 연결된 신용카드로 자동결제까지 이뤄진다.

격을 보여준다. 그리고 빙고박스 앱이나 알리페이, 위챗페이 같은 모바일 결제 서비스를 이용해서 결제를 마치면 자동으로 문이 열린다.

사업자 입장에서 빙고박스와 같은 무인편의점의 가장 큰 장점은 낮은

무인점포가 중국인들의 주목을 끌게 된 건 아마존이 무인매장 '아마존고'를 선보이고 나서부터다. 그런데 아마존고가 2018년 1월이 되서야 비로소 정식 오픈한 것과 달리 중국은 순식간에 무인편의점을 개점했다. 이른바 '차이나 스피드'의 모습이다. 중국에서는 비즈니스 모델이 기획되면 거의 동시에 실행에 옮겨진다.

비용이다. 일반 편의점 한 곳을 열기 위해 드는 비용은 약 40만 위안에 달하지만 빙고박스 하나의 제작비용은 10만 위안에 불과하다. 운영비용도 경제적이다. 빙고박스의 운영비용은 매월 약 2500위안이다. 일반 편의점은 직원 세 명의 인건비와 임대료 등을 포함하면 매달 약 1만5000위안이 필요하다. 이동이 가능한 것도 장점이다. 이동비용은 약 2000위안이다. 어떤 장소에서 매출이 기대에 못 미치면 다른 곳으로 옮길 수 있다.

빙고박스가 무인점포로 발전하게 된 계기도 흥미롭다. 빙고박스는 원래 신선식품 배달로 사업을 시작했다. 중국판 카카오톡인 위챗을 통해서 고객이 신선식품을 주문하면 2시간 이내에 문 앞까지 배달하는 서비스다. 빙고박스는 비용 절감 방안을 고민하다가 새로운 시도를 했다. 배달 물량이 많은 주거 지역에 냉장시설을 설치한 다음, 상품을 냉장시설까지만 배송하고 고객이 직접 상품을 가져가도록 한 것이다. 고객에게는 배송비 면제라는 당근을 제시했고 문 앞까지 배송을 원하는 고객에게만 배송비를 받았다. 빙고박스는 냉장시설을 이용한 신선식품 무인 판매가 효과를 거두자 사업을 확장했다. 냉장시설을 이용해 본격적인 무

┃ 중국 무인점포 시장 전망

230
203
150
116
75.9

9500
5400
2500
1000
330
100

■ 매출액(억 위안)
○- 증가율(%)

2017 2018 2019 2020 2021 2022

┃ 중국 무인점포 이용자 수 추이

2.40
1.52
0.85
0.40
0.05 0.15

■ 이용자 수(억 명)

2017 2018 2019 2020 2021 2022

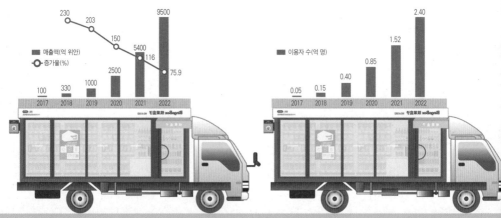

자료: 중상산업연구원

인 판매기를 만들자는 생각에 이른 것이다. 그리고 무인 판매기는 결국 무인점포라는 아이디어로 진화한 것이다.

빙고박스는 RFID(무선인식) 기술을 응용한 자동 판매 박스라고 생각하면 이해가 쉽다. 기술 수준이 높지 않아 빠른 보급이 가능하다.

빙고박스를 창업한 천즈린은 어떤 비전을 가지고 있을까? 그는 "우리가 만들고자 하는 것은 최고 효율의 상품 유통망"이라고 밝힌 바 있다. 즉, 빙고박스는 단지 계산대의 인건비를 줄이는 게 전부가 아니라는 얘기다. 전반적인 운영비용을 절감하고 IT 기술을 활용해 '유통의 혁신'을 이루겠다는 것이다. 빙고박스는 2017년 7월경 1억 위안 규모의 시리즈 A 투자 유치에 성공했다. 이를 바탕으로 2018년까지 무인점포 5000개를 설치한다는 계획이다.

무인점포에 생체인식 기술까지 등장

불과 몇 년 전만 해도 아마존은 세계 전자상거래 업계에서 독보적인 리더였다. 물론 지금은 아니다. 아마존이 가장 두려워하는 경쟁자가 중국에서 출현했기 때문이다. 바로 알리바바다. 알리바바는 2016년에 총 거래 규모액(GMV) 5470억 달러를 달성해 아마존을 따돌리며 글로벌 전자상거래 업계 왕좌에 올랐다.

자존심을 구긴 아마존은 절치부심 새로운 비즈니스 모델을 찾았는데, 바로 무인점포 '아마존고'이다. 하지만, 아마존의 행보를 바라만 보고 있을 알리바바가 아니다. 알리바바는 아마존고에 맞설 무인점포를 개발했다. 2017년 7월 알라비바의 쇼핑 페스티벌에서 시범 운영한 '타오카페(Tao Cafe)'다.

타오카페의 면적은 약 $200m^2$로 50명의 고객을 동시 수용할 수 있다. 타오바오 앱을 켜고 카페에 들어간 다음 주문을 하면 된다. 아마존고는 선택한 상품을 들고 나가기만 하면 되는 데 반해, 타오카페는 지정된 계산 공간을 반드시 지나야 한다. 계산공간은 2개의 문으로 나누어져 있다. 첫 번째 문을 통과하면 시스템이 안면인식을 통해서 고객의 신분을 인식한 후 다음 단계로 진입이 가능하다. 2~3초 지나면 고객은 타오바오 앱을 통해서 구매내역 알림을 받게 되는데, 이때 두 번째 문이 열린다. 결제 과정이 끝난 것이다. 아마존고에 비해 특별히 번거롭지 않다.

타오카페를 개발한 '앤트파이낸셜'에 따르면, 타오카페는 컴퓨터비전과 감응신호장치 기술을 활용했으며 생체인식 기술로 오판률을 낮췄다. 또한 기존의 RFID 기술을 활용해 인공지능으로 산출한 인식 결과의 정확도를 높였다. 알리바바에 따르면, 타오카페 시스템이 고객 인식에 실패할 확률은 0.02%, 상품 인식에 실패할 확률은 0.1%다.

> 타오카페의 면적은 약 $200m^2$로 50명의 고객을 동시 수용할 수 있다. 타오바오 앱을 켜고 카페에 들어간 다음 주문을 하면 된다. 타오카페는 생체인식 기술로 고객을 인식하는데, 고객 인식에 실패할 확률은 0.02%, 상품 인식에 실패할 확률은 0.1%다.

인공지능 점포의 탄생

무인점포가 새로운 비즈니스 모델로 탄생할 수 있는 열쇠는 단연 최첨단 IT 기술이다. 중국 시장조사기관인 중상산업연구원은 무인점포의 기술 유형을 '컴퓨터비전', 'RFID' 및 'QR코드' 세 가지로 분류했다.

가장 기술 수준이 높은 서비스는 아마존고, 타오카페 및 테이크고의 컴퓨터비전 무인점포다. 이들은 컴퓨터비전, 딥러닝, 감응신호장치 등의 최첨단 기술을 활용했다.

이에 비해 기술 수준은 다소 떨어지지만 보급이 용이하고 비용도 저렴한 무인점포 시스템은 빙고박스가 활용하고 있는 RFID다. RFID 비용은 약 0.2~0.5위안(약 30~80원)이다. 매달 RFID 제조 및 부착 비용을 더해도 편의점 직원 한 명의 인건비에 못 미친다.

한편, 빙고박스는 최근 고민이 적지 않다. RFID 무인점포의 기술 진입장벽이 낮기 때문이다. 실제로 중국에서는 이미 여러 업체가 RFID 기술을 이용한 무인점포 사업을 시작했다. 이지홈이 운영하는 '잇박스'도 빙고박스와 비슷한 운영 방식을 채택했다. 잇박스는 베이징 지역에 주로 설치하고 있는데, 점포당 하루 매출 규모가

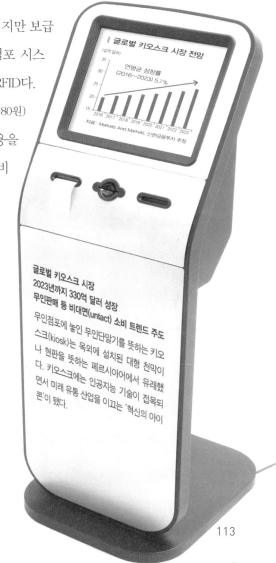

글로벌 키오스크 시장 전망
(억 달러)
연평균 성장률
(2016~2023) 5.7%
자료 : Markets And Markets, 신한금융투자 추정

글로벌 키오스크 시장
2023년까지 330억 달러 성장
무인판매 등 비대면(untact) 소비 트렌드 주도

무인점포에 놓인 무인단말기를 뜻하는 키오스크(kiosk)는 옥외에 설치된 대형 천막이나 현판을 뜻하는 페르시아어에서 유래했다. 키오스크에는 인공지능 기술이 접목되면서 미래 유통 산업을 이끄는 '혁신의 아이콘'이 됐다.

1500위안에 이른다. 이지홈은 앞으로 10개월 안에 고정비용을 회수할 수 있을 것으로 전망했다. 저렴한 RFID 기술 덕을 톡톡히 보고 있는 것이다.

빙고박스가 '무인'에 방점을 찍었다면, 타오카페는 '인공지능'에 포커스를 맞췄다. 알리바바는 스마트폰 없이 안면인식 등을 통해서 고객을 식별하는 등 인공지능 시스템 업그레이드에 매진하고 있다.

중국에서는 빙고박스와 타오카페 말고도 눈여겨 볼 무인점포 사업자가 여럿 있다. 그 중 다크호스로 지목되는 기업으로 '선란커지(深蘭科技)'가 있다. 선란커지는 유통 업체들에게 판매할 무인점포 솔루션을 개발하는 회사다. 선란커지가 개발 중인 '테이크고(Take Go)'는 앱 다운로드 및 QR코드 이용이 불필요할 뿐 아니라 계산대에서 직접 계산을 할 필요도 없다. 매장에 들어 갈 때 손바닥을 스캔한 뒤 상품을 고른 후 나가면 그만이다. 손바닥 정맥인증을 통해 고객을 식별하고 결제는 카메라와 센서를 통해 자동으로 이뤄진다. 선란커지는 2017년 1월에 수천만 위안 규모의 에인절 투자를 유치했다. 덕분에 기업가치도 이미 1억 달러 이상으로 평가받고 있다.

선란커지가 개발한 무인점포 솔루션 '테이크고'는 손바닥 정맥인증 기술을 적용했다.

중국 유통 시장 규모 (단위: 조 위안)

33.2
30.1
28.5
27.2
26.4
24.3 24.4
22.4

1.9   2.8   3.8   4.7

2013년   2014년   2015년   2016년

자료: i Research

■ 온라인 유통 시장 규모   ■ 오프라인 유통 시장 규모   ■ 전체 민간 소비 규모

'2無 시대'를 누리는 중국

중국에서 무인점포가 급성장하게 된 배경은 무엇일까? 인구대국 중국에서 무인점포는 왠지 어울리지 않는 것 같다. 하지만, 하루가 다르게 불쑥불쑥 자라는 중국의 소비 시장에서 모바일 결제는 이제 없어서는 안 될 필수 수단이 됐다. 그리고 모바일 결제의 속도와 편의에 눈 뜬 중국인들에게 판매대의 점원은 거추장스러운 존재가 됐다. 그래서일까? 중국에서는 '2無 시대'란 신조어까지 등장했다. 지갑에 현금이 없고 상점에 점원이 없지만 소비 시장은 활기차게 돌아간다.

중국의 전체 민간 소비 규모는 2016년에 이미 33조 위안을 넘어섰다. 한화로 환산하면 5000조 원이 넘는 규모다. 이처럼 천문학적인 소비 규모를 감안하건대 중국인들의 취향을 저격한 무인점포가 성공하는 것은 시간문제다.

Chapter
02

●

추월자가
된
추격자

CHINA
POWERNOMICS
12

그들은 어떻게
재벌이 되었나?

사회주의 국가에 왠 재벌?

미국 경제 전문지 「포브스」는 해마다 세계에서 가장 돈이 많은 부자 순위를 발표하는데, 100위권 안에 중국 갑부들도 여럿 눈에 띈다. 중국이 경제대국으로 부상하고 있는 만큼 전혀 이상할 게 없어 보이지만, 중국이란 나라의 정체성을 생각해보면 모순이 아닐 수 없다. 사회주의를 표방한 나라에 부자들이 이렇게 많아도 되는 걸까? 중국 재벌들의 재산은 모두 사유재산이 맞는 걸까? 사회주의 이념의 순결을 강조했던 마오쩌둥(모택동)이 살아있다면 지금의 중국을 보고 뭐라고 할까?

중국공산당이 중화인민공화국을 건국한 1949년만 해도 사회주의 노선의 서슬이 퍼랬다. 서구 열강과 일본 제국주의자들의 득세로 몸살을 앓던 중국 민초들의 궁핍한 삶을 구원하기 위해 나선 마오쩌둥의 공산당은 이른바 '한솥밥(大鍋飯, 대과반)' 정신을 부르짖으며 모두가 풍요로워지는 세상을 열겠다고 공언했다. 하지만 마오쩌둥은 인구대국 중국 민초들이 모두 배불리 먹을 수 있는 세상을 만들지 못했다. 마오쩌둥은 문화혁명을 일으키며 자본주의에 맞섰지만, 현실은 녹록치 않았다.

결국 1970년대 들어 개혁·개방을 주도한 덩샤오핑(등소평)은 사회주의를 수정하지 않으면 더 이상 곤란하다고 진단하고 시장경제를 도입하기 시작했다. 이른바 '사회주의적 시장경제'라는 이율배반적인 조어(造語)가 중국에 탄생한 것이다.

'순혈 사회주의'를 외쳤던 마오쩌둥(왼쪽)과 '사회주의적 시장경제'를 주창했던 덩샤오핑

덩샤오핑이 시장경제를 도입하면서 주창한 선언 중에 '선부론(先富論)' 이란 게 있다. 중국 인민들이 가난에서 벗어나기 위해서는 무엇보다 나라가 부강해야 하는데, 그러는 과정에서 일부가 '먼저 부유(先富)'해진 뒤 이를 확산시켜야 한다는 이론이다. 사회주의 체제이지만 시장경제를 도입한 이상 부자나 재벌을 용인하겠다는 것이다. 이른바 '사회주의식 슈퍼리치'가 탄생하는 제도적 배경이 마련된 것이다.

덩샤오핑이 개혁·개방을 외치며 시장경제를 받아들인 지 어느 덧 40년이 흘렀다. 미국과 함께 '경제 2강(G2)'의 반열에 오른 중국에서 '부의 흐름'은 어떻게 변모해 왔을까? 그 궤적을 따라가 보자.

China Super Rich, Big Pictures

중국에서 부자들의 순위 다툼은 매우 치열하다. 빌 게이츠가 20년 넘게 1위를 고수하는 미국하고는 다른 양상이다. 중국 경제가 고속 성장하면서 부를 축적할 새로운 기회가 끊임없이 창출되고 있기 때문이다. 그 변화의 그림을 4가지 단계로 나눠 살펴보자.

첫 번째 단계는 1999년부터 2002년이다. 이 시기에는 '체제를 이용한 부의 축적'이 중요한 역할을 했다. 당시 중국 최대 부호로 불렸던 룽이런이나 신시왕그룹의 류융하오는 중국이 계획경제에서 시장경제로 전환하는 과정에서 정부의 제도적인 지원으로 막대한 부를 축적했다.

두 번째 단계는 2003년부터 2005년이다. 이 시기는 2001년 중국이 세계무역기구(WTO)에 가입한 후 세계 경제의 일부분으로 편입되면서 중국 산업 구조가 글로벌 변화의 영향을 받기 시작한 때다. 바로 이 시기에 급변하는 추세에 올라탄 중국 기업인들이 막대한 부를 축적했다. 특히 IT 업종이 인기를 끌었고, 생활수준이 향상되면서 가전제품 매출이 폭발적으로 급증했다. 덕분에 인터넷 기업 왕이의 딩레이와 가전유통업체 궈메이전기의 황광위가 순조롭게 중국 최고 부호 자리에 올랐다.

세 번째 단계는 중국 증시가 급등한 2006년부터 2008년이다. 2007년 상하이증시가 사상 최고점인 6124포인트를 기록할 정도로 주식 시장이 활황이었다. 1년 동안 주가가 수십 배 오른 종목도 부지기수였다. 2007년에는 부동산 개발 업체인 비꾸이웬의 양후이옌이 1300억 위안

Big Picture 1 (1999~2002)

- 계획경제에서 시장경제로 본격 전환
- 정부의 제도적 뒷받침으로 재벌 출현
- '붉은 자본가' 룽이런, 신시왕그룹의 류융하오 득세

Big Picture 2 (2003~2005)

- WTO 가입 후 중국 산업 글로벌화
- IT 업종 인기, 가전 산업 활황
- 인터넷 부호 딩레이(왕이), 가전유통 재벌 황광위(궈메이전기) 등극

의 재산으로 중국 최고 부호 자리에 올랐지만 오래가지 못했다. 그 당시에는 주가 등락이 심해서 최고 부호 자리가 자주 바뀌었다.

마지막인 네 번째 단계는 2009년부터 지금까지다. 2009년 중국 정부가 실시한 4조 위안의 경기 부양책과 중국 중산층의 본격적인 부상이 가장 큰 영향을 미쳤다. 2009년은 중국 자동차 판매가 전년 대비 50% 넘게 증가하는 등 중산층의 구매력이 크게 향상되기 시작한 시점이다. 그 해 전기 자동차 업체인 BYD의 왕촨푸가 중국 최고 갑부 자리에 올랐다. 자동차뿐 아니라 스마트폰, 하이테크 제품의 보급도 급속도로 늘었다. 이처럼 중산층이 늘고 스마트폰 보급이 급증하면서 2010년 이후 주로 인터넷 업계에서 중국 최고 부호를 배출하기 시작했다. 알리바바의 마윈과 텐센트의 마화텅이 대표적이다.

쉴 새 없이 바뀌는 부호 순위

중국 부호 순위는 쉴 새 없이 바뀐다. 미국 경제 전문지 「포브스」에 따르면, 2016년 중국 최대 부호인 왕지엔린 완다그룹 회장은 2018년 1월 기준 재산 규모가 252억 달러로 줄면서 4위로 내려앉았다. 대신 쉬자인

헝다그룹 회장이 주가 상승에 힘입어 425억 달러로 재산이 늘면서 중국 최고 부호 자리에 올랐다.

2017년 들어 가장 재산이 크게 증가한 부호가 바로 쉬자인 헝다그룹 회장이다. 상장 기업인 헝다는 2017년 초만 해도 주가가 약 5홍콩달러에 불과했으나 2018년 1월 약 30홍콩달러로 급등했다. 이에 따라 대주주인 쉬자인 회장의 재산도 2016년 98억 달러에서 425억 달러로 크게 늘었다. 헝다뿐 아니라 롱창 · 비구이웬 · 롱후 등 다른 부동산 개발 업체 주가도 급등하며 홍콩 증시의 상승에 힘을 보탰다.

2015~2016년 연속으로 중국 최대 부호에 오른 왕지엔린 완다그룹 회장은 중국에서 부자의 대명사로 꼽힌다. 여느 부자들과 달리 TV 등 미디어에도 자주 등장하는데, 2016년 한 인터뷰에서의 발언이 중국 인터넷에서 큰 화제가 됐다. 왕 회장의 말이다. "많은 청년들이, 예를 들어 중국 최대 부호가 된다든지, 이런 자신의 목표와 분투할 방향을 가지는 것은 바람직하다. 그런데 우선 작은 목표를 먼저 세우는 것이 좋다. 예컨대 먼저 1억 위안을 번다든지……." 여기서 1억 위안, 한화로 165억 원이라는 '작은 목표'가 논란이 됐다. 대다수 중국인에게 1억 위안을 번다는 것은 결코 작은 목표가 아니기 때문이다. 재벌에 대한 중국인들의 시선이 곱지 않을 수밖에 없는 단적인 예이다.

최근 중국 정부가 대기업의 해외 인수합병 과정을 면밀히 검토하는 등 돈줄 죄기에 나서면서 완다그룹이 뉴스에 자주 오르내리고 있다. 완다그룹은 미국 대형 극장 체인인 AMC와 할리우드 유명 영화사인 레전더리 엔터테인먼트를 인수하는 등 활발한 해외 인수합병을 진행해왔기 때문이다. 중국 은행감독관리위원회 역시 대형 국유은행에게 완다그룹과 하이항그룹, 안방보험, 푸싱그룹 등에 대한 대출 리스크를 조사하도록 요구한 것으로 알려졌다. 대응책으로 완다그룹은 중국 내 테마파크와 호텔을 매각하는 등 몸집을 줄이면서 부채를 축소하고 있다.

이와 달리 쉬자인 헝다그룹 회장은 순풍에 돛 단 격이다. 이미 중국 부동산 개발 업체 회장 중 최고 부호가 됐고, 알리바바의 마윈

세계 부의 이동을 가늠하는 잣대로 미술 경매 시장이 회자된다. 최근 크리스티와 소더비 같은 세계 최대 경매 시장에서 가장 많은 돈을 쓰는 부자들은 단연 중국 재벌들이다. 2015년에는 중국 제약 업계 부호 류이첸 선라인그룹 회장이 모딜리아니의 〈누워 있는 나부〉를 1억 7000만 달러에 사들여 크게 화제가 되기도 했다.

보다도 재산이 39억 달러 더 많다. 헝다그룹은 한국에는 비교적 잘 알려져 있지 않지만, 중국 '축구 굴기'의 대명사인 광저우 헝다 프로축구팀을 소유한 회사다. 2010년 2부 소속인 구단을 인수한 뒤 한국의 이장수 감독을 영입해 자국 리그 우승을 차지했다. 또한 막강한 자금력을 동원해 유럽과 남미에서 활약하는 수준급 선수들을 앞 다퉈 영입해 아시안 챔피언스 리그까지 석권했다. 중국 대표팀 사령탑을 맡고 있는 이탈리아 출신 마르첼로 리피 감독도 광저우 헝다를 거쳤다. 헝다는 재벌 회사에 대한 중국 인민들의 곱지 않은 시선을 상쇄하기 위한 전략으로 프로 스포츠를 활용하기 시작한 것이다.

부동산 갑부와 인터넷 재벌의 격전

왕지엔린과 쉬자인 모두 부동산 재벌이지만, 최근 중국에서 갑부를 배출하는 업종은 역시 인터넷이다. 부동산 재벌 투톱이 왕지엔린과 쉬자

인이라면 인터넷 재벌 투톱은 마윈과 마화텅이다.

마윈 회장은 2017년 들어 뉴욕 증시에 상장한 알리바바 주가가 상승을 지속하면서 재산이 급증했다. 알리바바 주가는 2017년 초 88.6달러에서 2018년 1월 22일 약 184달러로 100% 넘게 올랐으며 시가총액은 4700억 달러를 돌파했다. 삼성전자 시가총액(약 350조 원)을 훌쩍 뛰어넘는 규모다. 주가 상승을 뒷받침하는 건 폭발적인 성장세다. 알리바바의 2017년 회계연도(2016년 4월~2017년 3월) 매출액은 전년 대비 56% 증가한 229억9400만 달러를 기록했으며 2018년에도 매출액이 45~48% 증가할 것으로 알리바바는 전망했다.

텐센트의 마화텅 역시 만만찮다. 2018년 1월, 마화텅의 재산은 약 390억 달러로 중국 2위 부호 자리를 차지했다. 2016년 대비 재산이 145억 달러 늘었다. 중국 최대 인터넷 기업 텐센트 주가가 2017년 초 189.4홍콩달러에서 2018년 1월 22일 460홍콩달러로 140% 넘게 올랐기 때문이다. 텐센트는 시가총액 5500억 달러가 넘는 엄청난 재벌 회사다. 알리바바와 텐센트는 엎치락뒤치락 하면서 세계 증시 시가총액 10위를 다투고 있다. 결국 중국 최고 부호 1위에서 4위는 모두 부동산과 인터넷 업종에서 나왔다. 실재(實在)하는 자산 '부동산'과 눈에 보이지 않는 가상세계 '인터넷'에서 나온 재산가치가 서로 엎치락뒤치락 하고 있는 것이다.

전 세계적으로 각광 받는 4차산업혁명이 머지않아 중국에서도 폭발한다면 부의 축이 인터넷 업종으로 기울어지지 않을까 하는 관측이 조심스럽게 제기된다. 물론, 부동산과 인터넷 두 업종의 가장 큰 딜레마는 버블(거품)이다. 투자적 관점에서 유의 깊게 살펴볼 대목이다.

중국 10대 슈퍼리치

(자료: 「포브스」, 2018년 1월 기준)

1위 쉬자인

425억 달러
헝다그룹(부동산)

2위 마화텅

390억 달러
텐센트(인터넷)

3위 마윈

386억 달러
알리바바(전자상거래)

4위 왕지엔린

252억 달러
완다그룹(부동산)

5위 왕웨이

223억 달러
순펑택배(택배)

6위 양후이옌

207억 달러
비구이위안(부동산)

7위 허샹젠

187억 달러
메이디그룹(가전)

8위 리옌훙

171억 달러
바이두(인터넷)

9위 딩레이

169억 달러
넷이즈(게임)

10위 리슈푸

165억 달러
지리그룹(자동차)

'굴욕'과
'굴기'의 사이에서

여기 한 점의 명화가 있다. 언뜻 보기에는 바다 위에서 벌어진 해전(海
戰)이지만 그림의 소재를 들여다보면 중국인들이 대단히 뼈아프게 여기
는 역사가 담겨 있다.

'세상의 중심에서 눈부시게 빛난다'는 뜻이 담긴 '중화(中華)'를 민족의
정체성으로 삼았던 중국인에게 근대는 한마디로 '굴욕(屈辱)의 시대'였
다. 1840년 아편 문제를 둘러싸고 영국과 벌인 전쟁은 '역사상 가장 부
도덕한 전쟁'으로 회자된다. 그로부터 50여 년이 지난 19세기의 끝자락
에서(1894년 6월~1895년 4월)에서 조선의 지배권을 놓고 벌인 청일전쟁에
서 패한 중국은 동아시아 패권을 일본에게 물려주었을 뿐만 아니라 이
후 급속하게 국가의 기강이 무너지면서 서구 제국주의의 침략에 굴복
하고 만다.

중국은 개혁·개방 정책 이후 21세기 들어 경제 성장에 성공하면서 과거
'굴욕의 시대'를 이른바 '굴기의 시대'로 뒤바꾸고 있다. '굴기(崛起)'란
'밑바닥 현실에서 몸을 일으켜 정상에 오른다'는 뜻으로, 중국의 거의

아편전쟁은 중국 근대사에 기록된 가장 '굴욕'적인 비극 가운데 하나로 꼽힌다. 그림은 영국의 수채화가 에드워드 던컨이 그린 〈제1차 아편전쟁〉.

모든 산업에는 굴기란 말이 따라 붙는다. 이를테면, '디스플레이 굴기' '철강 굴기' '반도체 굴기'는 물론 '로봇 굴기' '바이오 굴기' '드론 굴기' 등 4차산업혁명을 대표하는 업종에서도 '굴기 바람'이 거세다.

굴기 바람을 일으킨 LCD

그 가운데서도 가장 강력한 굴기 열풍을 일으킨 업종은 LCD다. 2017년 중국은 한국을 제치고 대형 액정표시장치(LCD) 최대 생산국 자리를 차지했다. 시장조사기관 위츠뷰에 따르면, 한국 기업의 대형 LCD 시장점유율은 2016년 34.1%에서 2017년 28.8%로 하락한 반면, 중국 업체의 시장점유율은 2016년 30.1%에서 2017년 35.7%로 상승한 것으로 나타났다. 위츠뷰는 2020년 중국 업체의 점유율이 약 50%로 올라갈 것으로 내다봤다.

중국 LCD 산업의 도약은 예견된 일이다. BOE와 차이나스타 등 중국 기업뿐 아니라 삼성디스플레이와 LG디스플레이 및 대만 업체들이 거대한 중국 시장을 노리고 중국 현지 생산능력을 늘려온 결과다. 중국 LCD 산업 성장의 이정표는 '12·5규획(제12차 5개년규획)'이다. 중국 정부는 2011년부터 2015년까지 진행된 '12·5규획' 기간 동안 7대 신흥 전략 산업을 육성할 것을 천명했다. 7대 산업 중 하나가 바로 LCD를 포함한 차세대 IT 산업이다. 그로부터 5년이 흐른 지금 중국 LCD 산업은 전 세계 시장점유율 30%대를 기록했다.

LCD 다음 주인공은?

중국은 LCD 산업 육성을 위해 국유 기업인 BOE에 전폭적인 지원을 아끼지 않았고, BOE는 중국 최대 LCD 생산 업체로 성장했다. BOE가 허페이에 건설 중인 10.5세대 LCD라인이 양산 체제에 진입하면 샤프의 일본 사카이 공장 10세대 LCD라인을 제치고 세계 최대 LCD라인이 된다. 당장 2018년부터 중국 업체의 대형 LCD 패널 시장점유율이 더욱 가파르게 올라갈 전망이다.

거대한 내수 시장의 영향이 크긴 하지만, 중국 정부의 산업 육성 정책은 대단히 효율적이다. '12·5규획'이 끝난 다음해인 2016년 중국 LCD 업체의 시장점유율은 30%를 넘었고 2017년 한국을 제치고 글로벌 1위로 부상했다. 그렇다면, 궁금증이 생긴다. 중국 정부가 LCD에 이어서 가장 육성하고 싶은 산업은 무엇일까? 바로 반도체이다.

2016년부터 2020년까지 추진되는 '13·5규획'은 반도체 산업 육성을

핵심 정책으로 채택했다. 철
강에서 조선, LCD에 이어 반
도체가 주인공이 된 것이다.
사드(THAAD, 고고도미사일방어
체계) 배치 이후 중국의 경제
제재로 타격을 받은 한국 기
업이 적지 않았다. 그런데 오

사드 보복에도 불구하고 한국의 대중수출은 전체적으로 증가했는데, 그건 반도체 호황으로 인한 착시현상이다.

히려 대중수출이 급증한 산업이 있다. 반도체다. 중국의 사드 보복으로
한국의 화장품 · 쇼핑 · 자동차 기업들의 해외 실적이 곤두박질치는 동
안 삼성전자 · SK하이닉스의 중국향 실적은 오히려 증가세를 유지했다.
그 당시 SK하이닉스 주가는 사상 최고가를 경신했다.

산업통상자원부에 따르면, 2017년 7월 반도체 수출은 80억4000만 달
러로 2개월 연속 80억 달러를 넘었다. D램 수출액이 전년 동기 대비 약
120% 증가한 영향으로 반도체 수출액이 전년 동기 대비 무려 61%가
늘었다. D램(4Gb) 가격은 12개월 전 대비 2배 넘게 오른 3.5달러선을 유
지했다.

사드 보복에도 불구하고 한국의 대중수출은 전체적으로 증가했는데,
그건 반도체 수출 덕이다. 즉 반도체 호황으로 인한 착시현상이다. 관
세청에 따르면, 2017년 7월 대중수출액은 108억 달러로 전년 대비 약
7% 증가했다. 이 가운데 반도체 수출(51억5000만 달러)이 차지하는 비중
이 50%에 육박한다. 반도체를 제외한 수출액은 감소했다. 실제로 휴대
폰과 디스플레이 등 반도체를 제외한 정보통신기술(ICT) 산업의 대중수
출은 줄었다. 때마침 찾아온 반도체 호황이 없었다면 전체 대중수출은
10% 넘게 감소했을 것이다.

중국이 반도체에 집착하는 이유

2017년 중국 반도체 수입 규모는 2601억 달러를 기록했다. 5년 연속 2000억 달러를 넘었다. 이와 달리 수출은 669억 달러에 불과해 1932억 달러에 달하는 무역적자를 냈다. 중국의 원유 수입금액보다 크다. 2016년 중국은 3억8000만 톤의 원유를 수입하고 1164억 달러에 달하는 수입대금을 지불했다. 중국이 왜 그렇게 적극적으로 반도체 산업을 육성하려고 하는지 이해가 가는 대목이다.

중국의 반도체 수요는 전 세계 수요의 30%가 넘는데, 반도체 생산 규모는 전 세계 생산의 10%에도 못 미친다. 중국 입장에서 반도체 자급률을 제고하는 건 반드시 달성해야 할 과제다. 기술력도 갖췄다. 중국은 자체 개발한 반도체 칩을 이용한 '선웨이 타이후 라이트(神威太湖之光)'로 슈

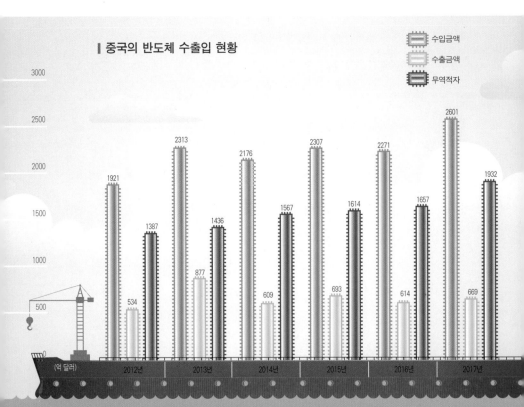

■ 중국의 반도체 수출입 현황

수입금액
수출금액
무역적자

자료: 중상산업연구원

퍼컴퓨터 분야에서 세계 최고 자리를 지키고 있다.

중국 반도체 산업의 몸집도 계속 커지고 있다. 2016년 중국 반도체 산업의 매출 규모는 4335억 위안에 달했다. 2015년 대비 20% 커진 규모로, 전 세계 반도체 산업 성장률인 1.1%를 크게 웃돈다. 반도체의 주요 제조 공정인 설계와 생산, 패키징/테스트 부문의 매출 규모는 각각 1644억 위안, 1127억 위안 및 1564억 위안으로 전 분야에 걸쳐 고른 성장세를 보이고 있다.

중국 반도체 수요가 급증하면서 글로벌 기업의 투자도 늘었다. 글로벌 20대 반도체 기업 모두가 중국에 연구개발(R&D)센터를 열거나 생산라인을 건설했다. 삼성전자와 SK하이닉스도 각각 시안과 우시에 반도체 공장을 지었다.

그의 말보다 위력적인 건 없다!

개혁·개방을 추진하면서 시장을 본격적으로 개방하던 1990년대 이후, 중국 산업 정책의 주요 기조는 '이시장, 환기술(以市場, 換技術)'이었다. 시장과 기술을 교환한다는 의미다. 중국 정부는 시장 개방을 통해서 외국 기업들의 기술을 전수받기를 원했다.

지금은 다르다. 특히 반도체 같은 핵심 산업은 독자 기술 개발에 매진하고 있다. 2016년 4월 시진핑 주석은 '인터넷 보안 및 정보화 업무 좌담회'에서 "핵심 기술이 다른 나라에 의해 제약을 받는 것이 최대의 리스크"라며 기술 개발의 중요성을 강조했다. 2016년 10월에도 "핵심 기술 자주 개발이라는 관건을 장악해야 한다"고 재차 강조했다. 중국 최고 권력자가 핵심 기술의 자주 개발을 천명하고 나선 것이다.

중국 반도체 시장이 성장을 거듭할 수 있었던 이유는 무엇일까? 가장 큰 이유는 역시 막대한 반도체 수요다. 전 세계 노트북과 스마트폰의 대부분을 중국에서 생산하고 있기 때문에 메모리 등 반도체 수요가 많을 수밖에 없다. 사물인터넷(IoT), 웨어러블 기기 등 4차산업의 성장으로 신규 수요가 계속 창출되고 있기 때문에 미래 전망도 밝다.

중국 본토 파운드리 업체가 성장하면서 반도체 생산 기술도 크게 향상됐다. 삼성전자와 SK하이닉스, 인텔 등 글로벌 반도체 업체의 중국 투자도 중국 반도체 시장 성장에 일익을 담당했다. 시진핑 주석이 밝힌 대로 중국 정부가 인터넷 보안과 반도체 핵심 기술 개발을 강조함에 따라 반도체 분야의 연구 개발 투자는 앞으로 지속될 전망이다. 중국에서 시진핑 주석의 말은 그 어떤 자본력보다도 강력하다. 중국에서는 여전히 정치권력이 경제권력보다 우위에 있다.

중국에서 시진핑 주석의 말은
그 어떤 자본력보다도 강력하다

결국 스마트폰 때문이다!

중국 반도체 생산 시장을 살펴보면, 상위 10개 업체의 점유율 합계가 73%에 달한다(2016년 기준). 외자 기업의 점유율은 더 높다. 삼성전자, SK하이닉스, 인텔과 TSMC의 점유율 합계가 41%에 달한다. 특히 삼성전자와 SK하이닉스는 각각 237억5000만 위안, 122억7000만 위안의 매출액으로 1위와 3위를 기록했다. 삼성전자는 시안에서 낸드플래시 메모리, SK하이닉스 우시 공장은 D램을 주로 생산한다. 반도체 생산 부문 2위는 중국을 대표하는 파운드리 업체인 SMIC가 차지했다.

중국 반도체 시장의 호황 원인을 밝히기 위해 한 걸음 더 들어가 보자. 그 중심에 바로 D램과 낸드플래시가 있다. 특히 전원이 꺼져도 데이터가 저장되는 낸드플래시는 스마트폰 등 모바일 기기에 사용되는데, 그 수요가 급증하고 있다.

2016년 중국 스마트폰 출하량은 6억3800만 대로 글로벌 1위를 차지했

▌중국 반도체 생산 10대 기업 (2016년 매출액 기준)

자료 : 중국 반도체산업협회

다. 전 세계 시장 출하량(14억7000만 대)에서 차지하는 비중이 43%에 달한다. 2013년경 중국 스마트폰 출하량이 3억1600만 대(시장점유율 31%)에서 3년 사이에 점유율이 12%포인트나 증가한 것이다.

중국은 자국 반도체 굴기에 상당한 확신을 가지고 있다. 중국은 가전 시장

이미 중국 스마트폰 업체들은 스마트폰의 두뇌 역할을 하는 애플리케이션 프로세서(AP)를 자체 개발하고 있다.

의 성장으로 반도체 산업이 미국에서 일본으로 이전되기 시작했고, PC 보급을 계기로 반도체 산업이 한국과 대만으로 옮겨갔다는 사실을 상기하고 있다. 그리고 이제 스마트폰 시대를 맞아 반도체 산업이 중국으로 옮겨올 거라고 믿는다. 이미 중국 스마트폰 업체들은 스마트폰의 두뇌 역할을 하는 애플리케이션 프로세서(AP)를 자체 개발하고 있다. 글로벌 스마트폰 시장 3위로 부상한 화웨이에 이어 샤오미가 AP를 독자 개발해서 자사 스마트폰에 사용 중이다. 모바일 AP 등 반도체 설계능력을 갈고 닦은 중국이 이제 메모리 반도체 생산에 본격적인 시동을 걸고 있는 것이다.

10년 동안 170조 원을 투자한다고?!

그동안 중국이 반도체 산업 육성을 위해 1단계로 채택한 모델은 대만 모델이었다. TSMC와 UMC 등 대만 파운드리 업체들은 저렴한 인건비를 이용해 반도체 제조 공정 중 생산에 집중하는 전략을 채택했다. 대만 업체들은 규모가 커지면서 설계와 테스팅 분야로 사업 영역을 확장했

다. 특히 TSMC는 애플의 아이폰 AP를 생산하는 등 대표적인 파운드리 업체로 성장했다.

중국도 처음에는 파운드리 업체 육성에 집중했다. 그리고 SMIC라는 대표 파운드리 업체를 육성하는 데 성공했다. SMIC는 12인치(300mm) 웨이퍼 기반 생산능력 및 8인치 웨이퍼 기반 생산능력에서 각각 전 세계 10위와 8위를 기록 중이다.

하지만 세계 2위 경제대국인 중국이 파운드리 업체 육성에만 만족할 리 없다. 반도체 산업 육성을 위해 중국이 2단계로 채택하려는 모델이 바로 한국 모델이다. 메모리 반도체는 일정한 주기로 호황과 불황을 겪고 규모의 경제 효과가 크기 때문에 중소기업 위주인 대만 업체들은 대규모 투자가 어렵다. 반면 한국의 반도체 기업들은 '그룹 차원'에서 경영 자원을 총동원하는 과감한 설비 투자를 진행해 메모리 반도체 시장의 선두 주자가 됐다. 또한 대만 업체처럼 파운드리에만 집중하기보다

❙ 중국의 스마트폰 글로벌 시장점유율

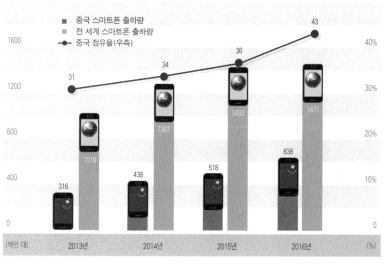

자료 : digitimes, 흥업증권

135

반도체의 설계부터 생산까지 모든 과정을 아우르는 '종합 반도체 기업 (IDM)'을 구축했다.

중국은 바로 여기서 힌트를 얻었다. 중국은 '국가 차원'에서 가용 자원을 총동원해 메모리 반도체 산업을 육성하려는 것이다. 대만 모델로 파운드리를 키운 다음 이제 한국 모델을 차용해 메모리 반도체를 성장시키려는 속셈이다. 굴기의 위력이 반도체에서도 발현되는 것이다.

LCD 육성 등 지금까지 추진된 중국의 산업 정책을 보면 결코 불가능한 일이 아니다. 중국의 반도체 산업 육성 정책은 과감하면서 매우 구체적이다. 중국은 2014년 '반도체 산업 발전 추진 요강'을 내놓으면서 1400억 위안 규모의 국가 반도체 산업 펀드를 설립하겠다고 밝혔다. 2015년 운영을 시작한 이 펀드는 2016년 말 기준 이미 43개 투자 프로젝트에 818억 위안을 투자했다.

중앙정부뿐 아니라 베이징·우한·상하이 등 지방정부도 앞 다퉈 반도체 산업 펀드를 내놓았다. 지방정부가 조성한 반도체 산업 펀드 규모도 2016년 말 기준 약 2000억 위안이 넘는다. LCD에 이어 반도체 산업이 미래 먹거리임을 포착하고 일사불란하게 움직이고 있다. 민간자본 투자까지 더하면 앞으로 10년 동안 중국 반도체 산업의 투자 규모는 약 1조 위안에 달할 것으로 추산된다. 한화로 170조 원에 달하는 어마어마한 규모다.

'12·5규획(2011~2015)' 기간 동안 LCD 산업이 크게 성장했다면, '13·5규획(2016~2020)'의 대표 육성 산업은 반도체, 그중에서도 메모리 반도체다. 2016년 내놓은 '반도체 산업 13·5 발전 규획'은 2020년까지 중국 반도체 산업과 글로벌 선두 기업과의 격차를 축소하고 매출 규모를 2600억 위안에서 9300억 위안까지 늘린다는 원대한 목표를 제시했

중국 반도체 굴기 정책

연도	정책	주요 내용
2011	12차 5개년 규획	차세대 IT 산업 육성, LCD · 반도체 산업 포함
2012	반도체 산업 12 · 5 발전 규획	반도체 산업 규모를 2배로 증가(생산량 1500억 장, 매출액 3300억 위안, 연평균성장률 18%)
		매출액 20억 위안 이상의 반도체 설계 기업 5~10개 육성 (1개 업체는 글로벌 반도체 설계 10대 기업으로 육성)
		매출액 200억 위안 이상의 반도체 생산 기업 1~2개 육성
		매출액 70억 위안 이상의 반도체 팩키징/테스트 기업 2~3개 육성
2014	반도체 산업 발전 추진 요강	수요 견인, 혁신 구동, 소프트웨어 · 하드웨어 결합, 개방발전 등 5대 원칙 수립
		국가 반도체 산업 펀드 설립(1400억 위안)
2015	중국 제조 2025	지방 반도체 산업 펀드 도입, 금융 지원 확대
2016	반도체 산업 13 · 5 발전 규획	2020년까지 글로벌 선두 기업과의 격차 축소
		반도체 산업 매출액 성장률 연평균 20% 유지, 2020년 9300억 위안 달성
		16/14nm 제조 공정 양산화, 팩키징/테스트 분야 선두 기업 육성
		핵심 장비와 재료의 글로벌 공급망 구축

자료: 화타이증권

다. 중국은 기술력을 갖춘 해외 반도체 업체들의 인수합병도 노리고 있
다. 또 해외 기술과 인재 영입에도 적극 나서고 있다. 그들은 이미 건널
수 없는 강을 건넜고, 또 못할 것이 없다.

그들의 '굴기'가 우리를 '굴욕'시킨다!

10년 후가 아니라 당장 5년 후 중국의 반도체 굴기가 두려워진다. 그런
데 입장을 바꿔 생각하면 반도체 자급률을 높이기 위한 노력은 중국 입
장에서는 당연한 수순이다.

'굴기'라는 구호 아래 중국은 한국에게 피할 수 없는 질문을 던지고 있
다. 중국이 철강과 조선, LCD에 이어 반도체까지 한국을 따라 잡는다면,
한국이 중국보다 앞선 산업은 과연 무엇인가? 이 도발적인 질문에 한
국의 고민은 깊어만 간다. 왠지 중국의 '굴기'가 한국의 '굴욕'을 부르는
듯하다.

시간이
얼마 남지 않았다!

그들이 1등에 집착하는 이유

중국의 정식 국가 명칭은 중화인민공화국(中華人民共和國)이다. '중화'와 '인민' 그리고 '공화'의 합성어다. '인민'은 북한(조선민주주의인민공화국) 처럼 사회주의를 표방한 나라에서 '국민' 대신 쓰는 말이다. '공화'는 우리 헌법에도 등장할 만큼 익숙하다. '중화'는 '중국'을 뜻하는 말인데, 이 단어의 속살에는 역사적 함의가 담겨 있다.

옥편에서 '華(화)'자를 찾아보면, '빛나다'는 뜻풀이가 나오는 데, 이를 그대로 적용해 풀어보면 '중화(中華)'는 '세상의 중심에서 눈부시게 빛나는' 정도가 될 것이다. 중국은 아주 오래전부터 자신의 문명권역에 사는 사람을 이 글자로 표현하고, 그렇지 않은 주변의 사람들에게는 오랑캐라는 뜻의 '이(夷)'라는 글자를 붙였다. 바로 '화이(華夷) 세계관'이다. 즉 '중화(中華)'라는 단어에는, 자신은 '화려(華麗)'한 문명의 주인공이고 주변은 모두 오랑캐라는 가치관이 내재해 있다.

중국이 글로벌 경제의 중심에 서면서 그들의 '화이관'이 다양한 산업군에서 발현되고 있다. 모든 분야에서 선두에 올라야 직성이 풀리는 듯하다. 중화인이 오랑캐에게 1등자리를 내주는 건 있을 수 없는 일이다. 이를테면 동방의 작은 오랑캐 나라인 한국의 휴대폰 회사가 수년 째 1등자리를 고수하는 것은 중화인 입장에서 참을 수 없는 일이다. 화웨이가 하루빨리 삼성전자의 갤럭시를 누르기 위해 총력을 기울이는 이유는 단지 시장의 경쟁논리 때문만은 아닌 듯하다.

그렇다면 화웨이는 정말로 삼성전자를 1등자리에서 내릴 수 있을까? 지금부터 화웨이와 삼성 두 휴대폰 공룡 간 치열한 싸움의 관전 포인트를 집어보도록 하자.

2등보다 무서운 3등

화웨이는 글로벌 스마트폰 시장에서 아직 3등이다. 1등을 하려면 2등인

3등 화웨이가 2등 애플을 추월하는 건 시간문제라는 게 글로벌 이코노미스트들의 공통된 시각이다.

일러스트 : 변해준(택스워치)

애플부터 추월해야 하는데, 화웨이와 애플의 점유율 격차를 보면 그건 시간문제인 듯하다. 1등을 차지하기 위한 삼성전자와 화웨이 간의 진검 승부가 머지않았다는 얘기다. 그렇다면, 삼성전자와 화웨이 사이의 격차는 어느 정도일까?

우선, 규모와 수익성을 살펴보자. 삼성전자는 2016년 매출액이 201조5400억 원, 영업이익은 29조2200억 원이라고 밝혔다. 2016년 화웨이의 매출액은 5216억 위안에 달한다. 원화로 환산하면 약 90조5000억 원, 삼성전자의 45% 수준이다. '포춘 500대 기업'에서 삼성전자가 13위인 걸 고려하면, 화웨이 역시 글로벌 대기업이다.

수익성은 영업이익률로 따져보자. 삼성전자는 2016년 14.5%의 영업이익률을 기록했다. 화웨이는 2016년 상반기 12%의 영업이익률을 냈다. 삼성전자보다 약간 낮지만 양호한 수준이다. 하지만, 2015년과 비교하면 실망스러운 수준이다. 화웨이의 2015년 영업이익

삼성전자 VS. 화웨이

■ 삼성전자
■ 화웨이

》》 매출액(조원)
201.5
90.5

》》 영업이익률(%)
14.5
12

》》 연구개발비(조 원)
16
10.6

》》 스마트폰 판매량(억 대)
3.1
1.39

》》 브랜드 가치(억 달러)
518
58

Swipe up to unlock

자료 : 삼성전자 사업보고서, 화웨이 사업보고서, 언론 보도

률은 18%에 달했다. 영업이익률이 하락한 이유는 뒤에서 자세히 살펴
보자.

R&D에 연 11조 원을 쓰다

규모와 수익성 못지않게 중요한 것이 R&D(연구개발) 비용이다. 삼성전
자와 화웨이가 쓴 R&D 비용은 얼마나 될까? 유럽연합(EU) 집행위원회
가 발표한 'EU 산업 연구개발 스코어보드'에 따르면, 2015년 삼성전자
가 지출한 R&D 비용은 125억2800만 유로(약 16조 원)로 전 세계 2위를
기록했다. 같은 해 화웨이는 83억5800만 유로(약 10조6000억 원)를 R&D
에 투자했다. 화웨이의 매출액은 삼성전자의 반도 안 되지만, R&D 비용
은 삼성전자의 3분의 2에 달한다. 주목할 대목이다.

R&D 투자는 특허 출원 건수와 비례한다. 5G 핵심 기술 중 하나인 소프
트웨어정의네트워크(SDN)와 네트워크기능가상화(NFV) 관련 세계 특허
출원에서 화웨이는 독보적 1위를 차지했다. 이에 비해 삼성전자는 17위
로 화웨이의 10분의 1 수준이다. 스마트폰 글로벌 시장점유율 1위에 걸
맞지 않는 성적표다. 전 세계적으로 5G 시장이 확산되면 국제 특허 분
쟁에서 화웨이가 헤게모니를 차지할 가능성이 높다.

삼성전자와 화웨이가 가장 치열한 경쟁을 벌이고 있는 스마트폰 판매
량도 비교해보자. 화웨이는 2016년 스마트폰 판매량 1억3900만 대, 글
로벌 점유율 11.3%를 달성했다고 밝혔다. 시장조사기관인 스트래티직
애널리틱스가 발표한 점유율 수치(약 9%)보다 조금 높은 수준이다. 삼성
전자의 스마트폰 판매량은 월등히 많다. 삼성전자는 2016년 3억1000만
대가 넘는 스마트폰을 팔았다. 화웨이의 두 배가 넘는 규모다.

5G 핵심 기술 SDN, NFV 세계 특허 출원 순위 (단위: 건)

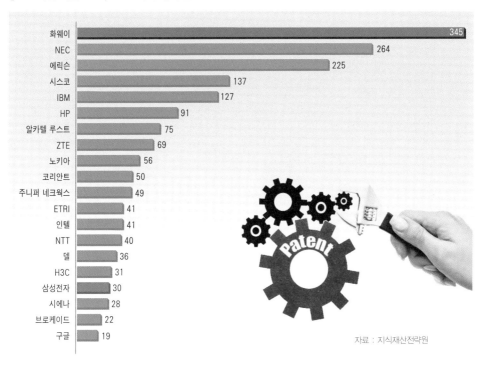

화웨이	345
NEC	264
에릭슨	225
시스코	137
IBM	127
HP	91
알카텔 루슨트	75
ZTE	69
노키아	56
코리안트	50
주니퍼 네크웍스	49
ETRI	41
인텔	41
NTT	40
델	36
H3C	31
삼성전자	30
시에나	28
브로케이드	22
구글	19

자료 : 지식재산전략원

마진이 높은 프리미엄 스마트폰에서 삼성전자의 우세는 더욱 두드러진다. 2016년 갤럭시 노트7 폭발사건으로 브랜드 이미지에 타격을 받았지만, 갤럭시 S7 판매량이 약 5000만 대에 달했다. 2016년 화웨이가 출시한 대표적인 프리미엄 스마트폰은 P9과 메이트8이다. 액정 크기는 각각 5.2인치와 6인치로 삼성전자의 S7, 노트7에 상응하는 제품들이다. 이 중 P9 판매량이 1000만 대를 돌파했다. 화웨이 스마트폰 중 처음으로 1000만 단위 판매량을 기록했다. P9는 후면에 라이카 듀얼 카메라를 장착해서 차별화를 시도한 제품이며 해외에서도 호평이 쏟아졌다. 한국에서는 LG유플러스가 출시했다.

정리하면, 화웨이의 플래그십 모델인 P9는 판매량 측면에서는 S7의 약

5분의 1 수준에 불과하다. 하지만 여기에는 브랜드 가치, 유통 채널, 북미 시장 침투율 등이 큰 영향을 미쳤다. 제품 자체로만 보면 S7과 P9의 격차는 크지 않다는 얘기다.

향후 화웨이 프리미엄 스마트폰의 도전은 훨씬 거세질 전망이다. 2018년 3월 말 화웨이는 세계 최초로 라이카 트리플 카메라를 장착한 'P20 프로'를 선보였다. 메인 카메라 모듈로는 4000만 화소급 RGB 센서를 내장했고 인공지능에 초점을 맞춘 애플리케이션 프로세서(AP)인 기린970이 탑재됐다. 'P20 프로'는 6GB 램, 128GB 저장 공간을 갖춘 모델의 판매 가격이 899유로(약 119만 원)에 이르는 프리미엄 스마트폰이다.

'made in Korea' 만큼은 꺾어야 하는 이유

브랜드 가치는 얼마나 차이가 날까? 브랜드 가치는 삼성전자와 화웨이 간의 격차가 가장 큰 분야다. 글로벌 브랜드 컨설팅 업체인 인터브랜드가 발표한 '2016 글로벌 100대 브랜드'에 따르면 삼성전자의 브랜드 가치는 518억 달러로 7위를 기록했다. 전년보다 가치가 10% 넘게 오르면서 처음으로 500억 달러를 돌파했다. 반면, 화웨이의 브랜드 가치는 58억 달러, 글로벌 순위는 72위에 불과했다. 하지만 2015년의 88위에서 16계단이나 상승했다.

수직계열화 역시 두 회사 간의 차이가 두드러진다. 삼성전자는 모바일 애플리케이션 프로세서, 배터리, 카메라 모듈, OLED에서 자사와 계열사를 통한 부품 자체 공급 비중이 크다. 반면 화웨이는 모바일 AP는 자사 제품을 사용하지만, 핵심 부품인 OLED, 모바일 D램 등은 부품 공급 업체에 의존하고 있다.

브랜드 가치와 수직계열화에서는 아직 격차가 나지만, 화웨이가 삼성전자를 바짝 추격한 것은 사실이다. 특히 중국 시장에서는 화웨이가 중국 프리미엄 스마트폰의 대표 주자 이미지를 굳히며 삼성전자를 멀찌감치 따돌렸다. 화웨이를 향한 중국인의 자부심도 대단하다. 필자가 한국에서 근무하는 중국 친구와 점심식사를 할 때 이 친구가 탁자 위에 올려놓은 스마트폰은

유독 한국인들만 여전히 중국산 제품을 경시할 뿐, 중국의 제조 기술은 전 세계적으로 눈부신 성장을 거듭하고 있다.

갤럭시나 아이폰이 아닌 P9이었다. 중국인들은 세계 어디에서 살든 자국 제품에 대한 애정이 남다르다. 중국인들이 마음속에 품고 있는 '중화'를 엿볼 수 있는 대목이다. 중국인들 입장에서 'made in China'를 멸시하는 한국인들의 모습은 얼마나 불편하고 자존심 상하는 일일까? 유독 'made in Korea'를 이기고 싶은 중국인들의 마음이 읽혀진다.

런정페이의 불만

화웨이를 이끄는 런정페이 회장은 중국인들이 가장 존경하는 기업가 중 한 명이다. 심야에 런 회장이 공항의 택시 대기 라인에 서 있는 사진이 중국판 트위터인 웨이보에 오르자 수천 개의 '좋아요'가 달렸다. 런 회장뿐 아니다. 위청둥 화웨이 소비자비즈니스그룹 대표도 유명 기업인

중 한 명이다. 바로 화웨이 스마트폰 사업 부문을 책임지고 있는 인물이다. 그런데, 최근 런 회장이 위청동이 이끄는 스마트폰 사업 부문에 불만이 있다는 얘기가 나왔다. 왜 그랬을까?

기자간담회에서 위청동 대표가 이에 대한 대답을 내놓았다. "생산능력 문제는 런 회장이 이해할 수 있는 부분이다. 만약 비판한 부분을 반드시 찾으라고 한다면, 바로 수익성이 낮고 이익이 너무 늦게 증가하며 대부분의 이익을 스마트폰 판매 대리점에서 가져간다는 것이다. 우리가 판매 대리점을 위해 일하는 셈이다. 런 회장은 이 점이 불만이다."

위청동 대표는 스마트폰 판매 대리점이 대개 4~6%, 많아 봤자 8%의 마진을 가져가는데, 화웨이 제품은 20% 넘게 가져간다며 판매 대리점 이익의 95%를 화웨이가 주고 있다고 덧붙였다. 화웨이가 유통망을 단기간 내 확장하기 위해서 판매 대리점 마진율을 크게 양보했기 때문이다. 앞서 얘기한 영업이익률이 18%에서 12%로 급감한 이유가 바로 여기에 있다. 위청동 대표는 "조만간 유통채널 전략을 수정할 것"이라고 말했다. 뿐만 아니라 자금 효율성과 운영 전략도 손보겠다고 밝혔다.

싸움의 최종 승부처는 어디?

어쨌거나 지금은 삼성전자가 화웨이보다 한 단계 앞서 있다. 하지만 이 격차가 언제까지 계속될 수 있을까? 향후 삼성전자와 화웨이의 승부를 가릴 승부처는 북미 시장이다. 시장조사기관인 IDC에 따르면, 2017년 3분기 화웨이는 북미 시장 5위권에도 이름을 올리지 못했다. 반면, 삼성전자는 25%의 점유율로 애플(36%)에 이어 2위를 차지했다.

북미 시장은 규모로 보나 상징성으로 보나 매우 중요한 시장이다. 중국과 아시아 · 태평양, 유럽에 이어 네 번째로 큰 블록을 형성하고 있다. 언젠가 화웨이가 북미 시장에서 삼성전자를 따라잡는 날이 바로 화웨이가 삼성전자를 넘어서는 날이 될 것이다.

삼성전자는 화웨이 제품에 대한 리버스 엔지니어링(완제품을 분해 · 해체하고 분석해 원천 기술을 파악하는 것)이 아니라, 화웨이라는 기업 자체에 대한 철저한 리버스 엔지니어링이 절박하다. 시간이 얼마 남지 않았다.

▌ 지역별 스마트폰 출하량 및 비중 (단위:백만 대, 2017년 기준)

3위
유럽
210.8(14.4%)

1위
중국
454.4(31.1%)

4위
북미
201.3(13.8%)

2위
아시아 · 태평양
301.2(20.6%)

5위
중동
아프리카
176.5(12.1%)

6위
남미
115.8(7.9%)

자료: Gfk

삼성전자와 화웨이의 승부를 가릴 승부처는 북미 시장이다. 북미 시장은 규모로 보나 상징성으로 보나 매우 중요한 시장이다. 언젠가 화웨이가 북미 시장에서 삼성전자를 따라잡는 날이 바로 화웨이가 삼성전자를 넘어서는 날이 될 것이다.

그들의 호언장담이
귀청을 때리는 이유

'청년 런정페이'의 추억

#1. 지금으로부터 40년 전인 1978년경의 일이다. 막 실권을 잡은 덩샤오핑이 주관한 전국과학대회에 중국 대륙 전역에서 6000명이 넘는 젊은 과학 인재들이 몰려들었다. 덩샤오핑이 '과학기술이 바로 생산력'이라는 연설을 하며 중국의 개혁·개방을 암시한 이 대회에 서른세 살의 런정페이도 덩샤오핑의 연설을 듣고 있었다.

런정페이는 자신의 부친이 문화대혁명으로 인한 오명을 씻을 수 있을지, 자신이 공산당에 입당할 수 있을지를 생각하며 덩샤오핑의 한마디 한마디에 귀를 기울였다. 문화대혁명은 1966년부터 1976년까지 10년간 마오쩌둥이 주도한 극좌 사회주의 운동으로, 마오쩌둥이 반대파를 숙청하기 위한 방편으로 활용됐다. 당시 런정페이의 아버지도 반동분자로 몰려 큰 고초를 겪었다.

그때, 런정페이는 9년 후 자신이 중국 개혁·개방의 1번지인 선전에서 단돈 2만 위안으로 '화웨이'라는 회사를 창업할 것이라고는 예상치 못

했다. 그 회사가 30여 년 후 삼성
전자나 시스코 같은 세계 굴지의
기업들과 치열한 경쟁을 벌일 것
이라고는 더더욱 예상치 못했을
것이다.

덩샤오핑의 호언(豪言)이 젊은
런정페이의 귀청을 때린 바로
그날, 미래 중국 IT 산업의 운명
이 갈렸다.

#2. 2016년 7월 26일 오후, 화
웨이가 선전에서 상반기 실적
을 발표했다. 스마트폰 부문을
총괄하는 소비자사업그룹(BG)

덩샤오핑의 호언(豪言)이 젊은 런정페이의 귀
청을 때린 바로 그날, 미래 중국 IT 산업의 운명
이 갈렸다.

은 774억 위안(약 13조 원)의 매출을 올렸다고 밝혔다. 전년 동기 대비
무려 41%가 증가한 수치다. 스마트폰 판매량은 전년 대비 25% 증가한
6056만 대에 이르렀다. 화웨이의 중국 시장점유율은 18.6%로 상승했고
해외 판매량도 큰 폭으로 증가했다.

호언장담 혹은 호언진담?

화웨이의 실적 발표 후 소비자사업그룹 그룹장인 위청둥은 2016년 스
마트폰 판매 목표인 1억4000만 대 달성에 큰 문제가 없을 것이라고 자
신감에 넘쳐 말했다. 또한 "앞으로 3~5년 사이에 화웨이는 글로벌 시장
에서 살아남는 2~3개 기업 중 하나가 될 것이며 중국 시장에서 생존하

는 1~2개 스마트폰 제조 업체 중 하나가 될 것"이라고 덧붙였다.

이뿐만이 아니다. 위청동은 2016년 2월 말 스페인에서 열린 모바일월드콩그레스(MWC)에서 앞으로 5년 안에 삼성전자를 따라잡고 글로벌 스마트폰 1위 기업이 되겠다고 '호언장담'했다.

호언장담(豪言壯談)이란 한자어를 풀어보면, 분수에 맞지 않는 말을 큰소리로 자신 있게 말함을 뜻한다. 이 말은 어떤 일이든 과장해서 말하는 중국인들의 오래된 습성과 겹쳐진다. 그렇다면 위청동의 호언장담도 대륙인 기질에 걸 맞는 과언에 그치고 말 것인가?

글로벌 IT 시장의 분석가들은 그렇지 않을 것이라고 전망한다. 그들은, 위청동의 호언장담이 실현될 날이 머지않았다고 한목소리를 내고 있다.

실제로 화웨이는 스마트폰 사업에 본격적으로 뛰어든 지 불과 몇 년 만에 글로벌 3위 자리를 굳혔다. 시장조사기관 IDC에 따르면, 2017년 3분기 삼성전자는 22.3%의 시장점유율로 선두자리를 지켰다. 그리고 애플이 한

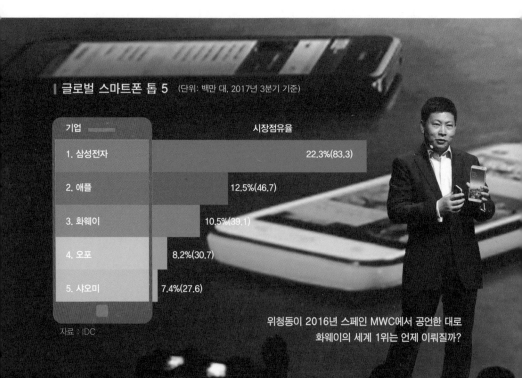

글로벌 스마트폰 톱 5 (단위: 백만 대, 2017년 3분기 기준)

기업	시장점유율
1. 삼성전자	22.3%(83.3)
2. 애플	12.5%(46.7)
3. 화웨이	10.5%(39.1)
4. 오포	8.2%(30.7)
5. 샤오미	7.4%(27.6)

자료 : IDC

위청동이 2016년 스페인 MWC에서 공언한 대로
화웨이의 세계 1위는 언제 이뤄질까?

참 뒤에서 12.5%의 점유율로 2위를 차지했다. 주목을 끄는 대목은 화웨이가 10.5%의 점유율로 3위를 차지한 것이다. 애플과 불과 2% 격차다. 화웨이의 3분기 스마트폰 출하량은 무려 3910만 대에 달했다. 몇 년 전만 해도 '삼성전자-애플-LG전자'로 이뤄진 3강 구도에서 LG전자는 완전히 탈락해 5위권에서도 자취를 감추고 말았다.

삼성전자가 두려워하는 존재는 더 이상 애플이 아니다!

LG전자를 글로벌 3위 자리에서 끌어내린 건 화웨이를 비롯한 중국 스마트폰 3강 기업이다. 오포(OPPO)가 화웨이에 이어 4위를, 그 뒤를 샤오미가 차지했다. 특히 오포는 중국 2 · 3선 도시에 집중하는 전략을 채택하며 판매량을 크게 늘렸다. 오포는, 샤오미가 치중하던 온라인 마케팅 대신 전통적인 오프라인 채널을 강화하는 전략으로 가격에 민감한 중국 20대 소비자를 잡는 데 성공했다.

하지만 중국 대륙에서 오포와 샤오미의 싸움은 화웨이에겐 관심 밖의 일이다. 대체로 중국 스마트폰 업체들은 자국 내에서는 경쟁력이 있지만 해외 시장 판매량이 떨어지거나, 해외 시장에서 인지도는 있으나 중국 시장 판매량이 적다. 반면, 화웨이는 국내외 시장에서 고른 시장지배력을 갖추고 있다. 오포와 샤오미에게 있어서 화웨이는 '넘사벽' 같은 존재다. 결국 위청동이 글로벌 1위 삼성전자를 누를 수 있는 건 화웨이뿐이라고 큰소리치는 데는 다 그럴만한 이유가 있는 것이다. 화웨이의 사업보고서는 이를 방증한다. 화웨이는 해마다 승승장구를 이어가고 있는데, 실제로 지난 몇 년 간 매출이 급증하고 있다.

사업 부문별로 살펴보면, 스마트폰이 주력 사업인 소비자사업그룹은

2016년 1798억 위안(약 30조 원)의 매출을 기록했다. 2015년 대비 44% 증가한 수치다. 런정페이 화웨이 회장은 5년 내에 소비자사업그룹 매출액이 1000억 달러를 돌파해야 한다고 내부적으로 강하게 요구하고 있다.

런정페이의 야침 찬 성장 계획은 화웨이의 글로벌 사업 전략에서 비롯한다. 화웨이는 중국 시장에 의존해 글로벌 상위 업체에 오른 다른 중국 기업들과 달리 해외에서도 고른 성장세를 보이고 있다. 화웨이는 고전 중인 북미 시장을 제외하면, 일부 유럽 국가에서는 15% 이상의 점유율을 기록하는 등 해외 매출이 상승 추세를 이어가고 있다. 이집트에서는 점유율이 20%를 돌파했고, 뉴질랜드에서도 15%를 넘어섰다.

화웨이의 글로벌 시장 성장세를 가장 두려워하는 곳은 두말할 것도 없이 삼성전자다. 최근 화웨이는 연구개발에 막대한 자금을 투자하며 신제품 개발에 적극

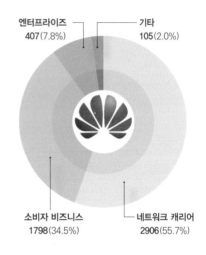

▍화웨이 사업 부문별 매출액 비중
(단위: 억 위안, 2016년 기준)

엔터프라이즈
407(7.8%)

기타
105(2.0%)

소비자 비즈니스
1798(34.5%)

네트워크 캐리어
2906(55.7%)

자료 : 화웨이 사업보고서

런정페이가 회사 임직원들을 향해 향후 5년 안에 휴대폰 사업 매출액 1000억 달러 달성을 강하게 요구하고 나선 데는 그만한 이유가 있다.

나서고 있다. '중국산=짝퉁'이란 공식은 더 이상 화웨이에게 적용되지 않는다. 화웨이는 2018년 3월 말에 세계 최초로 라이카 트리플 카메라를 장착한 'P20 프로'를 선보였다. 프리미엄 스마트폰 시장에서 삼성전자의 '갤럭시S9'에 가장 유력한 대항마로 꼽힌다.

한편, 중국 언론에서는 화웨이가 삼성전자의 중국인 고위 임원을 스케우트해서 소비자사업그룹 고위직에 임명했다는 기사가 보도되기도 했다. 화웨이의 삼성전자 따라잡기 노력이 전방위적으로 진행되고 있는 것이다.

화웨이가 2016년 5월 삼성전자를 대상으로 특허 침해 소송을 건 것도 '삼성전자 따라잡기' 전략의 큰 틀에서 보면 고개가 끄덕여진다. 화웨이로서는 더 이상 중국의 카피캣이 아닌, 삼성전자 및 애플과 대등한 기술력을 갖춘 기업임을 공표하는 효과를 노린 것이다.

그들은 여전히 배가 고프다!

화웨이가 휴대폰 사업에 막 진입한 2010년만 해도 휴대폰 판매량은 약 300만 대에 불과했다. 변화의 시작은 2011년이었다. 화웨이는 획일화된 매출 구조를 개선하기 위해 통신장비(네트워크 캐리어), 기업 내부망 등 기업 대상 사업(엔터프라이즈) 및 휴대폰을 포함한 소비자 비즈니스를 3대 전략 분야로 정했다. 이 가운데 화웨이가 가장 성장성이 큰 사업으로 여기고 매진한 것은 휴대폰, 즉 소비자 비즈니스였다.

화웨이의 스마트폰 판매량은 2012년 3200만 대, 2013년 5200만 대, 2014년 7500만 대, 그리고 2015년 1억 대를 넘어서더니 2016년 1억 3900만 대로 급증했다. 하지만, 그들은 여전히 배가 고프다. 화웨이가 글

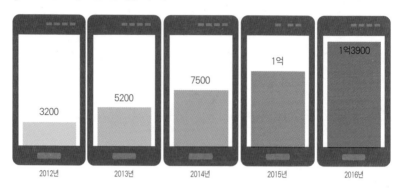

| 2012년 | 2013년 | 2014년 | 2015년 | 2016년 |
| 3200 | 5200 | 7500 | 1억 | 1억3900 |

로벌 통신장비 시장에서 에릭슨을 따라잡고 세계 1위로 도약했듯이 이제는 스마트폰 사업에서 삼성전자를 잡아먹고 굶주린 배를 채우려 한다.

화웨이가 다른 중국 업체들과 구분되는 또 다른 점은 막대한 연구개발비 투입으로 대표되는 기술력이다. 화웨이가 세계 곳곳에 설치한 16개 R&D센터에는 약 8만 명의 직원이 포진해 있다. 연구개발 인력이 전체 직원에서 차지하는 비율이 무려 45%에 이른다. 2016년에는 매출액의 14.6%를 차지하는 764억 위안(약 12조6천억 원)을 연구개발에 투자했다.

'화웨이 신화'의 끝은 어디일까? 과연 5년 후 화웨이는 삼성전자를 따라잡을 수 있을까? 중국을 넘어 세계 도처에서 1등자리를 놓고 스마트폰 전쟁이 불을 뿜는다. 1등자리가 가시방석인 까닭이다. 대륙인의 호언장담이 예사롭지 않게 귀청을 때린다.

세상의 모든 화면이
붉게 물들다!

작은 액정이 붉게 빛나던 날

손바닥만 한 스마트폰의 액정 안에서 거의 모든 일상이 이뤄지는 세상

이다. 문자와 검색은 기본이고 메일과 쇼핑, 뱅킹과 투자, 게임 등 각종

엔터테인먼트까지 작은 액정에 가벼운 터치만으로 충분하다.

어느날 이 천하무적의 작은 액정이 온통 붉게 물들었던 기억이 난다.

지방 출장길 기차 안에서 무료함을 달래기 위해 영화 앱을 연 순간 너

무나 반가운 영화 한 편을 만났다. 장이머우(장예모) 감독의 〈붉은 수수

밭〉! 20여 년 전 대학에서 중문학을 전공하던 시절 필자를 잠 못 이루게

했던 바로 그 영화다. 〈붉은 수수밭〉은 2012년 노벨문학상 수상작인 모

옌의 소설 『홍고량가족』이 원작이다.

덕분에 지방 출장길 기차 안은 지루하지 않았다. 영화 속 붉은 화면이

필자를 과거의 시절로 데려갔기 때문이다. 영화가 상영되는 두어 시간

내내 필자의 손에 들렸던 작은 액정은 붉게 빛났다.

장이머우의 영화에서는 유독 붉은색이 강조됐는데, 〈붉은 수수밭〉 못지

않게 화제가 됐던 〈홍등〉(1991년) 역시 그러했다. 그래서인지 그 시절 장이머우의 영화를 보면 중국의 국기인 '오성홍기'가 겹쳐지면서 중국인이라는 그의 정체성이 부각되곤 했다.

아무튼 〈붉은 수수밭〉이 제작되었던 30여 년 전, 장이머우는 자신의 영화가 손바닥만 한 액정 안에서 상영되리라곤 상상도 못했을 것이다. 수십 억 지구인들의 손에 들린 바로 그 액정을 만드는 곳 하나가 중국 회사라는 사실 또한 그러할 것이다. 중국 디스플레이 기업 'BOE'가 바로 상상을 넘어서게한 주인공이다.

중국 증시에서 가장 인기 있는 종목

BOE는 요즘 중국에서 투자자들에게 가장 큰 주목을 받는 IT 기업으로 꼽힌다. 선전거래소에 상장된 BOE는 2017년 12월 말 기준 5.79위안으로 한 해 동안 주가가 100% 넘게 올랐다. 2017년 하반기 중국 증권사들이 가장 방문을 많이 한 기업도 BOE였다. 액정에 붉게 이글거렸던 장이머우의 영화 〈붉은수수밭〉처럼 BOE는 중국에서 가장 뜨거운 회사가 된 것이다.

왜 BOE에 이렇게 많은 관심이 쏠리는 걸까? 바로 플렉시블(flexible, 접을 수 있는) 유기발광다이오드(OLED) 때문이다. 2017년 10월

투자자들에게 크게 어필했던 BOE의 플렉시블 OLED. BOE는 2017년 중국 패널 업체 중 최초로 플렉시블 OLED 생산을 시작했다.

26일, BOE는 중국 패널 업체 중 최초로 플렉시블 OLED 생산을 시작했다. 이날 BOE가 465억 위안(약 7조7000억 원)을 투자해서 청두에 건설한 6세대 플렉시블 AMOLED 라인이 본격적인 양산에 들어간 것이다. BOE는 자체 생산한 플렉시블 OLED를 화웨이·오포·비보·샤오미 등 중국 스마트폰 생산 업체에 납품할 예정이다. 뿐만 아니다. BOE는 미엔양에도 465억 위안을 투자해서 6세대 플렉시블 AMOLED 생산라인을 건설 중이며, 2019년 생산을 시작할 계획이다.

영업이익에 로켓 엔진을 달다

최근 중국 증시에서는 글로벌 스마트폰 시장점유율 3위로 떠오른 화웨이만큼 BOE에 큰 기대를 걸고 있다. 중국 투자자들은 BOE가 삼성디스플레이와 LG디스플레이를 뛰어넘길 바라는 듯하다.

중국은 한국과 전방위적인 산업 경쟁을 벌이고 있다. 조선과 자동차에서 시작된 경쟁은 스마트폰, 디스플레이, 반도체에서 점입가경으로 치

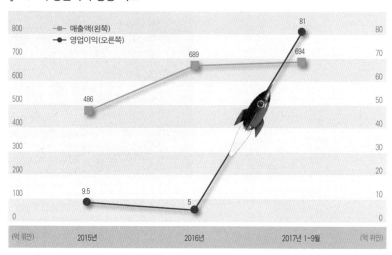

자료 : BOE 사업보고서

닿고 있다. 스마트폰의 경우, 중국 시장에서는 이미 중국 업체들이 삼성전자와 LG전자에 완승을 거뒀다. 디스플레이는 한국 기업들이 고부가가치 제품인 프리미엄 액정표시장치(LCD)와 OLED로 중심축을 옮기는 동안, BOE는 글로벌 LCD 시장점유율 1위에 등극했다. 기어코 '디스플레이 굴기'를 실현한 것이다.

뿐 만 아니라 BOE는 중국 기업 중 가장 빨리 OLED 시장 진입에 성공했다. LCD 세계 1위라는 축배에 더 이상 취해 있지 않은 것이다. 이로 인해 2017년을 기점으로 실적도 큰 폭으로 개선됐다. 2017년 1~3분기에만 매출액이 694억 위안으로 2016년 연간보다 많았다. 영업이익 개선폭은 어마어마하다. 2016년 5억 위안에 불과하던 영업이익은 2017년 1~3분기 81억 위안으로 15배 이상 급증했다. 당시 중국의 한 언론은 BOE가 영업이익에 로켓엔진을 장착했다고 표현할 정도였다.

BOE를 키운 건 8할이 한국이다?!

몇 년 전까지 화웨이가 그랬듯이 BOE는 한국에서는 아직 생소한 기업이었다. BOE는 어떤 기업일까? BOE는 한때 중국 증시에서 악명 높은 기업이었다. LCD생산라인 건설을 위해서 대규모 유상증자를 실시했지만 주가는 지지부진했다. BOE는 2009년부터 2014년까지 세 차례 유상증자를 통해 무려 667억 위안(약 11조 원)을 증시에서 조달했다. 또한 중국 정부로부터 전폭적인 지원을 받아 설비 투자를 단행했다.

BOE의 생산라인은 베이징·청두·허페이·충징·푸저우·우한 등 중국 전역에 분산돼 있다. 지방정부의 자금 지원을 받을 수 있는 지역에 생산라인을 건설했기 때문이다.

BOE의 최대 경쟁력은 어마어마한 투자 규모라 해도 과언이 아니다. BOE는 중국 기업 중 투자 금액이 가장 큰 곳이다. 총 투자 금액이 3000억 위안(약 50조 원)을 넘어섰고 12개의 생산라인을 가지고 있다. BOE는 지금까지 막대한 자금을 투입했지만 삼성디스플레이나 LG디스플레이처럼 그에 상응하는 수익을 창출하진 못했다. 그런데도 투자를 지속할 수 있었던 것은 중국 정부의 전폭적인 지원 덕택이다.

1993년 4월 설립된 BOE의 전신은 국유기업인 '베이징 진공관공장'이다. 지금도 '베이징국유자본경영관리중심'이 최대 주주다. 2001년에 현재 기업명인 '징동팡과기(京東方科技, BOE)그룹'으로 사명을 바꾸면서 하이닉스의 STN-LCD 사업을 인수했다. 2003년에는 하이닉스의 TFT-LCD 사업 부문인 하이디스도 인수했다.

흥미로운 사실은, BOE의 가파른 성장세가 과거 일본 LCD 업체들과 경쟁하며 글로벌 선두로 성장한 삼성디스플레이 및 LG디스플레이와 닮았다는 점이다. BOE는 설립 초기 자금난을 겪으면서 임직원들이 자금을 출자하기도 했지만, 일본·대만 기업과의 협력을 통해 디스플레이 사업을 키워나갔다. 그러다 하이디스 인수를 계기로 적극적인 투자를 단행했고 결국 중국 LCD 업계의 선두주자로 성장했다. 어느덧 한국 디스플레이 기업들의 가장 강력한 경쟁자로 부상한 BOE가 역시 한국 기업인 하이닉스의 LCD 사업 인수를 통해 성장했다는 사실은 매우 역설적이다.

무려 31분기 동안 차지해온 1등자리를 내주다

BOE는 2017년 10월 6세대 플렉시블 OLED 라인이 양산에 진입하면서 글로벌 시장에서 삼성디스플레이와 LG디스플레이에 이어 세 번째로, 중국에서는 첫 번째로 플렉시블 OLED를 양산하는 기업이 됐다.

BOE는 LCD 부문에서는 이미 글로벌 시장점유율 1위에 등극했다. 글로

▌전 세계 대형 LCD 시장점유율　　　(단위: %, 출하량 기준)

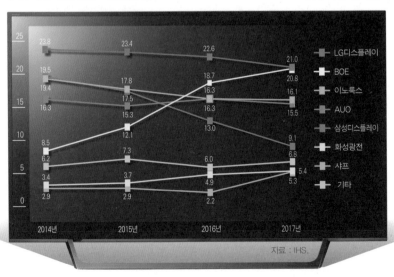

자료 : IHS.

'애플 제국'을 침투하기 위한 BOE INVASION이 시작됐다.

벌 시장조사기관 IHS마킷에 따르면, 9인치 이상 대형 디스플레이 패널 시장에서 BOE는 2017년 3분기 출하량 기준 21.7%의 점유율로 1위를 기록했다(2017년 한 해 기준으로는 LG디스플레이에 이어 2위다). 2009년 4분기 이후 31분기 동안 출하량에서 선두자리를 지킨 LG디스플레이는 19.3% 의 점유율로 2위로 하락했다. 전 세계 LCD 업계를 발칵 뒤집어 놓은 사건이었다.

하지만, LCD는 시작에 불과하다는 것이 전문가들의 공통된 견해이다. OLED 시장에서 BOE의 추격이 생각보다 빨리 시작됐기 때문이다. OLED는 삼성디스플레이가 글로벌 생산능력의 약 87%를 차지할 만큼 절대적인 우위를 차지하는 분야다. 애플의 아이폰X에 사용되는 OLED 도 삼성디스플레이가 독점 공급하고 있다.

하지만 애플 입장에서는 삼성디스플레이에 종속되는 것보다 2개 회사 이상의 멀티 벤더 체제로 가는 게 유리하다. 그래야 부품 공급의 안정성 이 확보되고 가격협상력도 유리해진다. LG디스플레이가 애플과 아이폰 X용 OLED 공급계약 체결을 추진 중인데, 뜻밖에도 경쟁자가 나타났다. 바로 BOE다. 중국 언론에 따르면, 최근 BOE 고위 경영진이 애플을 방문해서 애플 납품을 위한 OLED 생산라인 건설을 논의한 것으로 알려졌다. 가격경쟁력은 BOE가 삼성이나 LG보다 우위다. 관건은 BOE가 애플사의 요구를 만족시킬 수 있는 만큼의 수율을 달성할 수 있느냐다. 만약 BOE가 애플과 OLED 공급계약 체결에 성공한다면? 한국 기업들 특히 LG디스플레이가 입게 될 타격은 매우 클 전망이다.

디스플레이 삼국지, 최후의 승자는?

HS마킷은 글로벌 시장의 AMOLED 생산능력이 2017년 1190만m^2에서 2022년 5010만m^2로 증가할 것으로 예상했다. TV에 주로 사용되는 White OLED와 스마트폰 등에 사용되는 RGB OLED를 합한 규모다. 특히 RGB OLED의 생산능력이 3190만m^2로 늘어날 것으로 전망했다. 기업별로는 삼성디스플레이의 생산능력이 1660만m^2로 1위(점유율 52%)를 지키고, BOE가 480만m^2로 2위(15%), LG디스플레이가 340만m^2로 3위(11%)를 차지할 것으로 내다봤다. 그러면서도 BOE가 2위가 되기 위해서는 수율과 안정성 및 신뢰성에 큰 영향을 주는 긴 학습곡선을 필요로 한다는 지적도 빼놓지 않았다.

결국 OLED를 포함한 디스플레이 시장에서 BOE가 LG디스플레이를 넘어서는 건 시간문제다. BOE의 창끝은 이미 삼성디스플레이로 향하고 있다. 그 기세가 마치 드넓은 수수밭을 붉게 물들이는 영화 속 한 장면과 닮았다.

'세계의 공장'에 부는
로봇 열풍

단위면적 당 인구 수를 가리키는 '인구밀도'는 여전히 생산가능인구를 가늠하는 중요한 척도다. 어떤 지역에 사람이 많이 모여 살면 그 지역의 생산력도 늘기 때문이다.

4차산업혁명이 대두하면서 '로봇밀도'라는 개념이 회자되고 있다. '로봇밀도'는 노동자 1만 명 당 로봇 수를 의미하는데, 노동의 중심이 인간에서 로봇으로 이동하는 현 세태를 반영한다.

국제로봇연맹(IFR)이 해마다 발표하는 자료에 따르면, 한국은 세계 '로봇밀도' 순위에서 7년 연속 1등을 차지했다. 2016년 기준 한국의 로봇밀도는 631대인데, 세계 평균 74대와 비교하면 무려 8배가 넘는 수준이다. 한국의 로봇밀도가 높은 이유는, 로봇 도입을 주도하는 제조업 중에서

┃ 로봇밀도 세계지도

(단위: 대, 2016년 기준)

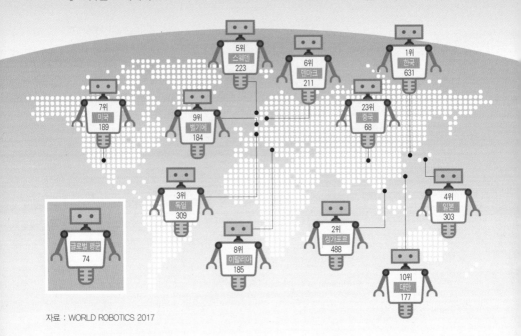

5위
스웨덴
223

6위
덴마크
211

1위
한국
631

7위
미국
189

9위
벨기에
184

23위
중국
68

3위
독일
309

4위
일본
303

글로벌 평균
74

8위
이탈리아
185

2위
싱가포르
488

10위
대만
177

자료 : WORLD ROBOTICS 2017

특히 전기·전자와 자동차 산업 규모가 크기 때문이다.

로봇밀도가 높아지는 추세는 비단 한국만의 현상은 아니다. 전 세계적으로 생산 자동화가 빠르게 진행되면서 글로벌 평균 로봇밀도가 2015년 66대에서 2016년 74대로 늘었다. 지역별로는 유럽 99대, 북미 84대, 아시아 63대 순인데, 최근 몇 년 사이 아시아의 로봇밀도 증가율이 가장 두드러진다.

반면, 산업혁명의 발상지 영국과 전통의 로봇 선진국 일본의 성적은 신통치 않다. 영국은 산업 현장의 자동화 시스템이 낙후되면서 글로벌 평균치를 밑돌았다. 일본의 상황은 좀 더 심각하다. 로봇밀도가 해마다 떨어지고 있는데, 그 이유는 일본 자동차 업체들이 국내에 비해 해외 생산량을 크게 늘리고 있기 때문이다.

로봇밀도는 떨어지지만 시장 규모는 3년 연속 세계 1위

'세계의 공장' 중국의 로봇밀도는 어떤 수준일까? 중국의 로봇밀도는 2013년 25대에서 2016년 68대로, 3년 사이 2.7배가 늘었다. 순위는 세계 23위 수준이다. 수치로만 보면 중국의 로봇밀도는 한국이나 일본과 격차가 크다. 중국 정부는 2020년까지 로봇밀도를 150대로 높여 세계 10위권 진입을 노리고 있다.

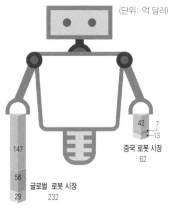

글로벌 로봇 시장과 중국 로봇 시장 비교

(단위: 억 달러)

42 ┐7
└13
중국 로봇 시장
62

147
56
글로벌 로봇 시장
29   232

■ 산업용 로봇   ■ 특수 로봇   ▨ 서비스 로봇

그런데, 한 나라의 로봇밀도가 로봇 시장의 규모와 반드시 비례하는 것은 아니다. 중국은 글로벌 평균을 밑도는 로봇밀도와는 달리 시장 규모면에서는 3년 연속 세계 1위 자리를 지키며 명실상부한 세계 최대 로봇 시장 지위를 굳히고 있다.

2017년 중국 로봇 시장 규모는 62억 달러에 달했다. 세계 로봇 시장의 40%를 웃도는 수준이다. 특히 산업용 로봇 시장이 급성장하고 있다. 2016년 중국 산업용 로봇 시장은 31.3% 성장했는데, 세계에서 판매되는 산업용 로봇 중 약 30%가 중국에서 판매됐다.

규모가 가장 큰 산업용 로봇 시장의 성장을 이끄는 국가들은 모두 제조업 강국이다. 미국·독일·일본·중국·한국을 합친 수요가 세계 산업용 로봇 수요의 70% 이상을 차지한다. 2017년 약 62억 달러인 중국 로봇 시장에서도 산업용 로봇 시장이 약 42억2000만 달러로 67%의 비중을 차지했다. 서비스 로봇(13억2000만 달러)과 특수 로봇(7억4000만 달러)은 격차를 두고 멀찍이서 뒤를 이었다.

인구대국 중국의 노동가능인구가 준다고?!

중국의 산업용 로봇 시장 규모는 2012년 한국을 넘어섰고 2013년에는 일본과 북미 시장을, 2014년에는 유럽을 따라잡은 후 줄곧 세계 1위를 유지하고 있다. 이처럼 중국 로봇 산업이 가파르게 성장한 이유는 무엇일까?

지금까지 로봇 하면 우리가 쉽게 떠올리는 나라는 일본이었다. 일본은 고령화가 빠르게 진행되면서 일손이 부족하고, 외국인 노동자에 대한 부담감으로 로봇을 선호해왔다. 로봇은 '일' '노동'과 떼어 생각할 수 없다. 1902년 체코슬로바키아 극작가 카렐 차페크가 '로봇(robot)'이란 단어를 처음 사용했는데, 그 어원은 체코어로 '노동'을 뜻하는 '로보타(Robota)'에서 비롯됐다.

그런데, 14억 인구대국 중국에서 인력이 모자란다는 건 좀 의외다. 하지만 중국에서도 2015년부터 생산가능인구가 감소하기 시작했다. 그동안 중국 경제의 성장을 견인해왔던 노동경쟁력이 점차 떨어지면서, 생산 현상에서 로봇에 대한 수요가 커졌다.

중국의 인구 변화를 자세히 살펴보자. 2010년 이후 중국 제조업 노동자 수가 감소하기 시작했다. 특히 공장 노동자의 대부분을 차지하던 농민공의 고령화가 진행됐다. 농촌 출신 20대 젊은이들이 제조업보다 서비스업이나 사무직을 선호하기 때문이다.

만 41세 이상 농민공 비중이 2008년 30%에서 2015년 45%로 높아지는 동안, 만 30세 이하 청장년 농민공은 같은 기간 46%에서 33%로 비중이 떨어졌다. 농민공이란 도시로 이주해 노동자의 일을 하는 농민을 뜻한다.

가파른 임금 상승도 로봇 시장을 키우는 데 일조했다. 중국 농민공의

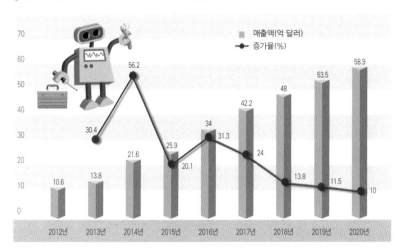

자료:IFR, 중국전자학회

월 평균 임금은 3000~3500위안에 달한다. 우리 돈으로 50만~60만 원
에 이르는 금액인데, 매년 10% 가까이 임금이 상승하고 있다. 이와 달
리 기술 진보 및 시장 확대에 따라 산업용 로봇 가격은 하락세를 이
어가고 있다. 중국이 수입하는 산업용 로봇의 평균 가격은 2006년 약
32만 위안에서 2015년 약 17만 위안으로 떨어졌다. 결과적으로 산업
용 로봇 1대의 감가상각비를 포함한 연간 비용이 약 5만 위안으로 떨
어져 공장 노동자 1명의 연간 임금과 비슷해진 것이다. 로봇 1대로 노
동자 3~4명의 작업량을 처리할 수 있으니, 산업용 로봇 수요가 증가할
수밖에 없다.

전 세계적으로 진행 중인 제조업의 스마트화 추세를 따라가기 위한 노
력도 중국의 산업용 로봇 수요를 증가시킨 주요 요인으로 꼽힌다. 그 결
과 2001년 700대에도 미치지 못하던 중국의 산업용 로봇 판매대수가
2017년 11만 대로 늘어났다.

'로봇 굴기'의 위력

세계 산업용 로봇 시장을 선도하는 기업은 독일의 쿠카(KUKA), 일본의 화낙과 야스카와전기, 스위스의 ABB 등이다. 중국 산업용 로봇 시장에서 이들 글로벌 기업의 시장점유율은 약 90%에 달한다. 특히 고난이도의 기술이 필요한 용접 로봇이나 고급차 생산라인의 외국산 로봇 점유율이 높다. 중국산 로봇은 화물 운반이나 적재 같은 단순 작업에 투입되는 경우가 대다수다.

하지만 이런 상황은 앞으로 점차 바뀔 전망이다. 중국 정부는 대대적으로 로봇 산업을 육성하고 있다. 2015년 중국이 발표한 산업 구조 고도화 계획인 '중국 제조 2025'와도 연관된다.

'중국 제조 2025'에 따르면 1단계로 2025년까지 제조업 강국 단계에 진입하고, 2단계로 2035년까지 제조업 강국 가운데 중간 수준까지 산업 구조를 업그레이드 한다. 마지막 3단계는 건국 100주년인 2049년까지 글로벌 제조업 강국의 선두가 되겠다는 것이다. 중국 정부는 2017년 10월에 열린 19차 당 대회에서도 2049년까지 미국을 넘어서는 초강대국을 건설하겠다는 계획을 밝혔다. 2049년은 중국에게 매우 중요한 시간적 의미가 담긴 해이다.

산업용 로봇 산업 육성은 '중국 제조 2025'가 목표로 하는 제조업의 스마트화를 달성하기 위한 가장 중요한 과제로 꼽힌다. 실제로 중국 정부는 '중국 제조 2025' '산업용 로봇 산업 발전 추진에 관한 지도 의견' '로봇 산업 발전 계획(2016~2020)' 등 로봇 산업 육성 정책을 계속해서 내놓고 있다. '중국 제조 2025'에는 중국산 산업용 로봇의 시장점유율을 2020년까지 50%, 2025년까지 70%로 높이겠다는 계획을 담고 있다. 또한 핵심 부품의 국산화율을 2020년까지 50%, 2025년까지 80%로 높인다는 목표도 포함하고 있다. 현재 관절 역할을 하는 액추에이터의 수입 비중이 80%에 달하는 등 핵심 부품 대부분을 유럽과 일본에서 수입하는 상황을 고려할 때 매우 과감한 목표가 아닐 수 없다. 결국 중국 로봇 산업의 성공 열쇠는 핵심 부품의 수입 비중을 얼마나 줄이느냐에 달려 있다.

아울러 연간 생산능력 1만 대 이상, 매출 규모 100억 위안 이상의 산업용 로봇 제조 기업 2~3개를 육성하겠다는 목표도 함께 세워두고 있다.

글로벌 로봇 기업 인수로 경쟁판도 흔들어

중국 정부의 로봇 산업 육성 정책보다 더 위력적인 것은 중국 기업의 과감한 인수합병 전략이다. 2016년 중국 가전 기업인 '메이디'는 세계 3대 로봇 업체인 독일의 '쿠카'를 45억 유로에 인수했다. 1898년 설립된 쿠카는 산업용 로봇, 특히 자동차 분야에서 강점을 갖춘 로봇 전문 업체다. GM·크라이슬러·포드·BMW 등 글로벌 자동차 업체들을 고객으로 두고 있다.

중국 가전공룡인 메이디의 쿠카 인수는 시너지 효과를 발휘할 가능성이 크다. 무엇보다 쿠카의 중국 사업 확장에 유리하게 작용할 전망이다. 지금까지 쿠카는 북미와 유럽 시장 의존도가 높았다. 또한 자동차 분야에 치우쳐 있는 쿠카의 사업

중국 가전 기업인 '메이디'는 세계 3대 로봇 업체인 독일의 쿠카 (KUKA)를 45억 유로에 인수했다.

구조를 컴퓨터·통신·가전기기 분야까지 넓힐 수 있다. 메이디의 제조업 스마트화 추진 전략도 가속화될 전망이다.

메이디는 쿠카 인수를 통해 로봇 기술 R&D와 응용 기술 제고를 꾀하고 있는 바, 2017년 2월에는 이스라엘 로봇 자동화 업체인 서보트로닉스(Servotronix)를 인수했다.

전문가들은 메이디의 공격적인 인수합병으로 글로벌 로봇 시장의 경쟁 구도가 크게 바뀔 것으로 관측하고 있다. 글로벌 로봇 업체인 ABB·화낙·야스카와전기는 만만찮은 경쟁자를 만나게 됐다.

중국향 로봇 부품 회사를 주목하는 이유

한편, 중국 로봇 업체들의 단점도 분명하다. 터무니없이 낮은 핵심 부품 국산화율이 대표적이다. 일부 핵심 부품은 국산화에 성공했지만, 아직 안정성과 신뢰성이 낮기 때문에 생산라인에서 중국산 산업용 로봇을 채택하지 않는 경우가 빈번하다.

하지만 이러한 단점을 극복하는 것은 시간문제라는 게 많은 전문가들의 공통된 시각이다. 양과 질은 대체로 비례하는 게 시장의 논리다. 즉, 공급이 급증하면 제품의 질과 서비스도 향상되기 마련이다. 전문가들은, 중국산 산업용 로봇의 판매가 증가할수록 중국산 핵심 부품의 품질과 안정성도 개선될 것으로 보고 있다.

2011년 독일이 '인더스트리 4.0'을 내세우면서 전 세계 국가들은 저마다 제조업 경쟁력 강화에 나서기 시작했다. 중국 역시 발 빠르게 '중국 제조 2025'를 선언하면서 일사분란하게 움직였다.

고령화와 임금 상승 문제는 전 세계 어느 나라도 비켜갈 수 없는 숙명이다. 중국도 예외일 수 없다. 로봇을 이용해 제조업의 스마트화를 꾀하고자 함은 선택이 아닌 필수가 됐다. 중국의 로봇밀도가 높아지는 것 역시 시간문제다.

결국 '세계의 공장' 중국에서 산업용 로봇 시장의 성장은 필연적이다. 글로벌 투자 분석가들이, 중국에 산업용 로봇 부품을 공급하는 회사들을 예의주시하는 데는 다 그만한 이유가 있는 것이다.

'세계의 공장' 중국은 최근 생산가능인구가 줄어들면서 그 대안으로 로봇 산업이 급부상하고 있다. 전문가들은 4차산업혁명을 주도하는 '로봇 혁명'이 '로봇 굴기'를 선언한 중국에서 개화할 것으로 전망한다. 일러스트는 리투아니아 작가 카롤리스 스트라우트니에카스가 그린 〈로봇 혁명〉

CHINA
POWERNOMICS
18

중국은 여전히
세계 자동차大戰 중

도로에 차선도 제대로 그려져 있지 않던 나라

'격세지감(隔世之感)'이란 고사성어가 있다. 마치 다른 시대를 사는 것처럼 크게 변화를 느끼는 감정을 뜻하는 말이다. 실제로 긴 세월이 흘러 나타나는 변화의 감정을 뜻하기도 하지만, 너무 크게 변해서 긴 세월이 흐른 것 같은 착각이 들 때도 이 말을 쓴다.

중국의 자동차 산업을 생각하면 격세지감이란 고사성어가 떠오른다. 2000년대 초반만 해도 중국에서 자동차는 부의 상징이었다. 2000년대 초반 하면 꽤 먼 과거 같지만 한국과 일본에서 2002년 월드컵이 열렸던 때다. 그 시절 베이징, 상하이 같은 대도시가 아닌 지방이나 농촌에서 자가용 자동차를 굴리려면 지역 유지 정도는 되어야 몰 수 있었다.

필자가 중국 칭다오 교외에 있는 회사를 다니던 2004년 무렵이다. 어느 날 친하게 지내던 중국인 직원이 못내 궁금하다는 듯, 한국은 정말 집집마다 차가 있는지 물었다. 그때만 해도 칭다오 교외 지역에는 자동차가 드물었다. 심지어 도로에는 차선도 제대로 그려져 있지 않았다. 교통체

172

증은 남의 나라 얘기였다. 그러던 중국이 천지개벽을 했으니 격세지감이 드는 건 당연한 일이다. 이제 중국 어느 도시를 가든 거리마다 자동차가 넘친다.

2017년 중국 자동차 판매량은 2888만 대를 기록했다. 전 세계 자동차 판매대수(약 9천만 대) 중 약 30%가 중국에서 팔렸다. 대단하다. 중국은 2009년 미국을 제치고 세계 최대 자동차 시장으로 부상한 이후 9년째 1위 자리를 지키고 있다. 지난 9년 동안 중국 자동차 업계는 황금기를 누렸고 앞으로의 전망도 밝다. 2008년 936만 대에 불과하던 자동차 판

┃ 글로벌 자동차 시장 톱 10　　　(2017년 국가별 생산량 기준)

독일
6,050,973대
(▼-2.6%)
4위

중국
29,015,400대
(▲3.2%)
1위

3위

일본
9,584,146대
(▲5.2%)

미국
11,182,044대
(▼-8.2%)
2위

브라질
2,699,672대
(▲24.1%)
9위

프랑스
2,301,977대
(▲10.1%)
10위

7위

멕시코
4,068,415대
(▲13%)

6위

한국
4,114,913대
(▼-2.7%)

스페인
2,848,335대
(▼-1.3%)
8위

인도
4,779,849대
(▲6.5%)
5위

세계총계
98,908,692
(▲2.7%)

프랑스 2.3
브라질 2.7
스페인 2.9
멕시코 4.1
한국 4.2
인도 4.8
독일 6
생산량 비중 (%)
중국 29.3
미국 11.3
일본 9.6

자료: 한국자동차산업협회

매량은 지난 10년 사이 세 배 넘게 늘었고 2019년에는 3000만 대를 돌파할 것으로 전망된다.

현대차가 중국에서 파죽지세로 성장할 수 있었던 이유

최근 중국 자동차 업계에서는 중국 자동차 시장이 얼마나 더 커질 수 있는지를 놓고 치열한 토론이 벌어졌다. 2017년 열린 한 포럼에서 동양 중국자동차공업협회 부회장은 머지않아 자동차 생산량이 연간 5000만 대까지 증가할 것으로 예상했다. 4000만 대는 내수로 소화하고 나머지 1000만 대는 해외 시장으로 수출하면 된다는 계산이다. 그런데, 중국 내수 4000만 대보다는 해외 수출 1000만 대가 훨씬 어렵다. 2016년 중국 자동차 수출 규모는 81만 대에 불과했다.

❙ 중국 자동차 시장 규모

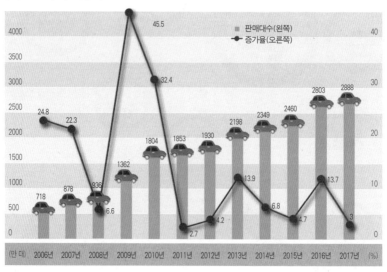

자료: 중국자동차공업협회, 중상산업연구원

174

중국 자동차 시장이 급성장하면서 중국에 진출한 글로벌 자동차 기업들은 많은 과실을 얻었다. 한국의 현대차도 마찬가지다. 특히 현대차는 2008년 베이징올림픽 개최 전에 '엘란트라'가 베이징 택시로 선정되면서 엄청난 광고 효과를 누렸다. 현대차는 파죽지세 같은 성장세를 이어갔다. 2013년에는 중국에서 연간 판매 100만 대 고지에 올라섰다. 생산능력도 계속 늘렸다. 2017년 9월 중국 내 다섯 번째 생산기지인 충칭공장이 가동되면서 현대차의 중국 현지 생산능력은 165만 대로 증가했다.

글로벌 자동차 기업들과 합작 생산법인을 만든 중국 자동차 기업들도 괄목할만한 성장을 이뤘다. 중국 정부는 외국 자동차 기업이 중국에서 자동차를 생산하려면 반드시 현지 업체와 합작사를 설립하도록 법규를 만들었다. 외국 기업의 최대 지분도 50%로 제한되어 있다. 글로벌 기업과의 합작을 통해 상하이자동차그룹, 베이징자동차 등 중국 업체들은 어렵지 않게 몸집을 키울 수 있었다. 베이징자동차는 현대차 중국법인인 베이징현대의 합작파트너다.

대륙에 자동차 4억 대가 굴러다닌다고?

중국 자동차 산업은 중국 경제 성장을 책임지는 주요 산업 중 하나다. 2016년 중국 전체 국내총생산(GDP)에서 자동차 산업이 차지하는 비중은 5.4%로 외식업(4.8%), 석유제품(2.5%), 식품(2%)을 제치고 1위를 차지했다. 자동차 구입비용이 전체 민간 소비에서 차지하는 비중은 12.2%에 달했다.

하지만, 중국의 자동차 보급률은 여전히 전 세계 평균에도 미치지 못한다. 2017년 말 기준 중국 전체 자동차 보유대수는 2억1700만 대에 달했지만, 인구 1000명당 자동차 보유대수는 겨우 110대를 넘었다. 미국의 약 800대, 일본의 약 600대, 한국의 약 400대에 한참 못 미치는 수준이다. 중국의 자동차 보유대수에 대해서는 세 가지 전망이 제기된다. 첫째, 중국의 인구 1000명당 자동차 보유대수가 전 세계 평균을 소폭 상회하는 데 그칠 것이라는 예측이다. 약 200대를 뜻한다. 둘째는 유럽과 일본 수준에 도달할 수 있다는 전망이다. 그럴 경우 약 500대에 이른다. 셋째는 두 가지 예측을 절충해서 300대로 보는 추산이다. 중국의 인구 1000명당 자동차 보유대수를 300대로 예측할 경우 중국의 자동차 보유대수는 무려 약 4억 대가 된다.

▌글로벌 자동차 보유대수

(인구 1000명 당 자동차 보유대수 기준)

영국
576대

독일
590대

미국
809대

프랑스
583대

일본
607대

스페인
583대

한국
400대

이탈리아
690대

중국
118대

자료: WIND

중국 자동차 시장에 불어 온 변화의 바람

2009년부터 폭발적으로 성장한 중국 자동차 산업이 안정적인 성장 단계에 진입한 후 중요한 변화가 나타나고 있다. 가장 눈에 띄는 변화는 중국 로컬 업체의 토종 브랜드 판매량 증가다. 중국 토종 브랜드 자동차의 시장점유율은 2014년 38%에서 2017년 45%로 늘어날 것으로 전망됐다. 이 같은 점유율 증가에는 중국 자동차 기업들의 적절한 경영전략과 중국 정부의 지원책이 영향을 미쳤다.

우선, 중국 자동차 기업들은 최근 판매량이 급격히 증가한 SUV 시장에 성공적으로 진입했다. 중국 자동차 보급률이 높아지고 중서부 지역의 판매가 증가하자 2012년부터 중저가 SUV 수요가 폭발적으로 커졌다. 특히 교체 수요로 인한 차량 구매자는 50% 이상이 SUV를 선택했다. 중국 토종 브랜드 SUV의 시장점유율은 2014년 44.8%에서 2017년 1분기 61.3%로 상승했다. 거기다가 중국 정부가 2015년 10월부터 배기량 1.6L 이하 승용차를 대상으로 10%인 취득세를 5%로 감면하면서 중국 토종 업체들의 자동차 판매가 크게 증가했다. 중국에서 배기량 1.6L 이하 승용차의 시장점유율은 70%에 달한다.

두 번째 변화는 고급차의 판매 증가다. 2016년 중국에서는 벤츠, BMW, 아우디 등 고급차 210만 대가 판매됐으며 판매대수가 전년 대비 16.4% 늘었다. 하지만, 고급차의 시장점유율은 여전히 8.6%에 불과하다. 선진국의 경우를 참고하건대 중국도 약 15%까지는 상승할 것으로 전망된다. 브랜드별로는 BBA(벤츠, BMW, 아우디)가 각각 23%, 25%, 28%로 높은 점유율을 차지했다. 아우디는 중국 정부 관용차로 사용됐기 때문에 높은 점유율을 유지했으나 최근 벤츠의 추격 속도가 빨라졌다. 벤츠는 3개 브랜드 중 할인 폭도 가장 낮다. 알짜 장사를 하고 있는 셈이다.

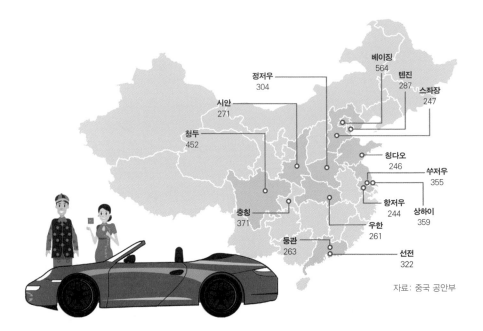

▍중국 도시별 자동차 보유대수 (2017년 말 기준, 단위: 만 대)

베이징 564
텐진 287
스좌장 247
정저우 304
시안 271
청두 452
칭다오 246
쑤저우 355
충칭 371
항저우 244
상하이 359
우한 261
둥관 263
선전 322

자료: 중국 공안부

현대차는 위에서 언급한 중국 자동차 시장 변화의 혜택을 크게 보지 못했다. 베이징현대는 창저우에 4공장, 충칭에 5공장을 건설하는 등 생산능력을 165만 대로 늘렸다. 하지만, 시장 하단에 위치한 토종 브랜드와 상단에 위치한 프리미엄 브랜드가 시장점유율을 높이는 동안 중간에 끼인 현대차는 점유율이 하락했다. 2017년은 사드 문제로 인한 영향도 있었다.

2016년 현대차의 SUV인 'ix35(한국명 투싼ix)'가 24만8636대 팔리면서 SUV 판매 순위 5위를 기록했지만, 2017년 1분기에는 3만5860대 판매에 그치면서 13위로 미끄러졌다. 2017년 12월 현대차 중국 시장점유율은 4%로 하락했다.

현대차의 이유 있는 고전

문제는 현대차의 중국 시장점유율 하락이 지금도 이어지고 있다는 것이다. 현대차의 중국 시장점유율은 2013년 6.8%로 최고치를 기록한 이후 계속해서 하락 중이다. 반면 중국 토종 브랜드 승용차의 시장점유율은 올라가는 추세다. 가격 경쟁력을 갖춘 토종 브랜드 승용차가 내구성 등 품질 측면에서도 소비자로부터 인정을 받기 시작했기 때문이다. 현대차 점유율 하락의 가장 큰 원인이다.

중국에서 현대차와 기아차는 폴크스바겐이나 도요타보다 브랜드 가치가 낮다. 한때 대표적인 베스트셀러였던 현대차 '엘란트라(구형 아반떼)', 기아차 '세라토'가 중국에서 인기를 끌었던 이유 역시 높은 가격 경쟁력과 세련된 디자인 때문이었다.

그런데, 중국 토종 브랜드가 치고 올라오면서 현대차의 가격 경쟁력이 흔들렸다. 현대차는 중국 전략형 SUV인 신형 'ix35'를 출시했지만, 중저가 소형 SUV 시장에서는 이미 중국 토종 브랜드가 절대적인 우위를 점하고 있다. 창청자동차의 'H7L', 창안자동차의 'CS95' 등을 향한 중국 소비자들의 호평이 끊이질 않고 있다.

중국 자동차 시장의 경쟁 구도는 이미 바뀌었다. 밑에서 가격으로 치고 들어오는 중국 토종 브랜드와 우수한 기술을 보유한 일본·독일 자동차 기업에 끼인 현대차의 시름이 깊어만 가고 있다.

10년 전 베이징 올림픽이 한창일 때 금메달을 목에 걸고 헹가래 치던 한국 야구대표팀 만큼 중국에서 현대차의 위상은 하늘 높은 줄 몰았었다. 하지만 지금 현대차의 신세를 보면, 다시 한 번 '격세지감'이란 말이 입가에 맴돈다.

China
Power
nomics

Chapter 03

중국의
은밀한
내면

시진핑의 서슬 퍼런
사정의 칼

중국공산당을 향한 호불호(好不好)

"내려와"

"네?"

"그냥 자리로 돌아가라니까."

2007년 베이징대학교 MBA 수업 중에 한 한국인 유학생과 중국인 교수
와의 대화 내용이다. 전략수업에서 한국인 유학생이 발표를 시작하면서
"그동안 중국 경제가 중국공산당의 탁월한 영도 아래 고속 성장해왔다"
고 말하는 순간, 베이징대학교 교수는 단호한 어투로 자리로 돌아가라
고 말했다. 다들 어리둥절했지만 서서히 분위기를 파악했다. 캐나다에
서 박사학위를 따고 돌아온 30대 후반의 젊은 교수는 공산당에 대해 사
뭇 비판적이었다.

중국 경제는 최근 성장이 둔화되긴 했지만 한동안 고성장을 지속해왔
다. 그 중심에 중국공산당이 있었음은 움직일 수 없는 사실이다. 그런
이유로 한국인들 사이에서 중국공산당을 긍정적으로 평가하기도 한다.

당-국가 체제에서 일사분란하게 행정이 집행되고 중장기적인 관점에서 자원 배분이 이뤄지니 국가 운영의 효율성이 높을 수밖에 없다는 것이다. 이런 주장에서 빠질 수 없는 것은 중국인의 중국공산당에 대한 맹목적인 지지다.

하지만, 앞에 소개한 베이징대학교 교수처럼 중국의 엘리트 중에는 중국공산당에 대해 비판적인 태도를 가진 사람도 적지 않다. 비판적이지 않은 사람이라고 해도 그들의 공산당 지지에는 전제조건이 있다. 바로 경제 성장이다.

넘어지지 않으려고 계속 달려야 하는 자전거

중국인들은 선거를 통해 권력을 자발적으로 중국공산당에게 위임한 적이 없다. 그렇다고 경제가 성장해서 월급이 오르고 아파트 시세가 올라

중국인들 중에는 중국공산당에 대해 비판적인 태도를 가진 사람도 적지 않다. 비판적이지 않은 사람이라고 해도 그들의 공산당 지지에는 전제조건이 있다. 바로 경제 성장이다.

가는데, 굳이 집권당에 불만을 가질 필요도 없다. 1억 명이 훨씬 넘는 중국 중산층이 얌전히 있는 이유다. 이렇게 보면 중국은 넘어지지 않기 위해서 계속 달려야 하는 자전거와 같다.

2002년부터 2012년까지의 후진타오 정부 시절, 중국 정부의 최대 목표는 성장률 8% 달성이었다. 성장률 8%를 달성해야 시장의 경제 주체가 나눠먹을 파이가 커지고 신규 취업자를 고용 시장이 흡수할 수 있기 때문이다.

중국에서는 해마다 대졸자 700만 명을 포함해 약 1300만 명이 사회로 쏟아져 나온다. 이들이 고용 시장으로 흡수되면 성장의 동력이 되지만, 그렇지 않을 경우에는 사회 불안의 씨앗이 된다. 그래서 신규 일자리 창출은 중국공산당의 최우선 목표 중 하나다. 리커창 총리가 인터뷰를 할 때마다 신규 일자리 창출을 중요하게 언급하는 이유가 여기에 있다.

▮ 중국 등기 실업률 추이

중국은 '등기 실업률'이란 통계치를 사용하는데, 이는 국가통계국에 공식적으로 등록된 고용수치를 근거로 한다. 2010년 이후 중국의 공식적인 실업률은 4% 내외로 변화가 없다. 하지만 세계 유수의 경제조사기관에서는 중국의 실질적인 불완전 고용률이 2012년 이후 13% 이상이 될 것으로 추산했다.

이런 가운데 2013년 초 시진핑 체제 출범과 함께 시작된 반부패 운동이 장기화되고 있다. 시진핑 주석의 반부패 운동을 반대파 숙청 및 자기 세력 심기로 보는 시각도 있지만, 중국의 '역사주기설'을 바탕으로 의미 있는 해석이 가능하다.

돌이켜보면 1990년대 구소련과 동유럽 공산주의 국가가 해체되고 난 뒤 중국공산당의 미래에 대해서도 의견이 분분했다. 중국공산당은 소련으로부터 큰 영향을 받았고 1949년 신중국 성립 후에도 소련 체제를 모델로 한 경제 성장을 추구했기 때문이다. 그런데 지금도 건재한 중국을 보면 중국공산당의 미래에 대해서는 '중국적인' 해석이 필요하다.

역사주기설의 교훈

1930~40년대 중국은 대내외적으로 몹시 혼란스러운 시기였다. 안에서는 장제스의 국민당 정부와 마오쩌둥의 공산당이 치열한 내전을 벌였다. 밖에서는 일본과의 전쟁에 직면했다. 당시 중국의 정치 엘리트들이 새로운 정치 제도를 모색하는 과정에서 중국의 역사로부터 교훈을 도출해낸 것이 바로 '역사주기설'이다.

역사주기설은 3단계로 구성된다. 1단계는 새로운 왕조의 건립 시기, 2단계는 새로운 제도 하에서의 발전 모색 과정, 즉 왕조 번창 시기이다. 마지막 단계는 쇠퇴부터 해체까지의 과정이다. 좀 더 구체적으로 살펴보자.

1단계에서는 새로운 왕조가 들어선다. 그러나 구왕조 체제의 개혁과 새로운 제도의 설립이 아니라 구왕조 체제의 재생과 복제다. 역대 신왕조는 일부 새로운 제도를 도입했으나 전체적인 구조는 이전 왕조와 큰 차

185

1930~40년대 중국은 대내외적으로 몹시 혼란스러운 시기였다. 안에서는 장제스의 국민당 정부와 마오쩌둥의 공산당이 치열한 내전을 벌였다. 밖에서는 일본과의 전쟁에 직면했다. 당시 중국의 정치 엘리트들이 새로운 정치 제도를 모색하는 과정에서 중국의 역사로부터 교훈을 도출해낸 것이 바로 '역사주기설'이다.

배경 이미지는 베르나르도 베르톨루치 감독의 1987년 영화 〈마지막 황제〉 중.

이가 없었다.

2단계에서 사람들의 주된 관심은 새로운 제도로 인한 생산력 제고다. 구왕조 몰락과 함께 기득권층은 완전히 해체됐다. 또한 혁명 과정에서 경제가 붕괴됐기 때문에 대규모 건설 투자 등을 통한 신왕조의 경제 성장은 어렵지 않다. 그러나 왕조가 번창하면서 체제가 보수적으로 변하기 시작한다. 특히 기득권층의 이익이 커지면서 그들은 이제 부를 창출하기보다는 개혁 세력을 억압하고 이익을 독점하는 데에만 몰두한다. 기득권층의 반대편에서는 나라의 미래를 염려하는 개혁 세력이 나타나기 마련이다. 그들은 개혁을 추진하면서 왕조의 지속가능한 통치를 도모한다. 하지만 기득권층의 이익을 건드린 개혁 세력치고 결말이 좋게 끝난 경우는 드물다.

3단계에서 왕조는 결국 해체의 길을 피할 수 없게 된다. 흥미로운 사실은, 왕조는 내부로부터 붕괴되기 시작하는 것이지 외부 세력의 침략만으로 해체되는 것은 아니라는 점이다.

다시 한 번 정리하면, 중국 역대 왕조 쇠퇴 패턴은 이렇다. 우선 신왕조

기득권층의 이익이 커진다. 이들은
왕조 설립 과정에서 중요한 역할
을 한 공신들이지만 곧 진취성을
상실한다. 또한 파이를 키우기보다
는 남의 파이를 빼앗는 방식으로
자신의 이익을 늘리고 곧 국가의
거의 모든 이권을 장악한다. 더 중
요한 점은, 이들은 일체의 개혁을
반대하면서 개혁 세력을 적으로
여긴다. 결국 기득권층의 부패 탓
에 국가와 사회의 관계는 악순환
구조로 진입한다. 이제 황제가 기

당나라 문장가 유종원은 중국의 사회 구조
를 '왕권' '대호' '민'으로 나눴는데, '대호'는
기득권층과 관료 집단을 의미하는 바, 현재
시진핑 정부가 벌이는 대대적인 반부패 사
정의 대상과 다르지 않다.

득권층과 관료기구의 개혁을 통해서 사회 불만을 해소하기는 어려워지
고, 국가 폭력기구에 의존해서 비기득권층(개혁 세력)의 저항을 진압하
게 된다. 그러나 이런 진압은 오히려 더 큰 저항을 불러오기 마련이다.
당나라 문장가 유종원은 저서 『봉건론(封建論)』에서 중국의 사회 구조는
'왕권' '대호(大戶)' '민(民)'으로 나눌 수 있다고 봤다. '대호'는 기득권층
과 관료 집단을 의미하고 '민'은 백성을 뜻한다. 그리고 만약 황제의 개
혁이 기득권층의 저항에 직면하면 백성에 의존해 저항을 극복할 수 있
다는 것이 유종원의 해석이다. 그러나 백성에 의존해 개혁을 실시하는
동시에 백성의 봉기 가능성을 제거하는 것, 이건 쉬운 일이 아니다. 군
중 심리에 잘못 불이 붙으면 언제든지 민중봉기 혹은 혁명으로 사태가
급진전할 수 있다.

성장률은 떨어지고 당 간부의 부는 증가하고

시진핑 체제의 반부패 사정도 역사주기설의 관점에서 봐야 한다. 중국 경제의 폭발적인 성장과 더불어 공산당 간부를 포함한 기득권층의 부가 급팽창했다. 특히 비리를 통한 부의 축적이 늘어나면서 중국인들의 불만 역시 커졌다. 두 자릿수에 달하던 경제성장률이 6%대로 하락한 마당에 당 간부들의 부만 늘었다는 사실은 중국 인민들로서는 받아들이기 힘들다.

2013년 취임 직후 시진핑 주석은 부패 척결을 위해 "호랑이(고위직)든 파리(하위직)든 다 때려잡겠다"면서 중국인들로부터 열렬한 호응을 얻었고 정권 장악력을 계속 높여왔다. 결국 반부패 운동의 궁극적인 목적은 단순한 부패 방지가 아니라 중국공산당 체제의 지속가능성을 확보하는 것이다.

'사회주의적 시장경제'를 주창한 시진핑과 '순혈 사회주의'를 강조한 마오쩌둥은 경제적 측면에서는 상극이지만, 대대적인 반부패 사정을 통해 공산당의 정권 장악을 공고히 한 측면에서는 서로 겹쳐진다.

하지만, 반부패 운동은 제한적인 성공만 거두고 있다. 실질적인 2인자로 부상한 왕치산 전 중국공산당 중앙기율위 서기(현재 국가 부주석)가 서슬 퍼런 칼날을 휘두르며 부패 공직자를 처벌했지만, 근본적인 부패 방지책은 도입하지 못했다. 결국 지금과 같은 캠페인식 부정부패 척결 운동은 시간이 지나면 시들해지기 마련이다.

시진핑 정부 들어서 처벌된

부패 공직자들을 살펴보면, 부패 금액이 아주 크거나 권력에 줄을 잘못 선 경우가 대부분이다. 부패를 척결하고 방지하는 근본적인 대책은 미흡하다는 평가다. 기득권층 스스로 되돌아보면서 자성의 목소리를 내야 하지만, 지나친 기대다. 결국 시진핑 정부의 반부패 운동은 흐지부지될 가능성이 높다.

대대적인 반부패 사정에도 국가 청렴도는 여전히 흐림

시진핑 정부의 반부패 운동이 제대로 이뤄지지 않고 있다는 평가는 해외에서도 감지된다. 독일 베를린에 본부를 둔 국제투명성기구(TI)는 세계 180개 국을 대상으로 국가 청렴도를 조사한 '2017년 세계 부패 인식 지수(CPI)'를 발표했다. 시진핑 정부가 대대적으로 전개한 반부패 사정에도 불구하고 중국의 국가 청렴도는 세계 77위에 머물렀다. 순위가 지난해보다 2단계 올라섰지만 실망스런 결과다.

국제투명성기구는 "중국은 부패를 저지른 개인들을 처벌하는 것에서 더 나아가, 부패를 감시하고 이를 보도할 수 있는 언론과 시민운동이 제 목소리를 낼 수 있도록 해야 한다"고 평가했다.

중국은 국가 주석의 3연임을 금지한 헌법 조항을 개정했다. 일부 중국 지식인들은 "중국 정부의 반부패 사정이 시진핑 주석의 권력을 강화하고 그의 장기 집권을 위한 포석"일지 모른다는 의구심 섞인 눈으로 바라보고 있다. 시진핑이 반부패 사정을 수단으로 정적을 제거하는 게 아니냐는 것이다.

2017 세계 부패 인식 지수

시진핑 정부의 대대적인 반부패 사정에도 불구하고 중국의 국가 청렴도는 세계 77위에 머물렀다. 이에 대해 국제투명성기구는, "중국은 부패를 저지른 개인들을 처벌하는 것에서 더 나아가, 부패를 감시하고 이를 보도할 수 있는 언론과 시민운동이 제 목소리를 낼 수 있도록 해야 한다"고 평가했다.

8위 캐나다 82

16위 미국 75

SCORE

Highly Corrupt — Very Clean

0-9 10-19 20-29 30-39 40-49 50-59 60-69 70-79 80-89 90-100   No data

RANK	COUNTRY/TERRITORY	SCORE
1	New Zealand	89
2	Denmark	88
3	Finland	85
3	Norway	85
3	Switzerland	85
6	Singapore	84
6	Sweden	84
8	Canada	82
8	Luxembourg	82
8	Netherlands	82
8	United Kingdom	82
12	Germany	81
13	Australia	77
13	Hong Kong	77
13	Iceland	77
16	Austria	75
16	Belgium	75
16	United States	75
19	Ireland	74
20	Japan	73

RANK	COUNTRY/TERRITORY	SCORE
21	Estonia	71
21	United Arab Emirates	71
23	France	70
23	Uruguay	70
25	Barbados	68
26	Bhutan	67
26	Chile	67
28	Bahamas	65
29	Portugal	63
29	Qatar	63
29	Taiwan	63
32	Brunei Darussalam	62
32	Israel	62
34	Botswana	61
34	Slovenia	61
36	Poland	60
36	Seychelles	60
38	Costa Rica	59
38	Lithuania	59
40	Latvia	58

RANK	COUNTRY/TERRITORY	SCORE
40	Saint Vincent and the Grenadines	58
42	Cyprus	57
42	Czech Republic	57
42	Dominica	57
42	Spain	57
46	Georgia	56
46	Malta	56
48	Cabo Verde	55
48	Rwanda	55
48	Saint Lucia	55
51	Korea (South)	54
52	Grenada	52
53	Namibia	51
54	Italy	50
54	Mauritius	50
54	Slovakia	50
57	Croatia	49
57	Saudi Arabia	49
59	Greece	48
59	Jordan	48

RANK	COUNTRY/TERRITORY	SCORE
59	Romania	48
62	Cuba	47
62	Malaysia	47
64	Montenegro	46
64	Sao Tome and Principe	46
66	Hungary	45
66	Senegal	45
68	Belarus	44
68	Jamaica	44
68	Oman	44
71	Bulgaria	43
71	South Africa	43
71	Vanuatu	43
74	Burkina Faso	42
74	Lesotho	42
74	Tunisia	42
77	China	41
77	Serbia	41
77	Suriname	41
77	Trinidad and Tobago	41

		RANK	COUNTRY/TERRITORY	SCORE		RANK	COUNTRY/TERRITORY	SCORE		RANK	COUNTRY/TERRITORY	SCORE
40		96	Thailand	37		122	Azerbaijan	31		135	Russia	29
40		96	Zambia	37		122	Djibouti	31		143	Bangladesh	28
40		103	Bahrain	36		122	Kazakhstan	31		143	Guatemala	28
40		103	Côte D'Ivoire	36		122	Liberia	31		143	Kenya	28
39		103	Mongolia	36		122	Malawi	31		143	Lebanon	28
39		103	Tanzania	36		122	Mali	31		143	Mauritania	28
39		107	Armenia	35		122	Nepal	31		148	Comoros	27
39		107	Ethiopia	35		122	Moldova	31		148	Guinea	27
39		107	Macedonia	35		130	Gambia	30		148	Nigeria	27
39		107	Vietnam	35		130	Iran	30		151	Nicaragua	26
38		111	Philippines	34		130	Myanmar	30		151	Uganda	26
38		112	Algeria	33		130	Sierra Leone	30		153	Cameroon	25
38		112	Bolivia	33		130	Ukraine	30		153	Mozambique	25
38		112	El Salvador	33		135	Dominican Republic	29		155	Madagascar	24
38		112	Maldives	33		135	Honduras	29		156	Central African Republic	23
37		112	Niger	33		135	Kyrgyzstan	29		157	Burundi	22
37		117	Ecuador	32		135	Laos	29		157	Haiti	22
37		117	Egypt	32		135	Mexico	29		157	Uzbekistan	22
37		117	Gabon	32		135	Papua New Guinea	29		157	Zimbabwe	22
37		117	Pakistan	32		135	Paraguay	29		161	Cambodia	21
		117	Togo	32								

RANK	COUNTRY/TERRITORY	SCORE
161	Congo	21
161	Democratic Republic of Congo	21
161	Tajikistan	21
165	Chad	20
165	Eritrea	20
167	Angola	19
167	Turkmenistan	19
169	Iraq	18
169	Venezuela	18
171	Korea (North)	17
171	Equatorial Guinea	17
171	Guinea Bissau	17
171	Libya	17
175	Sudan	16
175	Yemen	16
177	Afghanistan	15
178	Syria	14
179	South Sudan	12
180	Somalia	9

'인민의 이름으로'란
이름의 허상

중국인들을 사로잡은 한 편의 드라마

2017년 중국에서 〈인민의 이름으로(人民的名義)〉라는 TV 드라마가 공전의 히트를 쳤다. 후난위성TV에서 3월 말부터 매일 2회씩 방영한 이 드라마는 시청률이 7%를 넘어서며 지난 10년 이래 최고 시청률을 경신했다. 종전 최고 기록은 2011년 한국인 배우 추자현이 중국에 진출해서 연기했던 후난위성TV의 〈회가적 유혹〉이었다. 이 드라마는 선풍적인 인기를 누렸지만 동시에 막장드라마라는 비판도 받았다. 이와 달리 〈인민의 이름으로〉는 높은 인기를 누리는 동시에 호평까지 받았다. 중국 문화 정보 사이트인 '도우반'에서도 8.3점의 높은 평점을 기록했다.

중국은 수많은 TV 채널이 있어서 시청률 1%를 넘는 프로그램이 드물다. 〈인민의 이름으로〉가 기록한 시청률 7%는 대단한 수치다. TV 시청률은 7%지만 동영상 사이트에서의 조회 수는 400억 회를 넘어섰다. 중장년층은 저녁마다 TV 앞에서 드라마를 시청하고 젊은 세대는 스마트폰으로 드라마를 보는 등 그야말로 수많은 중국인이 드라마 한 편에 푹 빠졌다.

인민이 아니라 인민폐(위안화)에 봉사하는 관료

〈인민의 이름으로〉는 도대체 어떤 드라마이기에 이렇게 선풍적인 인기를 누린 걸까? 이 드라마는 반부패를 다룬 정치드라마다. 중국 최고인민검찰원 산하의 반부패국이 비리 정치인과 기업인을 수사하는 내용을 다뤘다. 중국에서는 민감하기 때문에 다룬 적이 없는 주제다.

시진핑 주석은 2013년 취임 이후 반부패를 강조하면서 강력한 사정을 시행해왔다. 그동안 중국공산당의 핵심 관료층인 공산당 중앙위원회 위원 29명이 부패행위가 적발돼 낙마했다. 공산당 중앙위원회는 8000만이 넘는 공산당원 중에서 선발된 최고 엘리트 200여 명으로 구성된다. 중국 고위 관료 중 약 15%가 사정 정책으로 인해 퇴출된 것이다.

중국은 공산당 선전부가 엄격한 언론 검열을 시행하고 있지만, 미디어 형태에 따라 비대칭적인 검열 정책을 펼치고 있다. 신문과 방송 등 주

7%의 시청률 400억 회의 조회 수를 기록한 드라마 〈인민의 이름으로〉는 중국에선 흔치 않게
관료의 기업인의 부정부패를 다룬 수많은 중국인들의 호응을 얻었다

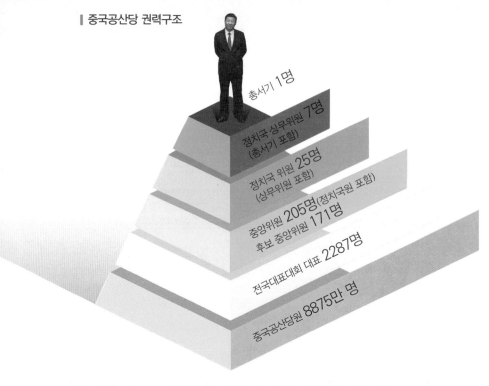

■ 중국공산당 권력구조

총서기 1명

정치국 상무위원 7명
(총서기 포함)

정치국 위원 25명
(상무위원 포함)

중앙위원 205명(정치국원 포함)
후보 중앙위원 171명

전국대표대회 대표 2287명

중국공산당원 8875만 명

시진핑 주석은 2013년 취임 이후 반부패를 강조하면서 강력한 사정을 시행해왔다. 그동안 중국공산당의 핵심 관료층인 공산당 중앙위원회 위원 29명이 부패행위가 적발돼 낙마했다. 공산당 중앙위원회는 8000만이 넘는 공산당원 중에서 선발된 최고 엘리트 200여 명으로 구성된다. 중국 고위 관료 중 약 15%가 사정으로 퇴출된 것이다.

요 언론은 모두 중국 정부가 소유하고 있다. 따라서 검열 기준도 상당히 높다. 이를테면, 중국 내 신문과 방송에서 공산당에 대한 비판과 풍자는 불가능한 일이다.

이런 관례를 〈인민의 이름으로〉가 처음으로 깨뜨렸다. 드라마에는 명대사가 넘친다. 반부패국 처장으로 출연하는 루이커의 대사를 보자. "빈부 격차 확대로 인한 박탈감, 권력이 견제를 받지 않는 데서 오는 불공정, 사회보장 부족으로 인한 불안감, 이러니 인민이 조급하지 않을 수 있겠는가?" 퇴직한 고위 검찰 관료 역할로 출연한 배우의 대사는 더 직설적이다. "관료들이 인민을 위해서 봉사하지 않고 모두 인민폐(위안화)를 위해서 봉사한다"며 중국 공무원들을 싸잡아 비판한다. 게다가 "이전에는 인민이 정부가 나쁜 일을 할 것이라고 믿지 않았지만, 지금은 정부가 좋은 일을 할 것이라고 믿지 않는다"고 일갈한다. 중국의 현실을 반영하고 인민의 무력함을 위로하는 명대사들이다.

〈인민의 이름으로〉는 중국의 시대정신을 반영하는 드라마다. 중국의 지방 고위 공무원들이 승진을 위해서 국내총생산(GDP)에 목매는 모습을 적나라하게 보여준다. 지금은 승진 평가 기준이 다소 바뀌었지만, 그동안 중국 고위 공무원들의 평가 기준은 GDP 수치가 절대적인 비중을 차지했다. 또한 정부가 무소불위의 권력을 행사하는 상황에서 관료와 기업인들이 이익공동체를 구축하고 서로 결탁하는 모습을 가감 없이 묘사했다.

중국에선 흔치 않은 소재

드라마의 큰 줄거리는 이렇다. 한 민영 기업가가 8000만 위안의 고리대금을 빌려 탄광에 투자했다가 모두 날리고 그 도시의 부시장과 결탁해 회사 지분을 담보로 6000만 위안의 브릿지론을 빌린다. 브릿지론은 말 그대로 일시적인 자금난에 빠질 경우 단기적으로 자금을 연결하는 다리(bridge)가 되는 대출(loan)을 뜻한다. 은행은 임시방편으로 대출을 해준 만큼 얼마 지나지 않아 회사로부터 자금을 회수해갔다. 결국 회사는 부도나고 지분 40%를 보유하고 있던 직원들은 공장을 점거하고 파업에 돌입한다. 이런 와중에 부패 사실이 알려진 부시장은 미국으로 도피하고 공장을 점거 중인 직원들과 공권력이 충돌해서 부상자가 발생한다. 그러는 와중에 부정부패를 수사하는 반부패국과 부패 공무원 및 기업인들 사이에서 벌어지는 권모술수가 흥미진진하게 전개된다.

반부패는 모든 중국인들의 관심사라 해도 지나치지 않는다. 실제로 중국인들은 반부패로 인해 자신들의 권익이 훼손된다고 여긴다. 드라마 한 편이 전 국민적 관심사를 적확하게 포착해낸 것이다. 시청률이 치솟을 수밖에 없는 이유다. 흥미로운 사실은, 〈인민의 이름으로〉는 중장년층을 넘어 20대 젊은 층에게까지 큰 호응을 얻었다. 정치와 시사 같은 심각한 주제보다는 사랑 얘기를 좋아할 법한 젊은 층까지 사로잡은 것이다. 중국 동영상 사이트인 요쿠에 따르면, 〈인민의 이름으로〉를 보는 네티즌 중 18~24세가 33%, 25~29세가 37%를 차지하는 등 젊은 세대 비중이 70%에 달했다.

〈인민의 이름으로〉는 중국의 방송 현실에서 쉽게 제작될 수 없는 소재다. 중국 드라마는 사극 아니면 시공간을 초월한 로맨스, 고부관계 등을 다룬 것들이 대부분이다. 중국 정부의 미디어 검열 및 제작자의 자기검열이라는 이중검열 구조로 인해 논란거리가 될 수 있는 소재는 기획 단계에서 아예 제외되기 일쑤다. 중국 드라마는 사전제작 시스템이기 때문에 드라마 제작 후 광전총국으로부터 방영 허가를 받지 못하면 투자금을 한 푼도 건지지 못한다. 〈인민의 이름으로〉는 이러한 위험 부담을 정면으로 돌파했기에 시청자들로부터 더욱 호평을 받은 것이다.

누구도 돌을 던질 수 없는 곳

2016년 한국에서는 거물 정치인과 재벌, 언론의 모략과 배신을 담은 영화 〈내부자들〉이 크게 흥행했다. 영화의 내용은 퍽 자극적이었지만 많은 사람들의 공감을 샀다. 하지만 같은 해 연말에 터진 '국정농단 사태'는 영화의 내용보다 훨씬 충격적이었다. 현실이 영화의 상상력을 뛰어넘는 상황이 벌어진 것이다.

중국도 마찬가지다. 현재 중국에서 벌어지는 부패는 드라마를 무색케 한다. 2017년 4월 중국 보험감독관리위원회 샹쿼보 주석이 부패문제로

| 해외 언론이 보도한 중국 최고위층 일가 재산 추정치

「블룸버그」와 「뉴욕타임스」 같은 해외 언론이 보도한 중국 최고위층 일가의 재산 추정치에 중국 당국은 강하게 부정했다. 하지만, 중국에서 고위 공직자의 재산공개가 제도화 되지 않을 경우 오히려 해외 유수 언론의 보도는 힘을 얻게 된다(아래 자료는 「조선일보」의 인포그래픽을 재구성함).

원자바오 전총리 일가
27억 달러(3조 원)
→ 핑안증권 주식 등

덩샤오핑 · 왕전 · 천윈 3대 가문
1조6000억 달러(1700조 원)
→ 비오리그룹(부동산 회사),
중신그룹(금융 회사), 국영기업 자산 등

시진핑 주석 일가
4억3100만 달러(4600억 원)
→ 부동산, 희토류(자원) 관련
기입 주식 등

낙마했다. 해외로 도피한 중국 재벌은 중국 사정 책임자였던 왕치산 전 중앙기율검사위원회 서기의 비리연루설을 주장하고 있다.

〈인민의 이름으로〉가 중국인들로부터 열렬한 호응을 얻었지만 한계 역시 분명하다. 이 드라마는 중국 정부의 반부패 사정 정책을 적극 옹호하기 위한 수준에 그쳤다. 관료의 부패가 발생하는 근본 원인, 즉 비대한 정부 권력과 이에 대한 감시와 견제의 공백에 대해서는 일언반구도 언급하지 않는다. 그런 내용을 담았으면 아마 검열을 통과하지 못했을 것이다.

차일피일 미뤄지고 있는 공직자 재산공개 제도에 대해서도 중국의 메이저 언론들은 소극적이다. 공직자 재산공개는 중국의 뜨거운 감자다. 이 제도가 시행되면 뇌물수수 등 불법행위가 드러나는 공직자 수는 상상을 초월할 것이다.

"죄 없는 사람이 먼저 돌을 던져라"고 한다면 누구도 돌을 던질 수 없는 상황! 바로 중국의 현실이다.

CHINA
POWERNOMICS
21

공화국의 황제들

양회의 주인공

2017년 10월 열렸던 중국 19차 당 대회에 전 세계가 주목했다. 온갖 억측이 난무했던 19차 당 대회를 한마디로 정리하면 시진핑 주석의 권력 강화다. 폐막 다음날인 10월 25일, 베이징 유력 일간지인 「신경보(新京報)」는 1면을 시진핑 주석을 클로즈업한 사진으로 가득 채웠다. 10월 25일 11시 50분에 개최된 정치국 상무위원회 내외신 기자회견에서도 주인공은 단연 시진핑 주석이었다. 앞장선 시진핑 주석만 손을 흔들며 입장하고 뒤를 따른 리커창 총리 등 다른 상무위원은 가볍게 박수를 치면서 입장했다. 시진핑 주석은 "신사숙녀 여러분, 동지·친구 여러분 안녕하십니까?"라는 인사말로 서두를 연 뒤 다른 6인의 정치국 상무위원을 한 명씩 소개했다.

리커창 총리가 제일 먼저 소개됐고 새로 상무위원회에 진입한 리잔수 중앙판공청 주임, 왕양 부총리, 왕후닝 중앙정책연구실 주임, 자오러지 당 중앙조직부장, 한정 상하이시 서기가 순서대로 소개됐다. 가장 큰 관심을 받았던 차기 후계자는 상무위원회에 포함되지 않았다. 유력 주자였던 후춘화 광둥성 서기와 천민얼 충칭시 서기는 25명의 정치국원에만 이름을 올렸다. 19차 당 대회에서는 '시진핑 신시대 중국 특색 사회주의 사상'이 당장(黨章, '당헌'에 해당)에 포함됐다. 이로써 중국공산당 당장에 포함된 행동 지침은 '마르크스레닌주의' '마오쩌둥 사상' '덩샤오핑 이론' '3개 대표론' '과학발전관'과 '시진핑 신시대 중국 특색 사회주의 사상' 등 모두 여섯 가지가 됐다. 시진핑 주석과 달리 과거 장쩌민 전 주석과 후진타오 전 주석은 자신의 이름이 포함되지 않은 '3개 대표론'과 '과학발전관'을 당장에 포함시키는데 그쳤었다.

양회(兩會)는 중국에서 3월에 연례행사로 거행되는 전국인민대표대회(全國人民代表大會)와 전국인민정치협상회의(全國人民政治協商會議)를 말한다. 양회를 통하여 중국 정부의 운영 방침이 정해지기 때문에 중국 뿐 아니라 전 세계로부터 주목을 받는다.

후진타오는 전문경영인, 시진핑은 오너경영인

시진핑 주석은 전임 주석인 후진타오와 확연한 차이가 난다. 공산주의 청년단 출신인 후진타오 주석은 전문경영인처럼 안정을 중시하며 튀는 행동을 하지 않았다. 반면, '홍얼다이(혁명 원로 2세대)'인 시진핑 주석은 오너경영인처럼 거침없이 자신의 영향력을 확대하고 있다. 2인자 리커창 총리는 시진핑 주석의 그늘에 묻혀 존재감이 미미하다. 후진타오 주석 시절 내치를 담당하며 민심을 다독이던 원자바오 총리 같은 존재감이 없다. 2018년 3월, 영국 「파이낸셜 타임즈」는 시진핑 주석 집권 전까지 주석과 총리가 이사회 의장과 CEO 같은 역할 분담을 해왔지만 지금은 리커창 총리의 역할이 기껏해야 COO(Chief Operating Officer), 즉 최고 운영 책임자 정도로 축소됐다는 분석을 내놨다.

상무위원회 구성도 시진핑 주석의 독주 체제를 뒷받침한다. 상무위원 대다수가 시진핑 주석의 측근이다. 특히 왕후닝 중앙정책연구실 주임과 리잔수 중앙판공청 주임은 시진핑 주석을 그림자처럼 보필하는 '시자쥔(習家軍)'의 핵심 인물이다. 이들은 해외 순방 때도 항상 시진핑 주석을 수행하고 있으며, 2017년 7월 베를린에서 개최된 한·중 정상회담 때도 각각 시 주석의 오른쪽과 왼쪽에 앉았다. 왕치산 대신 중앙기율검사위 서기를 맡을 것으로 예상되는 자오러지 조직부장도 시진핑계다. 한정 상하이 당서기는 상하이방으로 분류되지만, 시진핑이 상하이 당서기를 지낼 때 상하이 시장으로 지낸 인연이 있다. 리커창 총리와 왕양 부총리가 공청단파로 분류되지만, 왕양 역시 시진핑 총리에게 충성을 다짐했다. 한때 국가 주석직을 놓고 겨뤘던 리커창 총리만이 시진핑 주석과 수직적인 관계가 아니다. 그래서일까? 리커창 총리는 시진핑 주석에게 선택받지 못한 사람으로 분류된다.

장기 집권을 위해 헌법까지 바꾼 시진핑

2017년 10월 19차 당 대회는 시진핑 주석에게는 절반의 성공을 의미했다. 후계자를 지정하지 않고 '시진핑 사상'을 당장에 삽입하면서 1인 체제를 공고히 하는 데 성공했다. 하지만 당 주석제 부활과 '칠상팔하(七上八下, 67세는 유임하고 68세 이상은 은퇴한다)' 폐기에는 실패했다. 20차 당 대회가 열리는 2022년에는 시진핑 주석도 69세로 연령 제한에 걸리고 만다. 특히 상무위원회 결정에 거부권을 행사할 수 있는 당 주석제가 부활되지 않은 점은 시사하는 바가 크다. 당 주석제가 도입되면 집단 지도 체제가 붕괴되고 시진핑 주석은 명실상부한 절대 권력자가 된다. 시진핑 주석은 19차 당 대회에서 권력을 견고히 했지만, 집단 지도 체제가 와해되는 것을 원치 않는 세력이 만만치 않음을 확인했다.

하지만, 2018년 양회를 앞두고 시진핑 주석이 또 다른 강공을 날렸다. 덩샤오핑이 1인 권력 집중을 막기 위해 추가한 '국가주석과 부주석 임기 2연임(10년) 초과 금지' 조항을 삭제하고 '시진핑 신시대 중국 특색 사회주의 사상'을 헌법에 삽입하는 개헌을 추진한 것이다. 개헌안은 99.8%의 압도적인 찬성률로 통과됐다. 중국의 정치판이 크게 요동쳤다.

중국 언론에서 시진핑 주석을 지칭할 때 항상 중국공산당 중앙위원회 총서

왕양(63)	왕후닝(63)	자오러지(61)	한정(64)
부총리	중앙정책연구실 주임	중앙조직부장	상하이 당서기
정협주석	중앙서기처 서기	중앙기율검사위 서기	상무부총리
공청단파	시진핑계	시진핑계	상하이방
중국과기대 석사	푸단대 국제정치학 석사	베이징대 철학과	화둥사범대 경제학 석사

기, 국가주석, 중국공산당 중앙군사위원회 주석으로 표현한다. 중국은 '당국가(黨國家)' 체제다. 즉, 중국공산당이 국가를 운영한다. 그래서 중국공산당 중앙위원회 총서기가 국가주석보다 중요한 직책이다. 실제로 덩샤오핑은 중국공산당과 중앙군사위원회 주석직만 맡으며 막후에서 중국의 1인자 역할을 했다. 시진핑 주석은 임기 제한이 없는 총서기와 군사위 주석에 맞춰, 국가주석도 임기 제한을 없앰으로써 장기 집권 의사를 공개적으로 선포했다. 게다가 시 주석의 오른팔인 왕치산 전 중앙기율검사위원회 서기가 국가부주석으로 화려하게 복귀했다. 시 주석의 경제 브레인 류허는 경제 담당 부총리로 선출됐다. 이 추세대로라면 시 주석의 권력 독주 체제가 더욱 막

시진핑 주석은 무소불위의 권력을 휘두르며 헌법까지 바꿔 장기 집권을 가능케 했다.

강해지면서 리커창 총리는 명목상의 총리로만 남을 가능성이 크다.

시진핑의 경제 정책에 힘이 실린다

시진핑 주석의 장기 집권이 가시화 되면서 그가 추진해온 대규모 경제 정책들이 좀 더 힘을 받을 전망이다. 시진핑 2기의 경제 정책은 기간별 로는 크게 3단계로 나눌 수 있다. 우선, 공산당 창립 100주년인 2021년 까지 전면적인 샤오캉(小康, 중산층) 사회를 건설하고 2035년까지 사회주 의 현대화를 기본적으로 실현한 후, 2050년까지 사회주의 현대화 강국 을 건설한다는 웅대한 목표다. 중국은 건국 100주년인 2049년 무렵까 지 반드시 중국의 대국 굴기를 완성시키려는 데 국운을 걸고 있다. 특히

10대 중점 산업

中华人民共和国万岁   世界人民大团结万岁

산업	세부 사업 분야
차세대 정보기술 산업	반도체, 5세대 이동통신, 스마트폰, OS 및 산업용 SW
고정밀 선반 및 로봇	고정밀 선반, 로봇
항공우주 장비	항공우주 장비
해양 공정 장비 및 하이테크 선박	심해 탐사 장비, 해상 플랫폼
선진 궤도교통 장비	에너지 절약형 스마트 전동차
에너지 절약 및 신에너지 자동차	전기 자동차, 연료전지 자동차
전력 설비	고성능 화력 · 수력 · 원자력 발전 설비
농기계	선진농 기계 · 장비
신소재	고분자 신소재, 나노소재
바이오 및 고성능 의료기기	바이오 의약품, 의료용 로봇

자료 : 중국제조 2025

2035년까지 경제력과 과학기술을 비약적으로 발전시켜 혁신국가의 반열에 오르는 것이 목표다.

이 목표를 달성하기 위한 가장 중요한 정책이 '중국제조 2025'다. 2015년 중국이 발표한 '중국제조 2025'는 13차5개년 규획(2016~2020)의 핵심 산업 정책으로서 중국이 제조업 강국으로 나아가기 위한 청사진을 담고 있다. 독일의 '인더스트리 4.0'을 참조해서 만든 '중국제조 2025'는 2025년까지 독일과 일본 수준으로 중국의 제조업 수준을 업그레이드 시키는 것이 목표다. 이 책 2장에서 다뤘던 중국의 추격 분야, 즉 스마트폰, 반도체, LCD, 로봇, 자동차 등이 '중국제조 2025'의 10대 중점 산업에 속해 있다. 앞으로 중국기업이 한국기업의 가장 강력한 경쟁자가 될 수밖에 없다는 얘기다. 결국 시진핑 주석의 장기 집권이 한국 산업 전반에 직접적인 영향을 미치는 것이다.

시진핑 주석이 포함된 『세 명의 황제들』 책이 출간될 수 있을까?

적어도 지금까지는 시진핑 주석의 장기 집권은 장밋빛 미래로 가득 찬 것처럼 보인다. 하지만, 시진핑 주석의 개헌으로 중국이 역사적으로 진보하지 못하고 퇴보하는 것도 간과할 수 없는 사실이다.

중국 현대사를 잠깐 들여다보자. 미국 언론인 해리슨 E. 솔즈베리는 『새로운 황제들』이라는 책에서 마오쩌둥과 덩샤오핑을 황제에 비유했다. 솔즈베리는, 중국의 긴 역사에서 황제라는 칭호를 가졌던 사람은 수백 명에 이르지만, 그 가운데서도 마오쩌둥과 덩샤오핑의 존재감만큼 강렬했던 인물은 찾기 어렵다고 했다. 마오쩌둥은 농촌에서 도시를 포위하는 전략으로 1949년 천안문에서 신중국 창건을 선언했고, 그의 옆에는 덩샤오핑이 있었다. 마오쩌둥 없이는 오늘날의 신중국을 생각할 수 없다. 하지만 국가 창건과 운영은 별개의 문제다. 정확하게 말하면 신중국 설립까지가 마오쩌둥의 공적이었다. 신중국 설립 이후 마오쩌둥은 과오만 저지른 '나쁜 황제(Bad Emperor)'로 전락했다.

세계적 석학이자 『역사의 종언』을 쓴 프랜시스 후쿠야마 스탠퍼드대학교 교수는 중국이 겪은 문제를 '나쁜 황제 문제(Bad Emperor Problem)'로 표현했다. 권력에 대한 견제 장치가 적은, 수준 높은 중앙집권 정부는 좋은 지도자가 이끌면 훌륭한 성과를 낼 수 있다. 연정을 형성하거나 사회적 합의를 기다릴 필요가 없기 때문에 주요 의사결정을 신속히 내릴 수도 있다. 또한 법률적인 문제로부터의 도전에 직면할 필요도 없고 포퓰리스트로부터의 압력에서도 자유롭다.

하지만 나쁜 황제(Bad Emperor)를 만난다면? 무제한의 권력이 선하고 현명한 지도자 손에 쥐어진다면 금상첨화(錦上添花)겠지만, 좋은 황제가

마오쩌둥 없이는 오늘날의 신중국을 생각할 수 없다. 하지만 국가 창건과 운영은 별개의 문제다. 정확하게 말하면 신중국 설립까지가 마오쩌둥의 공적이었다. 신중국 설립 이후 마오쩌둥은 과오만 저지른 '나쁜 황제(Bad Emperor)'로 전락했다.

쭉 계승한다는 보장이 없다. 후쿠야마 교수는 가장 최근의 나쁜 황제로 마오쩌둥을 꼽았다. 1976년 사망하기 전까지 마오쩌둥은 무소불위의 권력을 휘두르며 대약진과 문화대혁명을 일으켰고 중국인들에게 큰 고통을 안겼다. 마오쩌둥 사후 그에 대한 비난이 격화되자 덩샤오핑은 "마오쩌둥의 공이 칠이라면 과오는 삼"이라는 '공칠과삼(功七過三)론'을 내세우며 갈등을 봉합했다.

마오쩌둥 같은 나쁜 황제가 다시 출현하는 것을 방지하기 위해 덩샤오핑이 고안한 시스템이 바로 집단 지도 체제다. 9명의 정치국 상무위원이 합의 시스템으로 국정을 운영하고 국가주석과 총리의 임기는 10년으로 제한했다. 또한 68세가 넘으면 상무위원이 될 수 없다. 모두 또 다른 마오쩌둥의 출현을 막기 위한 제도다. 이번 개헌으로 삭제된 조항이 바로 5년씩 2번만 연임 가능하도록 한 임기 제한 규정이다.

지금은 시진핑 주석의 거침없는 권력이 탄탄대로인 것처럼 보인다. 하지만, 시진핑 주석이 마오쩌둥이나 덩샤오핑과 같은 반열에 오를 수 있을지는 미지수다. 나쁜 황제라는 오명에 시달리긴 하지만 마오쩌둥은 어쨌든 '개국황제'다. 덩샤오핑은 1842년 아편전쟁 후 140년 가까이 내리막길만 걷던 중국을 다시 강대하게 만든 '개혁황제'다. 중국이 초강대국으로 성장했지만, 성장의 기반을 닦은 건 장쩌민과 후진타오 같은 전임 지도자들이다. 지금까지 시진핑 주석은 중국의 고속 성장 과정에서 발생한 사회적 부패를 제거하면서 자신의 세력을 심는 데 주력했다.

10년 혹은 20년이 흐른 뒤 시진핑 주석이 포함된 『세 명의 황제들』이라는 책이 출판될 수 있을까? 만약 시진핑 주석이 야심차게 내세운 경제정책들을 모두 실현한다면 불가능한 일도 아니다. 그의 장기 집권을 정당화시킬 수 있는 열쇠는 결국 '경제'인 것이다.

CHINA
POWERNOMICS
22

중국의 부동산 거품은 언제 꺼질까?

중국 대도시에도 부동산 '불패신화'가!

서울 '강남'하면 가장 먼저 뭐가 떠오를까? 혹시 '부동산' 아닐까? 한국
에서 강남이란 지역이 부의 아이콘이 된 것은 부동산 덕이다. 중국에도
서울의 강남 못지않게 부동산 불패신화를 써내려가고 있는 곳들이 대
도시마다 생겨나고 있다. '사회주의 국가가 이래도 되는 걸까?'하고 의
아해 할 수도 있겠지만, 아무튼 그렇다.

2017년에 부동산 가격이 다소 주춤하긴 했지만, 중국의 부동산 불패신
화는 여전하다. 중국은 사회주의 체제이기 때문에 정부에서 주택을 실
물로 분배하다가 1998년부터 주택의 상품화가 이뤄졌다. 즉, 아파트가
부동산 시장에서 거래되기 시작한 것이다.

불과 20년 전만 해도 중국의 아파트들은 매우 낙후됐었다. 베이징 같
은 대도시라 하더라도 다르지 않았다. 필자가 1998년 12월 베이징에 처
음 어학연수를 갔을 때 알게 된 유학생 중 일부는 학교 기숙사 대신 '둥
왕장'이라는 인근 아파트를 임대해서 거주했다. 1990년대 중반에 지어

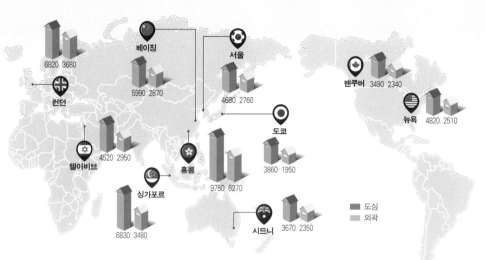

│ 세계 주요 도시 주택 시세 비교　　　(단위: 3.3㎡당 만 원, 2018년 2월 기준)

베이징 6820 3680
런던
서울 5990 2870
뱅쿠버 3490 2340
텔아비브 4680 2760
도쿄
싱가포르 4520 2950
홍콩 9750 6270
뉴욕 4820 2510
시드니 3670 2350
3860 1950
6830 3480

■ 도심
■ 외곽

자료: '넘베오'에서 발표한 것을 「매경이코노미」에서 재인용함

글로벌 도시 통계 정보 제공 사이트 '넘베오'에 따르면 베이징 도심의 주택 시세가 서울과 도쿄는
물론 뉴욕보다도 높은 것으로 나타났다.

진 6층짜리 아파트였는데 누추하기 이를 데 없었다. 그런데, 그로부터
20년이 지난 지금 이 아파트의 시세는 어떨까?

크기가 79㎡(24평형)인 아파트 가격이 한화로 11억 원이 넘는다. 정확한
데이터는 없지만 20년 동안 30~40배 넘게 올랐을 것이다. 누구도 생각
지 못한 결과다. 중국의 부동산 가격 급등은 대도시에 주택을 보유한 수
많은 중국인들을 중산층 내지는 자산가로 만들었다.

베이징 아파트 평균 시세가 서울보다 비싸

중국인들은 흔히 베이징 아파트 가격을 14억 중국 인구가 지탱하고 있
나고 말한다. 베이징으로 이사 와서 살고 싶어 하는 잠재 유입인구가 워

낙 많아서 가격이 오를 수밖에 없다는 논리다. 실제로 베이징의 아파트 가격은 그동안 오르기만 하다가 2017년에야 조정받기 시작했다. 그래도 여전히 비싸다. 2017년 말 기준, 베이징 아파트 3.3㎡당 평균 매매가격은 약 18만 위안에 달한다. 우리 돈으로 약 3000만 원, 서울의 아파트 3.3㎡당 평균 매매가격인 약 2200만 원을 훌쩍 뛰어넘는다.

아파트 가격이 이렇게까지 급등하다 보니 중국의 중산층은 자산을 형성하는 데 있어서 부동산 투자의 영향을 크게 받게 됐다. 베이징·상하이·선전 등 1선도시에 거주하고 있는 사람들은 아파트 1채만 소유하고 있어도 한화로 10억 원대 자산가가 되는 것이다. 부동산 투자에 조금이라도 관심을 가진 사람들은 손쉽게 20억 원대 이상의 자산가가 됐다.

이와 달리 지방 농어촌 지역의 주택 가격은 여전히 낮다. 대도시의 부동산 가격이 급등하면서 출신 지역에 따라 중국인들의 자산 규모도 큰 격차가 발생했다. 운 좋게 대도시에 태어난 중국인들은 청소부를 해도 부

┃ **중국 아파트 가격 추이** (㎡당 아파트 매매 가격 기준, 단위: 위안)

자료: 중국지수연구원

자가 된 경우가 많다.

실례를 들어보자. 2013년 필자가 베이징에서 몇 달간 같이 지낸 중국인 부부 이야기다. 남편은 직장이 없었고 아내는 인민대학교에서 청소노동 자로 일하고 있었는데, 대학교와 유학생이 밀집한 우다코우에 방 2개짜 리 허름한 아파트를 소유하고 있었다. 부부는 월세 수입을 얻기 위해 부엌을 개조해서 작은방을 하나 더 만든 다음 방 2개를 유학생들에게 빌려주고 자신들은 남은 방에 거주했다. 이들 부부의 유일한 기쁨은 미국의 대학에서 도자기를 공부하는 딸과 화상통화를 하는 것이다. 여자 혼자 청소해서 돈을 벌면서 얼마 안 되는 수입으로 딸의 유학비용을 대고 있는 부부. 여기까지만 보면 삶이 힘들다. 하지만 그들의 자산을 알고 나면 그들의 처지가 달리 보인다. 그들이 소유한 $79m^2$(24평형) 면적의 아파트 실거래가가 500만 위안이 넘는다. 우리 돈으로는 약 8억5000만 원이다. 베이징의 평범한 40대 후반 부부는 거의 아무런 대가 없이 한화로 8억 원이 넘는 자산을 소유하게 된 것이다. 이 아파트는 1998년 주택 제도 개혁이 이루어지기 전에 정부로부터 거의 공짜와 다름없는 가격으로 분배 받은 것이다. 대도시에 사는 중산층들이 중국공산당을 왜 그토록 지지하는 지 수긍이 가는 대목이다.

거품이 두렵다고 집을 사지 않으면 손해

중국에서 고정자산투자 증가세가 둔화되고 신용팽창 규모가 감소하는 와중에도 부동산 가격은 최근까지 폭등세를 지속했다. 이에 대해 2000년대 들어 중국의 시중 유동성이 급증하면서 자산 가격의 인플레이션이 발생했다는 분석이 있다. 중국 광의통화(M2)는 2000년부터

2015년까지 약 10배 늘었다. 중국은 자본계정을 개방하지 않았기 때문에 막대한 유동성이 해외 자산에 투자할 수 있는 길이 제한적이다. 결국 부동산 아니면 주식 시장인데, 대부분의 자금이 안정적인 부동산 시장으로 쏠렸다.

부동산이 폭등할 때, 중국 신문을 보면 '디왕(地王, 가장 비싼 아파트 건설부지)', '위장 이혼', '밤샘 줄서기' 등의 문구가 자주 눈에 띈다. 아파트 가격이 폭등하면서 아파트 건설부지 가격은 천정부지로 치솟고, 중국인들은 정부의 대출 규제를 피하기 위해서 위장 이혼, 아파트 분양을 받기 위해서 밤샘 줄서기도 예사로 여겼다. 한국의 모습과 꼭 닮았다.

▌세계 주요 도시 최근 5년간 부동산 가격 상승률

(%)	선전	상하이	샌프란시스코	런던	로스앤젤레스	베이징	홍콩	보스턴	시카고	도쿄	뉴욕
	205%	94%	72%	61%	49%	41%	32%	25%	19%	14%	11%

자료: 블룸버그

2016년 블룸버그에서 발표한 지난 5년 간 세계 주요 도시 부동산 가격 상승률을 보면 중국 선전의 부동산 가격 상승률이 200%를 넘어선 것으로 나타났다.

사실 중국 부동산 거품은 꽤 오래 전부터 제기된 문제다. 2010년대 초반부터 부동산 거품이 곧 터질 것이라고 주장한 경제학자들이 여럿 있었다. 하지만, 그들의 말을 듣고 부동산을 매도한 사람들은 큰 손실을 입었다. 2015년 선전 부동산 가격이 폭등하기 시작하면서 60% 이상 가격이 급등했고 연이어 상하이와 베이징 부동산 가격도 30~40% 넘게 상승했다.

상황이 이러하니 부동산 거품이 꺼질 것을 걱정하는 중국 자산가들이 적지 않다. 지금 당장은 아니겠지만 부동산 거품이 언젠가는 꺼질 거라고 불안해하는 것이다. 부동산 가격이 20년 동안 줄곧 올랐으니 불안해하는 것도 당연하다. 그럼에도 불구하고 적극적으로 부동산을 처분하겠다고 나서는 중국인들은 많지 않다. 조금만 더 시세차익을 누리다 팔겠다는 심리가 여전히 똬리를 틀고 있는 것이다.

지역마다 부동산 편차 갈수록 커져

중국처럼 땅덩이가 큰 나라는 부동산 거품 크기도 도시마다 제각각이다. 베이징 · 상하이 · 선전 등 1선도시는 부동산 가격이 천정부지로 치솟았고, 우시 · 허페이 · 난징 · 샤먼 등 일부 2선도시 부동산값도 급등했다. 실제로 후룬연구원이 발표한 '2017년 후룬 글로벌 주택가격지수'를 보면, 우시는 18.2%의 주택 가격 상승폭으로 세계에서 두 번째로 주택 시세가 많이 오른 도시로 선정됐다. 중국은 2017년 전 세계에서 주택 가격 상승이 가장 빠른 나라로 꼽혔는데 '상승폭 톱 10 도시' 중 무려 7곳이 중국 2선도시다. 중국의 주택 시장이 1선도시에서 2선도시로 확장되고 있음을 알 수 있다.

▌ 중국 주요 도시 거주민 월수입 대비

아파트 가격 비율 (2017년 기준)

순위	도시	아파트가격 (위안/m²)(A)	평균 월수입 (위안)(B)	월수입 대비 아파트 가격 비율(A/B)
1	베이징	67951	9942	6.83
2	샤먼	44235	7452	5.94
3	선전	46879	8892	5.27
4	상하이	48384	9802	4.94
5	톈진	26687	6733	3.96
6	난징	26127	7342	3.56
7	광저우	26453	7996	3.31
8	푸저우	21979	7073	3.11
9	항저우	22934	7608	3.01
10	스좌장	15561	6413	2.43
11	우한	15716	6769	2.32
12	칭다오	15405	6651	2.32
13	지난	14800	6487	2.28
14	허페이	14495	6684	2.17
15	수저우	15728	7548	2.08
16	정저우	13574	6692	2.03
17	닝보	13259	7680	1.73
18	둥관	12242	7862	1.56
19	다롄	10263	6631	1.55
20	난창	9824	6669	1.47

자료: 중상산업연구원

하지만, 내륙의 3, 4선 도시는 상황이 크게 다르다. 1, 2선 도시와의 시세 차이가 갈수록 벌어지고 있다. 심지어 3, 4선 도시에는 텅 빈 아파트가 부지기수다. 지난 10여 년 간 베이징·상하이·선전의 아파트 가격이 해마다 15~20% 상승하는 사이 3선도시는 연 상승률이 10%에도 미치지 못하면서 격차가 날이 갈수록 커졌다.

중국 부동산 가격이 지역별로 얼마나 차이가 나는지 중상산업연구원에서 발표한 중국 주요 도시에 거주하는 시민들의 월수입 대비 아파트 가격 비율을 살펴보자. 베이징은 월수입 대비 아파트 가격 비율이 6.8이다. 일곱 달 월급을 모아야 $1m^2$를 살 수 있다는 얘기다. $84m^2$형 아파트를 사기 위해서는 571개월, 약 48년이 걸린다. 월급을 한 푼도 안 쓰고 48년을 모아야 아파트 1채를 살 수 있는 것이다. 이런 통계치는 한국에서 자주 접해온 것인데, 이제 중국에도 등장했다.

반면, 난창은 월수입 대비 아파트 가격 비율이 1.5이며 10년이면 똑 같은 크기의 아파트를 살 수 있다. 아파트 가격이 훨씬 싼 반면 월수입은 크게 차이나지 않기 때문이다.

중국공산당도 어쩌지 못하는 부동산 시장

부동산이 중국 실물경제에 미치는 영향이 커지면서 부동산 거품에 대한 경계심도 증폭되고 있다. 경제성장률이 6%대로 떨어진 상황에서 시중 유동성이 실물경제로 유입되지 않고 부동산으로 쏠리면서 거품이 커진 것이다. 특히 2015년에만 인민은행이 다섯 차례 기준금리를 내리면서 급증한 유동성이 거품을 부추겼다. 관망해왔던 구매자들도 더 이상 버티지 못하고 앞 다퉈 부동산 매입에 나섰다.

부동산 가격이 급등을 지속하자 2016년 하반기부터 중국 정부는 강력한 부동산 규제 정책을 내놓기 시작했고 부분적인 성과도 거두고 있다. 특히 시진핑 주석까지 "집은 거주하기 위한 것이지 투기하기 위한 것이 아니다"라며 부동산 투기를 강하게 경고하고 나섰다. 중국이 과도한 부채 비율을 낮추기 위해 디레버리징을 추진하는 것도 부동산 시장에는 부정적인 요소다.

하지만, 부동산 거품을 하루아침에 잠재울 수는 없다. 성장세가 둔화된 중국 경제에 치명적인 영향을 미칠 수 있기 때문이다.

20년 가까이 이어져 온 중국의 부동산 불패신화는 언제까지 이어질까? 건설부지 공급, 잠재 유입 인구, 향후 부동산 가격에 대한 기대, 시중 유동성 추이 등 공급과 수요의 여러 가지 요소가 복합적으로 작용하기 때문에 섣불리 예단할 수 없다. 거품이 꺼지는 시기가 머지않았다는 경고음은 여기저기서 제기되고 있지만 그 시기를 정확하게 집어내는 것은 쉽지 않다. 중국 내에서 전지전능한 중국공산당이 할 수 없는 일이 단 하나 있다면, 어쩌면 그것은 미래 부동산 시장을 진단하는 것인지도 모르겠다.

CHINA
POWERNOMICS
23

'중산층 대국'의 명암

전 세계 중산층의 6분의 1을 거느린 나라

중국에서 중산층이 화두다. 2016년 말 중국의 한 언론이 연소득 12만 위안 이상을 고소득층으로 분류해 이들의 소득세율을 올릴 것이라는 뉴스를 보도하면서 중산층 논쟁에 불을 지폈다. 연소득 12만 위안은 한화로 2000만 원 정도의 금액인데, 이는 중국의 평범한 서민들에 걸 맞는 연소득이어서 결국 중산층의 소득세율을 올리는 게 아니냐는 논란이 일었던 것이다. 중국 재정부와 세무총국은 즉각 부정했지만 중산층에 대한 논란이 쉽게 사그라들지 않고 있다.

중국은 국토 면적이 넓고 인구가 많기 때문에 중산층 기준도 광범위하다. 영국의 경제주간지 「이코노미스트」 산하 경제 분석 기관인 '이코노미스트 인텔리전스 유닛(EIU)'은 중국 중산층 기준을 연 소득 1만 1500달러(약 1200만 원)~4만3000달러(약 4600만 원) 구간으로 산정한 바 있다. 이 기준에 따르면, 2016년 기준 중국 중산층은 2억2500만 명이다. 하지만 EIU는 중국만을 대상으로 통계를 산출한 자료이므로 다른 나라

217

와 비교가 쉽지 않다. 크레디스위스은행이 발표한 '세계 부(富) 보고서 2015'에서는 전 세계 중산층 순위를 발표했는데, 소유 자산을 기준으로 중산층 분포를 산출했다.

크레디스위스은행은 5만~50만 달러 자산을 소유한 성인 인구를 중산층으로 봤다. 2015년 기준 세계 중산층 인구는 약 6억6500만 명인데, 국가별 중산층 분포에서는 중국(1억876만 명)이 미국(9185만 명)을 제치고 1위를 차지했다. 중국이 미국에 비해 4배 가까이 인구가 많기 때문에 단순 비교하는 것은 무리가 있지만, 아무튼 전 세계 중산층 중 6분의 1이 중국에 분포해 있는 것이다.

▌세계 중산층 지도

(단위: 만 명)

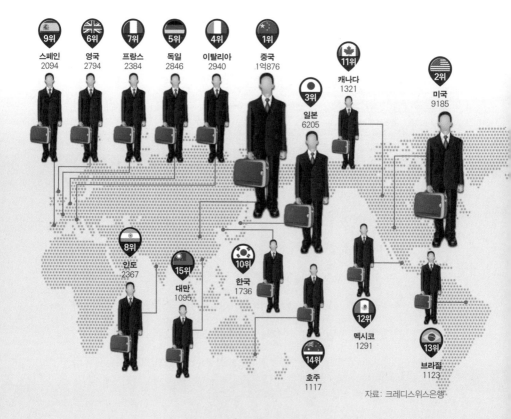

순위	국가	인구
9위	스페인	2094
6위	영국	2794
7위	프랑스	2384
5위	독일	2846
4위	이탈리아	2940
1위	중국	1억876
11위	캐나다	1321
3위	일본	6205
2위	미국	9185
8위	인도	2367
15위	대만	1095
10위	한국	1736
12위	멕시코	1291
14위	호주	1117
13위	브라질	1123

자료: 크레디스위스은행

중국 자체 중산층 기준도 살펴보자. 중국 최대 취업 포털 사이트인 자오 핀닷컴은 '2017년 중국 중산층 조사 보고'에서 연 소득 10만~50만 위안(약 1700만 원~8500만 원)을 중산층으로 정의했다. 이 기준을 20만 위안(약 3400만 원) 이상으로 좁혀 보자. 중국은 지역에 따라 물가 수준의 차이가 크지만, 중국에서 한화 3400만 원이면 한국에서 최소 5000만~6000만 원의 가치가 있다고 볼 수 있다.

세계적으로 통일된 중산층 기준은 없다. 경제협력개발기구(OECD)의 경우 소득의 중간값(중위소득)의 50~150%의 소득 계층을 중산층으로 보고 있다. OECD는 중위소득의 50% 미만을 빈곤층, 150% 이상을 고소득층으로 분류하고 있다.

이름만 중산층?

미국에서 중산층이라면 흔히 정원이 있는 2층짜리 단독주택에서 아이들이 놀고 있고 그 사이로 SUV가 부드럽게 주차하는 장면이 연상될 것이다. 하지만 중국 중산층의 모습은 다르다. 예를 들어보자.

리창은 안휘에서 대학을 나왔고 지금은 베이징에 있는 민영 기업에서 일하고 있다. 2009년 돈을 빌려서 베이징 교외 지역에 아파트를 구매했는데, 지금은 부모님이 거주하고 있다. 리창은 여섯 살 난 아들의 교육을 위해 베이징 중심 지역에서 월세로 살고 있다. 리창 부부의 월수입은 1만4000위안, 여기에 연말 보너스 5만 위안 정도를 합하면 1년에 20만 위안(약 3400만 원) 이상 번다.

리창 부부는 현재 살고 있는 곳 인근에 있는 아파트를 사고 싶지만 학군이 좋은 곳이라 가격이 비싸다. 전용면적 $50m^2$ 아파트 가격이 500만 위안(약 8억5000만 원)이다. 계약금으로만 200만 위안이 필요하다. 엄두도 낼 수 없다. 연소득이 20만 위안이 넘으면 중산층에 속해야 하지만, 리창은 앞으로 어떤 일이 닥칠지 몰라 걱정이다. 회사에서도 항상 위기감을 느낀다. 리창은 저녁에도 업무 관련 공부를 해서 날마다 피곤하고 미래도 불확실하다. 리창은 초조와 불안감이 팽배한 중국 중산층 가운데 한 명이다.

베이징이나 상하이 등 1선도시에서 아파트를 사려면 최소한 400만~500만 위안이 필요하다. 연소득 20만 위안은 급등하는 아파트 가격에 비하면 초라하기 짝이 없다. 리창 같은 중산층은 생활비와 주거비 등 지출되는 돈을 빼고 나면 저축도 제대로 하기 힘들다.

중산층 함정

시간을 돌이켜서 과거로 가보자. 개혁·개방 초기인 1980년대 초, 중국에서는 '완위안후(萬元戶 : 1만 위안 가정)'라는 말이 유행했다. 그때만 해도 물가가 쌌기 때문에 1만 위안(약 170만 원)만 가져도 부자라고 생각했던 것이다. 쌀값이 1kg에 0.28위안(약 50원)밖에 하지 않았고, 세뱃돈도 0.1위안(약 20원)에 불과하던 시절이었으니 1만 위안의 가치가 어느 정도였을지 짐작이 된다.

30여 년이 흐른 지금, 위안화 가치는 놀랄 만큼 상승했다. 30년 전 일반 근로자의 평균 월급은 약 28위안이었다. 베이징시 통계국이 발표한 2016년 베이징 근로자 평균 월급 7706위안(약 131만 원)의 약 250분의 1이다. 이미 130만 원을 넘어선 베이징 평균 월급은 매년 10% 이상 오르고 있다. 지난 30년 동안의 고속 성장을 통해 중국의 경제력이 얼마나 커졌는지를 실감케 한다. 베이징·상하이·선전 이 세 도시의 소득 수준은 개발도상국 수준을 벗어난 지 오래다.

2017년 10월, 자오핀닷컴이 중국 각 도시별로 신규 채용시 적용되는 평균 월급을 조사해 발표했다. 이 조사에 따르면 베이징 직장인들의 평균 월급이 9900위안(약 168만 원)으로 1위를 차지했다. 2위는 9365위안(약 159만 원)을 기록한 상하이, 3위는 8666위안(약 147만 원)을 기록한 선전이었다. 중국 청년들의 로망인 '베이상광선(베이징·상하이·광저우·선전)' 중 3개 도시가 나란히 1~3위를 차지한 것이다.

베이징·상하이·선전은 중국에서 흔히 1선도시(First-Tier City)로 불린다. 1000만 명이 훨씬 넘는 인구를 보유하고 있는 거대 도시의 대명사

▎중국 도시별 신규 채용 평균 월급

(단위: 위안, 2017년 기준)

1위·베이징·9900
2위·상하이·9365
3위·선전·8666
4위·항저우·8301
5위·닝보·7843
6위·광저우·7776
7위·하이커우·7722
8위·둥관·7692
9위·포산·7596
10위·우루무치·7595

다. 근로자 평균 월급이 평균 150만 원 대이지만, 우리 돈으로 1억 원 가까운 연봉을 받는 외국계 기업 화이트 컬러나 금융 업계 종사자들도 부지기수다. 특히 금융 업계 연봉은 한국과 별반 차이가 없다. 금융공학을 전공한 필자의 박사 동기는 졸업 후 대학 교수로 갔다가 증권사로 직장을 옮겼는데 첫해 연봉이 약 40만 위안(약 6800만 원)에 달했다. 중국에서 30대 중반치고는 꽤 괜찮은 소득이다.

요즘 중국에서 화제가 되는 말은 '중산층 함정'이다. 한 국가의 국민총생산이 일정 수준에 이른 후 더 이상 증가하지 못하는 중진국 함정처럼, 중국 중산층도 소득이 일정 수준을 넘어서면서 정체되고 있다는 뜻이다. 중산층 함정의 가장 큰 문제는 부동산 가격 급등이다. 사회생활을 막 시작한 20~30대는 대도시의 부동산 가격을 도저히 감당할 수가 없고 부모의 힘을 빌려야만 주택 문제를 해결할 수 있다. 교육과 의료 문제도 만만치 않다. 중국에서도 사교육비가 급등하면서 유치원, 초등학교, 중·고등학교 단계에서의 교육비 부담이 커졌다. 의료비도 마찬가지다. 부모가 중병에 걸리거나 가장의 건강에 큰 문제가 생기면 저소득층으로 추락할 가능성이 높다. 결국 중산층은 늘 불안하다. 그 모습이 한국과 흡사하다.

중국이 성장에 올인하는 이유

중국은 2020년까지 국민소득을 2010년보다 2배로 늘린다는 계획을 추진 중이다. 경제 발전의 근간이 되는 중산층을 육성하기 위해서다. 중산층은 한 나라의 생산과 소비에서 중추적 역할을 담당한다. 흔히 서민경제가 삐걱거린다는 얘기는 중산층이 경제적으로 곤란한 상황에 놓였음

을 의미한다. 중산층이 위기에 봉착하면 국가경제와 사회 전반이 흔들

릴 수밖에 없다.

앞에서 언급했듯이 중국의 중산층 규모는 2억 명이 넘는다. 다른 나라

와 비교하면 '중산층 대국'임이 틀림없다. 하지만, 중국의 14억 전체 인

구 대비 추산하면 중산층 분포가 20%가 되지 않는다. 중국으로서는 중

산층의 수를 더 늘리지 않으면 안 된다. 결국 국민소득을 크게 늘려서

라도 중산층의 분포를 더욱 두텁게 해야 한다는 게 중국 정부의 일관된

입장이다.

국민소득을 2배로 늘리는 목표를 달성하기 위해서는 향후 3년간의 경

▌세계 경제성장률 지도

제성장률이 6.3% 이상 유지되어야 한다. 중국이 매년 적어도 6.5%의 성장률을 고집하는 이유다. 문제는 경제 성장을 통해 국민소득을 늘려 중산층의 분포를 두텁게 했지만, 정작 중산층의 삶의 질이 나아지지 않고 정체되어 있다는 사실이다. 중산층이란 이름의 함정에 제대로 걸린 것이다.

주거(부동산)와 보건(의료), 양육 등 기본적인 사회복지가 불안정한 이상 서민들에게 경제성장률은 허탈한 레토릭에 지나지 않는다. 한국이 겪는 딜레마를 중국도 고스란히 겪고 있는 것이다.

중국의 경제 성장은 화려하지만 정작 대다수 중국 서민들의 삶은 팍팍하다.

'사이버 만리장성' 높이 쌓는 중국

보이지 않는 벽

중국에서 가장 유명한 건축물은 만리장성이다. 달에서도 보인다는 얘기가 있지만, 사실이 아니다. 베이징에서 멀지 않은 빠다링(八達嶺, 만리장성이 있는 베이징 교외의 산)에 가본 사람은 알 것이다. 만리장성(萬里長城)은 말 그대로 길지만 폭은 대략 5~8m에 불과하다. 달에서 보일 리만무하다.

그런데, 중국에 만리장성이 하나 더 있다. 달에서는커녕 바로 앞에서도 보이지 않는 만리장성이다. 그래서 그 실체를 모르고 있는 사람들이 적지 않다. 바로 '사이버 만리장성(Great Firewall of China)'이다. 만리장성의 영어 표현인 'Great Wall'에서 'Wall'을 '방화벽'을 뜻하는 'Firewall'로 바꾼 표현이다. Firewall은 1997년에 세계적인 테크놀로지 저널 「와이어드」가 처음 사용한 이후 중국의 인터넷 검열을 뜻하는 단어로 회자되고 있다. 만리장성이 북쪽 흉노족의 침입을 막기 위한 것이었다면 사이버 만리장성은 한마디로 중국 내부의 인터넷 감시와 검열이 목적이다.

중국 정부의 인터넷 통제는 어제오늘 일이 아니다. '사이버보안법'은 사이버 만리장성의 가장 대표적인 예로 꼽힌다. 2016년 11월 중국 전국인민대표대회에서 인터넷에 대한 통제 강화를 골자로 하는 사이버보안법을 채택해 2017년 6월 1일부터 시행에 들어갔다. 이 법은 2015년 6월 초안을 발표한 데 이어 2016년 6월 입법예고안을 공고했다.

글로벌 기업들은 중국 정부에 사이버보안법에 대한 우려를 계속 전달해왔다. 2016년 8월에는 46개 국 상공회의소가 리커창 총리에게 공동으로 서한을 보내 사이버보안법에 유감을 표시했다. 2017년 5월에도 주중미국상공회의소와 유럽상공연맹 등 세계 54개 국 단체들이 사이버보안법 시행을 연기해달라는 내용의 서한을 중국 정부에 전달했다. 하지만 중국 정부는 예정대로 법을 시행했다. 사이버보안법, 도대체 어떤 내용을 담고 있기에 세계 유수의 기업들이 이토록 중국 정부를 질타하는 것일까?

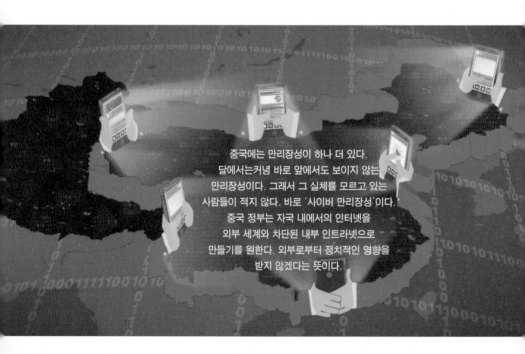

중국에는 만리장성이 하나 더 있다.
달에서는커녕 바로 앞에서도 보이지 않는
만리장성이다. 그래서 그 실체를 모르고 있는
사람들이 적지 않다. 바로 '사이버 만리장성'이다.
중국 정부는 자국 내에서의 인터넷을
외부 세계와 차단된 내부 인트라넷으로
만들기를 원한다. 외부로부터 정치적인 영향을
받지 않겠다는 뜻이다.

무엇이 두려운 걸까?

중국 정부는 사이버보안법의 입법 취지를 "인터넷 공간의 주권과 국가 안전, 공공이익을 보장하고 국민·법인·기타 조직의 합법적인 권익을 보호하며 경제적·사회적인 정보화 발전을 촉진하기 위한 것"이라고 명시했다. 입법 취지는 그럴 듯하다. 하지만, 법 조항 사이 행간을 살펴보면 중국 정부의 아킬레스건이 드러난다.

사이버보안법의 핵심 내용은 '인터넷실명제 도입', '네트워크 운영자의 책임 강화', '핵심 데이터의 중국 내 보관'으로 구분할 수 있다. 하나씩 살펴보자.

제24조에서 네트워크 운영자가 사용자에게 각종 인터넷 서비스와 휴대폰 서비스를 제공하기 위해서는 반드시 사용자가 실명의 신분증을 제시하도록 요구하고 있다. 중국 정부가 중국 내 '여론 통제'를 위한 인터넷실명제를 법률로 공식화한 것이다.

네트워크 운영자의 책임도 크게 강화했다. 중국 정부가 인터넷 업체를 통해서 '콘텐츠 검열'을 강화하려는 목적이다. 제9조에서 네트워크 운영자는 반드시 법률과 행정법규를 준수하고 사회도덕을 존중하도록 규정했으며 정부와 사회의 감독을 받고 사회적 책임을 져야 한다고 명시했다. 정부의 개입을 정당화한 것이다.

또 제47조에서 네트워크 운영자는 사용자가 배포한 정보관리를 강화하고 위법적인 내용은 즉시 차단·삭제한 후 관련 기록을 정부에 보고하도록 명시했다. 인터넷 업체에게 콘텐츠에 대한 1차적인 검열 의무를 부과했으며 인터넷 검열 및 중국 정부의 개입을 명문화한 것이다. 이른바 천부인권(天賦人權)에 해당하는 '표현의 자유'에 대한 심각한 침해가 아닐 수 없다.

'Firewall'의 실체

글로벌 기업들이 가장 우려하는 내용은 핵심 데이터의 중국 보관을 강제한 규정이다. 제37조에서 중화인민공화국 경내에서 수집하거나 발생한 개인정보와 중요 데이터를 중국 내에 저장하도록 규정했다. 만약 사업적인 필요로 해외로 전송해야 할 경우 반드시 중국 정부 규정에 의한 안전성 평가를 진행토록 했다. 앞으로 한국 기업이 중국에서 사업을 하면서 획득한 중국 소비자의 개인정보와 중요 데이터는 반드시 중국 내에 보관해야만 한다. 이 규정은 세계 각국의 반발이 워낙 컸기 때문에 일단 2018년 12월로 시행을 유예했다.

사이버보안법에 대한 중국 정부의 공식적인 입장은 무엇일까? 중국 국영통신사인 신화사 기자가 중국의 인터넷 정책을 책임지는 국가인터넷정보사무실 담당자를 인터뷰한 기사를 살펴보자.

핵심 정보 인프라의 범위를 어떻게 확정하고 관련 시설을 보호하기 위해 어떤 조치를 취할 것인가가 첫 질문이었다. 정부 담당자는 핵심 정보 인프라 보호 제도의 목적은 국가안전, 국민경제 및 공공의 정보 시스템과 시설의 안전을 확보하기 위한 것이라고 밝혔다. 빤한 답변이다. 또한 국가인터넷정보사무실은 유관 부문과 함께 사이버안전법에 근거해 관련 세부 규정과 표준을 제정하고 있으며 관련 업계에 핵심 정보 인프라의 구체적인 범위를 지도하고 있다고 밝혔다. 핵심 정보 인프라의 보호에 대해서는 정부의 지도 감독을 강화할 것이며 핵심 정보 인프라의 운영자가 주체적인 책임을 질 것이라고 언급했다. 쉽게 말해서, 중국 정부가 핵심 인프라 시설 보호와 정보 보호를 위한 감독을 강화할 것이며 인터넷 기업에게 1차적인 책임을 물을 것이라는 얘기다.

두 번째 질문은 네트워크 운영자는 사용자가 게시한 내용에 대한 관리를 강화해야 하며 법률에 위반되는 내용은 즉각 삭제해야 하는데, 이런 조치가 개인 프라이버시와 언론 자유에 위배되지 않는지 묻는 내용이었다. 이에 대해 정부 담당자는 적극적으로 기술적인 방법과 법률에 의거해 안전을 확보하기 위한 조치를 취하고 있으며 인터넷 발전을 촉진하는 과정에서 인권과 언론 자유를 충분히 보장할 것이라고 밝혔다. 그러나 모든 개인과 단체는 인터넷 상에서 행한 발언에 대해서 책임을 져야 하며 개인의 자유는 타인의 자유와 공공이익에 대한 침해를 대가로 하지 않아야 한다고 덧붙였다.

답변 서두에서 언론 자유를 보장하겠다고 했지만, 답변의 후반부를 보면 개인 프라이버시와 언론 자유에 대한 중국 정부의 메시지는 명확하다. 인터넷 상의 언론 통제를 강화하겠다는 뜻이다.

중국 정부가 사이버보안법을 시행하는 가장 큰 이유는 정치적인 목적에 따른 인터넷 여론 통제다. 외국 기업의 중국 진입장벽은 부수적인 효과다. 하지만 인터넷 검열의 부수적인 효과는 중국 인터넷 산업 육성에 엄청난 영향을 미쳤다.

마지막 질문은 '인터넷 제품 및 서비스에 대한 안전심의방법(입법예고안)'이 정식으로 공포됐는데, 이 법안이 외국 기업 입장에서는 사실상 진입장벽이 되지 않겠는가이다.

정부 담당자는 국가안전에 영향을 줄 수 있는 인터넷 제품과 서비스에 대해 안전인증을 시행하며 이는 인터넷 제품과 서비스의 안전성을 제고하고 국가안전과 공공이익을 유지하기 위한 것이라고 말했다. 또한 안전인증은 특정 국가나 지역을 겨냥한 것이 아니며 외국 기술과 제품에게 불이익을 주지 않고 외국 제품의 중국 시장 진입을 제한하지 않을 것이라고 답했다.

하지만, 마지막 질문에는 많은 외국 기업들이 염려하는 내용이 담겨 있다. 영국 「파이낸셜타임스」의 보도에 따르면, 안전인증 과정에서 중국 정부가 외국 기업 소프트웨어의 소스 코드를 요구할지도 모른다는 우려가 제기됐다. 아직 안전인증 과정에서 소스 코드를 중국에 제공해야 하는지 여부는 알 수 없는 상태다.

'팽' 당한 FANG

사이버보안법의 속내를 좀 더 파고들어가 보자. 사이버보안법은 중국 정부가 1998년부터 추진하는 '황금방패(Golden Shield)' 프로젝트의 일환이다. 황금방패 프로젝트는 검열과 감시 시스템으로 외국 인터넷을 통한 정보가 중국으로 자유롭게 진입하는 것을 막는 게 목적이다.

쉽게 말해 중국 정부는 중국 내에서의 인터넷을 외부 세계와 차단된 내부 인트라넷으로 만들기를 원한다. 문명의 이기를 이용하면서도 외부로부터 정치적인 영향을 받지 않겠다는 뜻이다.

외국 인터넷 기업, 특히 소셜 네트워크 서비스(SNS) 업체가 중국에서 성공하기 어려운 이유가 바로 여기에 있다. 실제로 사이버보안법 실시 이후 중국 정부의 인터넷 통제가 가속화됐다. 최근 동영상의 영향력이 대폭 확대되자, 중국 정부는 중국 인터넷 업체들과 협력해 다수 동영상 사이트를 폐쇄했다. 중국판 트위터인 웨이보는 미디어 명의로 등록된 계정에서만 뉴스나 정치와 관련된 동영상을 올리도록 허가하고 콘텐츠 분량도 15분을 넘지 못하게 했다.

가상사설망(VPN) 단속도 강화됐다. 중국에서 일부 외국인과 중국인은 VPN을 이용해서 방화벽을 우회하는 방법으로 페이스북 등 해외 사이트를 이용해왔다. 중국 정부는 알면서도 이를 용인해왔다. 「워싱턴포스트」의 표현을 빌리면, 영어를 구사하는 엘리트 계층이 행복하도록 세계를

▌ 글로벌 인터넷 기업과 경쟁관계에 있는 중국 인터넷 기업

⌐ ¬는 중국에서 접속이 제한되는 글로벌 인터넷 기업

바라볼 수 있는 작은 창문을 열어준 것이다. 그런데 최근 VPN 단속이 크게 강화됐고 최고 1만5000위안에 달하는 벌금까지 부과할 수 있게 됐다. 인터넷실명제 추진 속도도 빨라졌다. 이미 중국 최대 검색 사이트인 '바이두', 중국 최대 온라인 쇼핑몰 '타오바오', 중국 최대 Q&A 사이트 '즈후'가 인터넷실명제를 도입하겠다고 밝혔다.

중국 인터넷 업체들은 중국 정부의 정책에 절대 반대하지 않는다. 정부와 싸워 이길 수 없다는 걸 잘 알고 있기 때문이다. 알아서 기는 것이다. 중국 정부가 자국 인터넷 업체를 선호할 수밖에 없는 이유다.

아무튼 중국 정부가 사이버 만리장성의 일환으로 사이버보안법을 시행하는 가장 큰 이유는 정치적인 목적에 따른 인터넷 여론 통제다. 외국 기업의 중국 진입장벽은 부수적인 효과다.

하지만 인터넷 검열의 부수적인 효과는 중국 인터넷 산업 육성에 엄청난 영향을 미쳤다. 미국의 대표 기술주인 'FANG(페이스북 · 아마존 · 넷플릭스 · 구글)' 중 아마존을 제외하고는 모두 중국에서 접속이 불가능하다. 페이스북은 2008년과 2009년 중국 티벳과 신장(新疆)에서 소요사태가 일어나자 중국에서 완전히 차단됐다. 유튜브 역시 비슷한 운명을 맞았다. 구글은 중국 사이트를 운영하다가 2010년 중국 정부의 검열 정책에 반대하며 중국 시장에서 철수했다. 현재 구글 플레이 스토어도 중국에서 접속이 불가능하다.

저커버그의 고민

그 결과는? 바로 중국 토종 인터넷 기업들이 빈자리를 채웠다. 구글이 중국 시장에서 철수하자 중국 검색 업체인 바이두가 독점 기업이 됐고 주가는 1년 동안 100% 넘게 올랐다. 페이스북과 트위터의 빈자리는 텐센트의 위챗(모바일 메신저이지만 친구 간 포스팅 공유 가능)과 웨이보(중국판 트위터)가 대신 했다. 중국의 유튜브가 되기 위해서 중국 동영상 사이트들은 치열한 경쟁을 벌였고 이 과정에서 시장 규모가 커졌다. 무주공산의 안드로이드 앱 마켓도 중국 인터넷 기업들에게 큰 기회를 제공했다. 중국 정부는 티벳과 신장 등 소수민족 거주 지역에서 소요사태가 발생하는 것을 극도로 경계하고 있으며 유사시 적극적인 협조를 얻을 수 있는 중국 기업만 SNS 서비스 제공이 가능한 체제로 구축해 놓았다. 중국에서 외국 인터넷 기업들의 SNS 사업이 어려울 수 밖에 없는 이유가 여기에 있다. 네이버의 모바일 메신저 '라인'도 중국 진출 후 한때 인기를 끌었지만 잦은 접속 장애로 인해 사용자가 급감했다. 반면, 중국 토종 SNS인 위챗과 웨이보는 사용자가 각각 9억8천만 명, 3억7600만 명에 달할 정도로 급성장했다.

중국 시장 진입에 가장 적극적인 글로벌 인터넷 기업은 페이스북이다. 마크 저커버그는 아내인 프리실라 챈이 중국계인 점을 이용해서 중국

저커버그의 노력에도 불구하고 페이스북이 중국 시장에 재진입할 수 있을지 또 중국 SNS 생태계에 안착할 수 있을지 불투명하다.

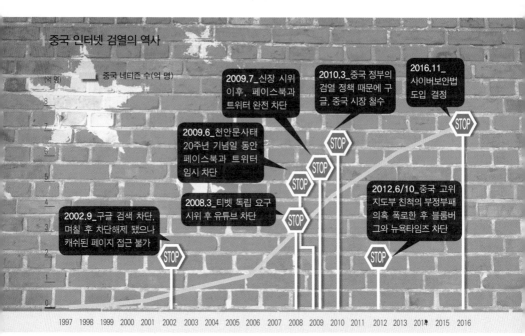

중국 인터넷 검열의 역사

(억 명)
　　　　　━ 중국 네티즌 수(억 명)

8
7
6
5
4
3
2
1
0

1997 1998 1999 2000 2001 2002 2003 2004 2005 2006 2007 2008 2009 2010 2011 2012 2013 2014 2015 2016

2002.9_구글 검색 차단, 며칠 후 차단해제 됐으나 캐쉬된 페이지 접근 불가

2008.3_티벳 독립 요구 시위 후 유튜브 차단

2009.6_천안문사태 20주년 기념일 동안 페이스북과 트위터 임시 차단

2009.7_신장 시위 이후, 페이스북과 트위터 완전 차단

2010.3_중국 정부의 검열 정책 때문에 구글, 중국 시장 철수

2016.11_사이버보안법 도입 결정

2012.6/10_중국 고위 지도부 친척의 부정부패 의혹 폭로한 후 블룸버그와 뉴욕타임즈 차단

자료: 「이코노미스트」, CNNIC 등 언론 보도

에서 홍보도 열심히 하고 중국어도 열심히 배우고 있다. 2015년 칭화대
학교를 방문했을 때는 연설도 중국어로 했다. 마크 저커버그는 중국 사
용자용 검열 정책을 중국 정부와 논의한 것으로 알려졌다. 하지만 페이
스북이 과연 중국에 다시 진출할 수 있을지, 중국 시장에 진입한다 할지
라도 강력한 경쟁자들이 포진해 있는 중국 SNS 생태계에 안착할 수 있
을지 매우 불투명하다. 중국에서 저커버그의 고민은 만리장성만큼이나
길고 지난하다.

환경과 경제,
중국인의 선택은?

평균 기대수명이 5년 이상 줄어든다고?

PM 2.5!

겨울이 오면 중국에서 가장 많이 듣게 되는 단어다. 지름 2.5μm 이하의
초미세먼지를 뜻하는 PM 2.5는 중국의 대기오염이 극도로 악화하면서
한국에서도 자주 듣는 단어가 됐다. 중국은 외래어를 주로 음역하거나
의역해서 한자로 표기한다. 초콜릿은 챠오커리(巧克力)로, 컴퓨터는 디
엔나오(電腦)로 표기하지 알파벳을 사용하지 않는다. 그런데 PM 2.5는
거의 유일하게 영어 알파벳을 그대로 써서 표기하는 외래어다.

자녀교육, 치솟는 아파트 가격, 노후 대책…… 요즘 중국인이 골머리를
앓는 문제들이다. 하지만 겨울이 되면 대기오염이 가장 큰 골칫거리라
는 데 이견이 없다. 대기오염 때문에 중국인의 평균 기대수명이 25개월
단축될 것이라는 외신보도가 있었고, 심지어 5년 넘게 줄 것이라는 연
구결과도 나왔다. 성장만 보고 달려왔던 중국인들에겐 실로 충격적인
소식이 아닐 수 없다.

숨 쉴 자유까지 잃어가는 중국인들

대기오염하면 중국인들이 가장 먼저 떠올리는 사람이 있다. 바로 판스이 소호차이나 회장이다. 판 회장은 부동산으로 막대한 부를 일궜으며 중국 SNS에서도 영향력이 막강한 인물이다. 중국판 트위터인 웨이보의 팔로워 수가 1800만 명을 넘는다.

판회장은 PM 2.5 관련 정보와 지식을 중국에 퍼뜨리는 데 지대한 역할을 했다. 그는 2011년부터 날마다 웨이보에 주중 미국 대사관이 발표하는 PM 2.5 수치를 올렸다. 그는 아내가 외국으로 출장을 갔다 베이징에만 돌아오면 기침이 멎지 않았기 때문에 베이징의 대기오염에 대해 관심을 가지게 되었다. 당시만 해도 중국 정부는 대기오염의 심각성을 인정하지 않았고 미국 대사관의 수치도 불신했기 때문에 인터넷 공간에서는 이에

미국 항공우주국(NASA)이 전 세계 공기 오염 상태를 한눈에 볼 수 있는 위성지도를 공개했는데, 붉은색으로 나타난 지역일수록 오염상태가 심각하다. 이산화질소 농도(10의 15승 molecules/cm^2)는 중국 베이징(19.9)과 광저우(19.9)가 가장 높게 나타났고, 이어 도쿄(19.2)와 로스앤젤레스(18.9), 서울(18.6) 순이다.

대한 논란이 끊이지 않았다. 하지
만 2013년 대기오염 악화로 스모
그가 중국 전역을 뒤덮기 시작하
면서 PM 2.5는 중국인들이 날씨만
큼 자주 확인하는 정보가 됐다.
2015년 초에는 중국 국영방송인
CCTV 앵커 출신인 차이징이 스모
그의 폐해를 알리기 위해 제작한
다큐멘터리가 큰 화제가 됐다. 차

중국에서는 스모그가 이제 일상이 됐다. 세계보건기구
(WHO)의 PM 2.5 기준치는 25 이하인데, 중국의 경우
300을 넘어서더니 심지어 500을 초과하는 도시가 속출
했다. 사진은 베이징 교외.

이징은 갓 태어난 딸이 종양을 앓자 스모그 때문이라고 생각하고, 자비
약 100만 위안을 들여서 다큐멘터리를 제작했다. 이 다큐멘터리는 중국
에서 엄청난 반향을 일으켰다. 중국 웹사이트에서 2억 명 이상이 시청
한 것으로 알려졌다. 그 당시 중국 정부는 곧 있을 양회를 앞두고 베이
징의 대기오염이 크게 부각되자 부담감을 느낀 나머지 이 다큐멘터리
를 중국 웹사이트에서 삭제했다. 대기오염에 대한 비판 여론이 정부에
게로 쏠릴 것을 두려워한 것이다.

2016년 12월에도 스모그가 베이징을 비롯한 중국 북부 지역을 덮치자
중국판 카카오톡인 위챗, 웨이보 등 중국 SNS에서는 스모그에 대한 글
들이 쏟아졌다. 12월 16일부터 발생한 스모그는 점점 범위를 넓혀가더
니 20일에는 영향 범위가 188만㎢로 확대됐다.

세계보건기구(WHO)의 PM 2.5 기준치는 25 이하인데, 이 수치가 300을
넘어서더니 심지어 500을 초과하는 도시가 속출했다. 베이징, 텐진, 스
자좡에서는 대기오염 적색경보가 내려졌고 중국 SNS에서는 중국의 6분
의 1이 스모그에 함락됐다는 표현까지 등장했다. 그해 가을 들어 벌써

6번째 대규모 스모그가 발생한 것이다.

석탄 소비를 줄이지 않으면 결국……

중국 정부는 사태의 심각성을 더 이상 부인할 수 없었다. 2013년부터 대기오염 대책을 세우기 시작한 중국 정부는 2014년 들어 본격적으로 대기오염 개선책 마련에 나섰다. PM 2.5 수치를 낮추기 위해서 오염시설 감축, 공장 설비 개선, 차량 운행 제한, 석탄 소비량 감소 등의 대책을 내놓았다. 베이징은 말 그대로 대기오염과의 전면전에 돌입했다.

스모그의 핵심 유해물질인 PM 2.5는 석탄, 자동차 배기가스, 공장, 대기 먼지로 인해 발생한다. 이 중에서도 석탄이 가장 큰 영향을 미친다. 중국환경과학연구원에 따르면, 석탄 연소로 인해 배출되는 유해물질이 PM 2.5 구성 요소의 63%를 차지했다. 게다가 석탄으로 인해 발생하는 유해물질은 대기 중에서도 다른 유해물질과 결합해 화학 반응을 일으킴으로써 2차적인 부작용을 야기한다. 따라서 석탄 소비량을 크게 줄인다

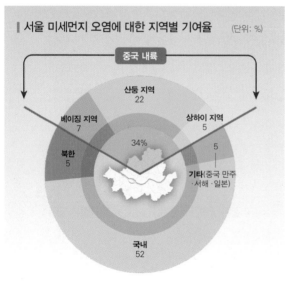

■ 서울 미세먼지 오염에 대한 지역별 기여율 (단위: %)

중국 내륙

산둥 지역
22

베이징 지역
7

상하이 지역
5

북한
5

34%

5

기타(중국 만주
·서해·일본)

국내
52

* 2016년 5~6월 서울올림픽공원에서 관측한 미세먼지 농도를 바탕으로 분석한 것임 　　　　　　　　　　　　(자료: 국립환경과학원)

중국의 대기오염은 자국의 환경 문제에 국한하지 않는다. 한국의 미세먼지 발생에 적지 않은 영향을 끼치는 것으로 나타났다.

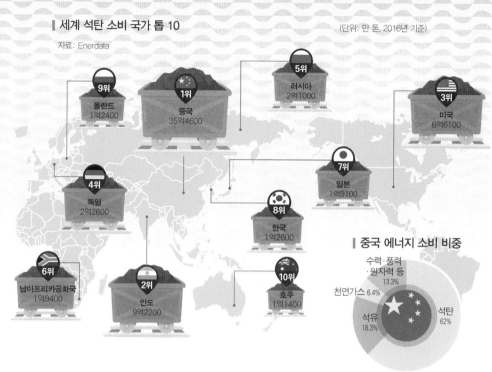

┃세계 석탄 소비 국가 톱 10

(단위: 만 톤, 2016년 기준)

자료: Enerdata

9위
폴란드
1억2400

1위
중국
35억4600

5위
러시아
2억1000

3위
미국
6억6100

4위
독일
2억2600

7위
일본
1억9100

8위
한국
1억2600

6위
남아프리카공화국
1억9400

2위
인도
9억2200

10위
호주
1억1400

┃중국 에너지 소비 비중

수력·풍력
·원자력 등
13.3%

천연가스 6.4%

석유
18.3%

석탄
62%

자료: 중국 국가 통계국

면 PM 2.5를 낮출 수 있게 된다.

문제는 석탄이 중국의 에너지원 중에서 차지하는 비중이 매우 높다는 데 있다. 2016년 중국 전체 에너지 소비에서 석탄 소비 비중은 62%에 달했다. 반면, 2015년 전 세계의 석탄 소비 비중은 약 29%에 불과했다. 중국 석탄 소비량은 2013년 42억 톤으로 최고치를 기록한 후 감소하고 있지만 중국은 여전히 전 세계 석탄 소비량의 절반이 넘는 석탄을 사용하고 있다. 석탄 매장량은 풍부하지만 상대적으로 석유와 천연가스 매장량이 부족하기 때문이다.

겨울이 되면 스모그가 부쩍 심해지는 이유 역시 석탄과 관계가 있다. 중국에서는 해마다 11월 중순부터 아파트에 중앙집중식 난방을 공급하는데 석탄 보일러를 때는 곳이 대부분이다. 가격이 싸기 때문이다. 중국에서는 겨울만 되면 곳곳에서 석탄을 쌓아놓은 광경을 흔히 볼 수 있다. 중국 정부도 석탄 소비를 줄이기 위해 노력하고 있지만 쉽지 않은 일이다. 중국 정부는 2020년까지 석탄 비중을 55%까지 낮춘다는 목표를 제시했다. 2000만 명이 넘는 인구가 살고 있는 베이징이 가장 적극적이다. 베이징시는 2017년까지 석탄화력발전소를 모두 폐쇄하고 천연가스를 사용하는 화력발전소로 전환하기로 했다. 이 조치로 920만 톤의 석탄 소비량을 줄일 수 있고 향후 5년 동안 석탄 소비량을 60% 감축할 계획이다.

환경 보호와 경제 성장, 두 마리 토끼를 모두 잡을 수 있을까?

대기오염 문제를 해결하기 위한 중국 정부의 노력이 일정부분 효과를 보고 있다. 중국은 대기오염을 적게 일으키는 천연가스, 수력·풍

▌ 중국 신재생에너지 소비 비중 (원자력 포함)

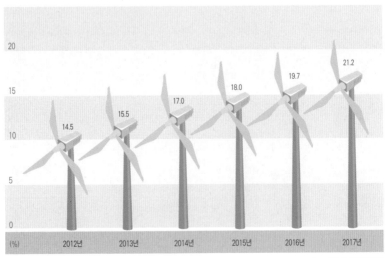

자료: 중국 국가 통계국

력·태양광 등 신재생에너지 소비 비중을 적극적으로 늘려나가고 있다. 중국의 신재생에너지 소비 비중은 매년 상승세를 이어가고 있는데, 2017년에는 21.2%까지 상승했다.

그렇다면, 중국이 대기오염 문제를 해결하는 데는 얼마나 시간이 걸릴까? 적어도 20년 이상의 시간이 걸릴 것으로 보인다. 대기오염은 장기간 누적되어온 오염이 임계점을 넘어서야 비로소 심각함을 알게 되며 경제와도 밀접한 관련이 있는 구조적인 문제다. 석탄과 석유 소비를 줄이고 태양광·풍력·지열·바이오 등 신재생에너지 비중을 높이는 게 근본적인 해결 방안이지만, 하루아침에 달성할 수 있는 과제가 아니다. 환경 보호와 경제 성장을 동시에 이루기는 어렵다. 중국 정부는 2050년까지 1인당 국내총생산(GDP)을 3만 달러 이상으로 높인다는 목표를 세웠다. 이 목표를 달성하기 위해서는 현재 4000kWh에 불과한 1인당 전력 소비량을 8000kWh로 높여야 한다. 발전소를 2배로 늘려야 한다는 얘기다. 신재생에너지에만 의존해서는 현실적으로 불가능하다. 환경 보호와 경제 성장, 두 마리 토끼를 동시에 잡을 수는 없을까?

'원전'이라는 달콤한 당근, 하지만……

중국이 석탄과 석유 소비를 줄이는 대신 이를 대체할 수 있는 가장 현실적인 대안은 원자력이다. 실제로 중국은 전 세계에서 원전을 가장 빨리 늘리는 국가로 꼽힌다. 유럽과 일본, 한국 등이 원전을 줄여나가는 것과 다른 모습이다. 현재 중국이 건설 중인 원전 규모는 글로벌 신규 원전의 40%를 차지한다. 중국 정부가 발표한 제13차 5개년 규획(2016~2020)을 살펴보면, 2020년 원전 발전용량을 미국에 이어 세계 2위

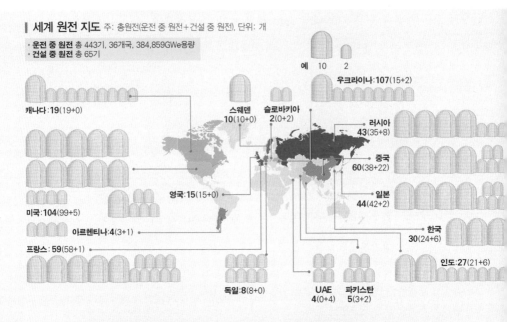

세계 원전 지도 주: 총원전(운전 중 원전＋건설 중 원전), 단위: 개

- **운전 중 원전** 총 443기, 36개국, 384,859GWe용량
- **건설 중 원전** 총 65기

예 10 2

우크라이나:107(15+2)

캐나다:19(19+0)

스웨덴 **슬로바키아**
10(10+0) **2**(0+2)

러시아
43(35+8)

중국
60(38+22)

영국:15(15+0)

일본
44(42+2)

미국:104(99+5)

아르헨티나:4(3+1)

한국
30(24+6)

프랑스:59(58+1)

인도:27(21+6)

독일:8(8+0)

UAE **파키스탄**
4(0+4) **5**(3+2)

중국이 건설 중인 원전 규모는 글로벌 신규 원전의 40%를 차지한다. 현재 4위인 발전용량도 오는 2020년 세계 2위 수준까지 늘리고, 심지어 2030년에는 원전을 110기까지 건설해 발전용량 규모 세계 1위로 올라선다는 계획을 세워두고 있다.

자료: 『4차산업투자지도』 (어바웃어북)

수준까지 늘리는 것이다. 심지어 2030년에는 원전을 110기까지 건설해 발전용량 규모 세계 1위로 올라선다는 계획을 세워두고 있다.

중국은 1991년에 원전을 처음 가동했다. 이보다 앞선 1964년 핵보유국이 됐지만 원자력을 산업화하는 것은 다소 늦었다. 중국은 현재 원전 38기를 가동하고 있는데, 미국(99기), 프랑스(58기), 일본(42기)에 이어 세계 4위 규모다.

중국은 여전히 '세계 온실가스 배출국 1위'라는 불명예에 시달리고 있다. 중국의 화력발전 비중은 2017년 기준 75%에 이를 정도로 절대적이다. 반면 원전은 고작 4% 수준이다. 화력발전에서 뿜어져 나오는 이산화탄소가 대기오염과 지구온난화의 주범이라는 것은 누구나 다 아는 사실이다. 결국 화력발전을 줄이기 위해서는 당장 원전 밖에 없는 것이다. 물론, 장기적으로는 풍력과 태양광 등 신재생에너지가 정답이지만, 말 그대로 먼 미래의 정답일 뿐이다. 중국이 바로 지금 필요로 하는 정답은 아니라는 얘기다.

이미 중국 정부는 '원전 굴기'를 제창하고 나섰다. 국영 원전 기업들의 인수합병을 통해 원전 산업의 경쟁력을 키운다는 복안이다. 중국 내 원전 건설에 머물지 말고 아예 판을 키워 세계 시장으로 진출시키겠다는 의도가 담겨 있다. 최근 중국 정부는 '중국핵공업집단공사(CNNC)'와 '중국핵공업건설집단(CNECC)'의 합병을 승인했다.

CNNC는 중국 남부 푸젠성을 시작으로, 서남아시아와 유럽까지 잇는 '중국 원전 벨트' 건설을 추진하고 있다. 중국 원전 벨트가 실현될 경우, CNNC는 20여 개국에 원전을 수출하게 된다. 자국의 환경오염과 전력난에서 비롯한 원전 사업을 거대한 글로벌 시장 개척으로 확산시킨 것이다.

전문가들은 중국 원전 벨트의 성공 가능성을 높게 점치고 있다. 그 이유는 역시 원전 굴기에서 찾을 수 있다. 중국 정부의 활발한 원전 세일즈 외교와 막대한 자금 지원이 든든하게 떠받치고 있기 때문이다.

하지만, 원전이 장기적으로 환경과 에너지 문제를 동시에 해결하는 정답이 될 수 없다는 반론도 만만치 않다. 방사능 유출과 안전성 문제는 원전에 내재한 본질적인 딜레마다. 중국의 원전 굴기가 언젠가 거대한 재앙의 부메랑이 되어 돌아올 수 있다는 경고는 결코 과언이 아니다. 그럼에도 불구하고 중국 정부는 원전이라는 현실적인 당근을 선택했다. 경제 성장이라는 가속 페달을 멈추기에 그들은 이미 너무 멀리 온 것인지도 모르겠다.

중국의 야심 드러낸
新실크로드 기행

한 장의 기념사진

2017년 5월 15일 '일대일로 정상 포럼'이 베이징에서 폐막됐다. 이 포럼은 2017년 시진핑 주석과 중국 정부가 가장 역점을 두고 준비한 행사다. 일대일로 정상 포럼에는 푸틴 러시아 대통령을 비롯한 29개 국 정상

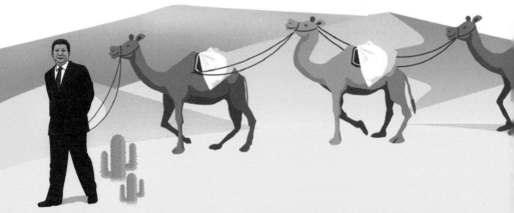

▌일대일로 경과 일지

2013.9.	2013.11.	2014.11.	2015.3.
시진핑 주석, 중앙아시아 및 동남아시아 순방 중 일대일로 전략 제시	3중 전회에서 일대일로 건설 추진에 관한 내용 공식 명시	베이징 APEC 정상회의에서 400억 달러 규모의 일대일로 기금 설립 발표	실크로드 경제벨트 및 21세기 해상 실크로드 공동 건설을 위한 비전 및 행동 발표

과 안토니오 구테헤스 유엔 사무총장 및 국제기구 수장들이 다수 참석했다. 전 세계 130여 개 국가에서 1500여 명의 고위급 대표단이 베이징에 모인 것이다.

그런데, 당시 포럼에는 국가마다 파견한 대표단의 무게감이 제각각 달랐다. 미국과 일본 등은 대표단만 파견했다. 유럽의 서방 국가 중에서도 스페인과 이탈리아만 정부 수반이 참석했다. 한국은 대선 직후 중국 정부로부터 초청장을 받았지만, 더불어민주당 박병석 의원이 이끄는 대표단이 포럼에 참석했다.

이처럼 국가마다 중국의 일대일로 프로젝트를 대하는 온도차가 달랐다. 미국, 일본과 유럽의 서방 국가들은 중국의 야심에 대한 경계심이 컸다. 정상들이 흔쾌히 일대일로의 성공을 기원하는 테이프를 자를 수 없었던 것이다.

결국 일대일로 포럼의 VIP는 푸틴 러시아 대통령과 에르도안 터키 대통령이 차지했다. 기념사진 촬영 때도 이들이 시진핑 주석의 왼쪽에 나란히 자리했다. 이 기념사진 한 장을 가만히 보고 있으면

2015.12.	2016.3.	2016.11.	2017.6.
아시아인프라투자은행 (AIIB) 설립	13차 5개년 개발 규획에 일대일로를 핵심 국가 사업으로 지정	UN 총회에서 일대일로 구상을 193개 회원국의 만장일치로 결의안으로 채택	제2차 AIIB 2017년 연차총회 제주도에서 개최

일대일로에서 비롯한 세계 경제권력의 이해관계가 엿보인다.

주변국을 한 데 묶는 긴 회랑

일대일로(一帶一路, One Belt, One Road)는 중앙아시아와 유럽을 잇는 육상 실크로드와 동남아시아와 유럽, 아프리카를 연결하는 해상 실크로드를 뜻하는 말이다. 중국을 중심으로 유라시아 대륙에서 아프리카에 이르기까지 2049년 완성을 목표로 거대 경제 블록을 구축하는 프로젝트다. 고속철도망을 통해 중앙아시아, 유럽, 아프리카를 연결하고, 대규모 물류 허브와 에너지 기반 시설을 건설하며, 주변국 간에 금융 네트워크도 형성된다.

일대일로는 2013년 9월 시진핑 주석이 카자흐스탄에서 '실크로드 경제

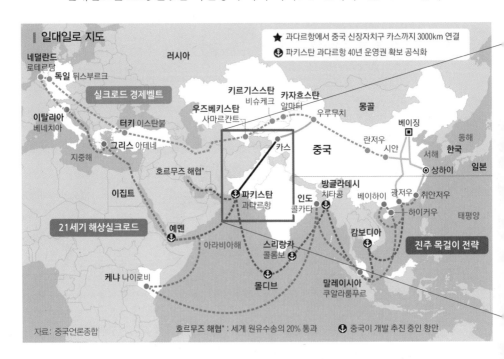

권' 및 같은 해 10월 인도네시아에서 '해상 실크로드' 건설을 제기하면서 공식화됐다. 이후 중국은 1년 반에 걸친 치밀한 준비를 통해 일대일로 계획을 구체화했다.

일대일로 중에서 특히 화제를 모으는 프로젝트는 경제회랑(Economic Corridor)이다. 고건축에서 지붕이 있는 긴 복도를 뜻하는 회랑에서 착안하여, 중국이 일대일로 주변국들을 철도와 도로, 송유관 등으로 연결하는 프로젝트다. 중국-파키스탄, 방글라데시-중국-인도-미얀마, 중국-몽골-러시아, 유럽-아시아, 중국-중앙아시아-서아시아, 중국-중남반도(인도차이나 반도) 지역을 잇는 6개 경제회랑이 추진 중이다.

2015년 시진핑 주석이 일대일로 추진을 위한 첫 해외 순방지로 파키스탄을 선택한 것도 중국-파키스탄 경제회랑 때문이다. 당시 중국은 파키스탄 정부와 460억 달러 규모의 경제협력에 합의하며 51개의 양해각서

를 체결했다. 이 중 31개 양해각서는 파키스탄 남서부 과다르항에서 중국 신장자치구 카스를 연결하는 연장 3000km의 중국-파키스탄 경제회랑에 관계된 것이다.

일대일로의 함의

일대일로는 중국의 대외정치적인 야심을 담고 있는 정책이다. 지난 1980년대 일본은 세계 2위 경제대국으로 부상했지만 국제사회에서

일대일로의 지퍼를 열면 열
수록 세계 경제권력을 움켜
쥐려는 중국의 야심이 적나
라하게 드러난다.

이에 상응하는 영
향력을 얻지 못했
다. 반면 2010년
일본을 제치고 세
계 2위 경제대국
으로 부상한 중국
은 국제사회에서
목소리를 적극적

으로 내고 있다. 중국은 국력에 걸 맞은 영향력을 발휘하기 위해 기존
질서의 틀에 얽매이지 않는 새로운 대외 전략을 모색했고 그 치열한 고
민 끝에 일대일로를 구상한 것이다.

일대일로 추진에는 중국의 대내적인 이유도 한몫했다. 2000년대 초반
두 자릿수를 기록하던 중국 경제성장률이 최근 6%대로 하락했다. 중국
정부는 경제성장률이 사회 안정을 위협하는 선까지 떨어지는 것을 막
기 위한 새로운 성장 동력이 필요했고, 그것이 바로 일대일로인 것이다.

뭐든 판을 키워야 하는 대륙인의 기질

일대일로 중 육상실크로드는 중국 서부를 개발하던 '서부대개발'을 '중
국 국경의 서부'를 개발하는 '신(新)서부대개발'로 확장하는 의미가 있
다. 우즈베키스탄과 카자흐스탄 등 중앙아시아 국가가 일대일로의 주요
대상 국가다. 최근 이들 국가에 대한 중국 금융기관의 자금 대출이 급
증했을 뿐만 아니라 심지어 해당 국가의 중국 국비 유학생 선발도 크게
늘었다. 중국다운 행보가 아닐 수 없다.

중국이 주도하는 프로젝트들은 어마어마한 스케일로 압도한다. 중국 정부의 일대일로 자금 지원 정책을 보면 입이 떡 벌어진다. 중국 정부는 모두 8500억 위안(약 136조 원)에 달하는 돈을 일대일로 프로젝트에 신규 투입하기로 했다.

우선 자본금 400억 달러의 실크로드 기금에 1000억 위안을 추가 출자하고 중국 금융 회사들이 3000억 위안의 위안화 해외펀드를 설립하도록 유도하기로 했다. 또한 일대일로 연선(주변) 국가들의 인프라 건설에 정책 금융 기관인 중국국가개발은행과 수출입은행이 각각 2500억 위안과 1300억 위안의 대출 지원을 시행하기로 했다. 중국국가개발은행은 일대일로와 관련하여 60여 개국의 600여 개 프로젝트에 이미 1600억 달러를 대출 지원했다.

하지만 누구에겐 빚 좋은 개살구일 뿐

일대일로는 엄청난 규모만큼 경제성과 안정성에 있어서 우려의 목소리도 크다. 실제로 일대일로 사업이 중점 추진되는 국가는 파키스탄과 카자흐스탄 등 인프라와 경제가 낙후된 곳들이 적지 않다. 그럼에도 불구하고 중국 정부는 경제성과 안정성보다는 지정학적으로 중요하다는 이유로 이들 국가에 막대한 자금을 빌려주고 있다. 중국국가개발은행의 부실 대출 비율은 1% 미만으로 아직은 양호한 수준이지만, 일대일로 부실 대출 위험이 여기저기서 감지되고 있다.

세계경제분석기관인 '글로벌개발센터(CGD)'는, 중국이 일대일로 프로젝트를 통해 주변 저개발 국가들을 이른바 '금융취약국'으로 내몰면서 중국에 대한 경제 의존도를 높이고 있다고 분석했다. 이로 인해 파키스탄, 지부티, 키르기스스탄, 라오스, 몰디브, 몽골, 몬테네그로, 타지키스탄 등 8개 국이 중국으로부터 대출받은 자금을 감당할 수 없는 지경에 이르렀다는 것이다. 실제로 키르기스스탄은 일대일로 사업에 따른 인프라 건설로 나라부채 규모가 국내총생산(GDP) 대비 78%까지 늘어났다. 지부티의 사정은 더 걱정스럽다. 중국에 진 빚이 GDP의 91%에 이른다.

나라마다 이해득실이 복잡한 셈법

상황이 이러하니 주변 국가들은 중국의 일대일로를 팔짱만 끼고 바라볼 수 없게 됐다. 일대일로에 대해서 가장 노골적으로 반대 의사를 밝힌 나라는 인도다. 인도는 일대일로가 자국 주권과 영토 보존의 핵심 이익을 무시한다며 2017년 일대일로 포럼에 아예 참석하지 않았다. 무엇보다 중국-파키스탄 경제회랑(CPEC)이 직접적인 이유다. CPEC는 중국 신장자치구 카스와 파키스탄 과다르 항까지 총 연장 3000㎞ 구간을 연결하는 프로젝트로, 도로와 철도 및 석유·천연가스 파이프라인 건설을 주요 사업으로 한다. 인도는 CPEC가 통과하는 파키스탄의 길기트·발티스탄 지역을 자국 영토라고 주장해왔다.

하지만, 중국 입장에서 CPEC는 절대 양보할 수 없는 프로젝트다. 중국은 파키스탄의 과다르 항을 이용하면 말라카 해협을 거치지 않고 원유를 수입할 수 있기 때문이다. 중국이 수입하는 원유의 80% 이상이 말라카 해협을 경유해서 들어온다. 중국은 유사시 미국이 장악한 말라카 해협이 봉쇄되는 것을 우려할 수밖에 없는 처지다.

러시아 역시 일대일로를 100% 찬성하는 것은 아니다. 러시아는 일대일로로 인해 구소련에서 독립한 중앙아시아 국가들에 대한 영향력이 약해지는 것을 우려하고 있다. 2014년 러시아는 카자흐스탄 등 중앙아시아 국가들과 유라시아경제연합(EEU)을 결성했다. 푸틴 대통령은 겉으로는 시진핑 주석의 일대일로를 지지하면서도 EEU와의 연계를 모색하는 투 트랙 전략을 펴고 있는 것이다.

중국의 일대일로에 대한 한국의 입장은 어떨까? 지도를 살펴보면 한국은 지정학적으로 일대일로의 경로에 포함되지 않는다. 하지만 한국과 중국이 경제적 · 외교적으로 매우 밀착해 있음은 움직일 수 없는 사실이다. 중국 미래의 국운이 걸린 일대일로가 한국에 미칠 파급력이 클 수밖에 없다. 그래서일까, 한국으로서는 여전히 조심스런 입장이다. 일대일로에는, 미 · 중 갈등, 해당 주변국들과의 외교 문제, 프로젝트 상환능력에 따른 투자 리스크 등 다양한 변수들이 복잡하게 얽혀있기 때문이다. 한국의 외교적 혜안(慧眼)이 어떻게 발휘될 지 궁금하다.

나라마다 일대일로를 바라보는 시선은 제각각이다. 베이징 일대일로 포럼에 참석한 각 나라의 대표들의 셈법은 자국의 입장에서 복잡할 수밖에 없다. 일대일로 포럼에서 시진핑 주석의 양 옆에는 푸틴 러시아 대통령과 에르도안 터키 대통령이 섰지만, 그들의 속내도 편치만은 않을 것이다.

GDP 지상주의의
이면

중국의 통계 조작 '미투' 캠페인

한국과 미국을 비롯한 여러 나라에서는 성폭력을 고발하는 '미투(Me Too)' 캠페인이 한창이다. 중국에서도 '미투' 캠페인이 벌어졌는데, 성폭력과는 전혀 다른 것이었다. 바로 통계 조작을 고발하는 '미투' 캠페인이었다.

중국에서는 통계 조작에 대한 의문이 끊임없이 제기돼 왔다. 그 중에서도 특히 국내총생산(GDP) 수치가 도마 위에 오르곤 했다. 이를테면, 중국 각 성에서 자체 집계한 지역내총생산(GRDP)을 모두 더하면 항상 국내총생산(GDP)를 초과했다. 통계상 차이가 있긴 하지만 격차가 너무 컸다. GRDP의 증가 속도도 GDP 증가 속도보다 빨랐다. 중국 동씽증권에서 정리한 데이터를 살펴보면, 2016년 중국 GDP 증가율은 6.7%였지만, 전체 GRDP의 가중평균 증가율은 이보다 0.8%P나 높은 7.5%에 달했다. 중국에서는 정부의 발표 자료를 두고 공개적으로 지적하는 게 쉬운 일이 아니다. 하지만 쉬쉬 한다고 해서 문제가 해결되는 건 아니다. 중국 정부도 인지했다. 최근 중국에서는 GDP 관련 통계 조작 여부가 공개적으로 논의되기 시작했다. 왜 중국에서는 GDP 관련 통계가 조작되어온 것일까?

엉터리 통계

2018년 1월 11일 톈진 빈하이신구는 통계 데이터를 수정한 후, 2016년 GRDP가 약 1조 위안에서 6654억 위안으로 감소했다고 밝혔다. 데이터를 조작해 GRDP를 50% 넘게 부풀린 것이다. 빈하이신구는 광둥 선전특구, 상하이 푸둥신구와 같은 국가급 경제특구이기 때문에 더 망신살을 구겼다.

중국에서는 통계 조작에 대한 의문이 끊임없이 제기돼 왔다. 그 중에서도 특히 국내총생산(GDP) 수치가 도마 위에 오르곤 했다. 이를테면 중국 각 성에서 자체 집계한 지역내총생산(GRDP)을 모두 더하면 항상 국내총생산(GDP)을 초과했다. 통계상 차이가 있을 수 있지만 격차가 너무 컸다. 왜 이런 일이 생겼던 걸까?

이에 앞서 1월 3일에는 네이멍구가 통계 조작 사실을 공개했다. 재정에 대한 회계 감사를 거친 후, 2016년 재정수입이 530억 위안(약 8조7000억 원) 줄었다고 발표했다. 전체 재정수입의 26%에 달하는 규모다. 2016년 산업 생산 규모도 2900억 위안이나 낮춰 잡았다. 전체 산업 생산 규모의 40%에 달하는 규모다. 한마디로 통계 데이터가 완전 엉터리였다는 얘기다.

가장 먼저 통계 조작을 인정한 건 동북지역에 위치한 랴오닝성이다. 2017년 1월, 랴오닝성 성장(한국의 도지사에 해당)이 인민대표회의에서 2011년부터 2014년까지 통계 조작이 있었음을 시인했다. 해당 기간 랴오닝성의 재정수입 중 약 20%가 허수였던 것으로 드러났다.

커창지수를 아시나요?

뒤에서 자세히 살펴보겠지만, 지방정부는 통계 수치를 조작할 강력한 동기가 있고 중앙정부도 이 같은 사실을 인지하고 있다. 그래서 나온 게 바로 유명한 '커창지수'다. 리커창 총리는 신뢰성이 떨어지는 GDP 대신 전력 소비량, 철도 물동량, 은행 신규 대출을 참고한다고 말한 적이 있다. 전력 소비량으로 공장 가동율, 철도 물동량으로 수출 및 내수경기, 은행 신규 대출로 기업 투자 및 민간 소비를 가늠하는 것이다.

나중에 영국의 경제 저널 「이코노미스트」가 이 세 가지 지표로 커창지수를 만들었다. 중국 둥씽증권이 정리한 톈진, 네이멍구, 랴오닝 3개 지역의 GRDP와 전력 소비량, 철도 물동량을 살펴보자(은행 신규 대출은 데이터 수집 문제로 제외됐다).

톈진은 2015년 전력 소비량이 0.8% 증가하는 데 그쳤고 철도 물동량은

지역	GRDP 증가율	전력 소비량 증가율	철도 물동량 증가율
톈진	9.3	0.79	-1.96
네이멍구	7.7	5.22	-8.73
랴오닝	3	-2.64	-9.06

자료 : 중국 국가통계국, 동씽증권

2% 감소했는데, GRDP는 9.3%나 증가했다. 무언가 안 맞다. 랴오닝 역시 마찬가지다. 2015년 전력 소비량이 2.6% 줄었고 철도 물동량도 9% 감소했는데, GRDP는 3% 늘었다. 서비스업 비중이 높은 지역이라면 가능할 수도 있지만 랴오닝은 제조업 비중이 50%에 육박하는 곳이다. 이처럼 데이터를 분석해보면 통계 조작 사실이 확연히 드러난다.

지방정부가 통계 조작을 시인하는 까닭

그런데, 궁금증이 생긴다. 지방정부들이 이제 와서 통계 조작 사실을 앞다퉈 시인하는 까닭은 뭘까? 바로 2019년부터 중국 통계 시스템이 바뀌기 때문이다. 2017년 중국 국무원은 GDP 통계 시스템 개선에 대한 로

드맵을 제시했다. 4차 경제총조사가 진행되는 2019년부터는 중국 전역의 GDP 수치를 국가통계국에서 일률적으로 수집해서 집계한다.

지금까지 중국의 경제수치 집계는 4단계를 통해 이뤄져 왔다. 바로 현(縣), 시(市), 성(省), 국가의 4단계다. 최하위 행정 단위인 현이 경제지표를 집계해서 시에 보고하면 시에서 심사·집계 후, 경제지표를 성에 보고하는 상향식 방식이다. 중국은 3000개에 가까운 현이 있다. 이렇게 많은 현급 통계부처에서 작성한 경제지표 중 틀리거나 조작한 게 없을 리 만무하다. 하지만 상위 행정 단위의 통계부처에서 통계 조작을 100% 잡아내는 것은 불가능하다.

2019년부터는 이런 통계상의 모순이 개선된다. 현급 경제지표를 중앙 통계부처인 국가통계국에서 직접 집계한다. 지금까지 통계 조작을 통해 부풀린 경제수치들이 적나라하게 드러날 수밖에 없다. 매도 미리 맞는 게 낫고 잘못도 남한테 발각되는 것보다 내가 먼저 말하는 게 낫다. 중국의 통계 조작 '미투' 캠페인이 벌어지는 속사정이다.

그들은 왜 통계를 조작했을까?

중국, 특히 지방정부는 왜 GRDP 관련 통계 수치를 조작해왔을까? 그 이유를 알고 싶다면 중국의 정치 시스템과 고위 관료 승진 시스템을 이해해야 한다.

중국은 '당국가(黨國家)' 체제다. 즉, 중국공산당이 국가를 운영한다. 중국 언론에서 시진핑 주석을 소개할 때도 반드시 중국공산당 중앙위원회 총서기, 국가주석, 중국공산당 중앙군사위원회 주석의 순서대로 언급한다. 중국의 고위 관료도 집권당인 중국공산당에서 임명한다.

알다시피 중국에는 실질적인 선거가 없다. 지방자치도 다른 나라 얘기다. 그래서 성장이나 시장을 비롯한 고위 관료를 임명할 때 가장 중요한 지표로 활용되는 게 경제성장률이다. 어떻게 보면 철저한 실력 위주의 관료 선발이다. 결국 고위 관료들은 어쩔 수 없이 GDP(혹은 GRDP)에 모든 것을 건다.

지방선거가 없는 중국에서 관료를 평가할 때 가장 중요한 지표로 활용되는 게 경제성장률이다. 관료들의 운명은 GRDP 같은 통계 수치에 좌우될 수밖에 없다. 그들이 GRDP 조작까지 서슴지 않는 이유가 여기에 있다.

새로운 성장 모델에 걸 맞는 통계 시스템이 필요할 때

이처럼 경제성장률을 최상의 가치로 삼아온 중국에 변화의 바람이 불고 있다. 최근 들어 양적 성장보다 질적 성장, 특히 고질량(高質量) 성장을 강조하는 빈도가 부쩍 늘었다(346쪽 참조). 이런 자신감의 배경에는 부쩍 커진 중국 경제 규모가 있다. 2017년 중국 국내총생산은 6.9% 증가한 82조7000억 위안에 달했다. 처음으로 80조 위안을 넘어섰다. 달러로 환산하면 13조 달러에 육박하는 규모다.

중국에게 경제 성장이 중요한 이유는 해마다 일천만 명이 넘는 청년들에게 일자리를 제공해야 하기 때문이다. 청년 실업률이 높아지면 사회가 불안해지고, 이는 곧 집권 정부에게 경고음으로 다가온다.

2017년 기준 중국은 1300만 개가 넘는 일자리를 창출했다. 국내총생산이 50조 위안일 때는 1% 성장하면 5000억 위안이 늘어나는데, 이제 1% 성장하면 8000억 위안이 넘게 늘어난다. 2017년에는 GDP 1% 성장의 취업유발계수가 약 190만 명에 달했다. 성장 속도가 조금 떨어져도 충분한 일자리를 제공할 수 있다는 얘기다.

이제 중국은 무조건 GDP 수치만을 강조해온 양적인 성장에서 어느 정도 자유로워졌다. 지방정부도 통계를 조작해야 할 필요성이 줄어들었다. 아울러 고질량 성장을 위해서는 정확한 통계치가 필요하다. 중앙정부의 국가통계국이 전면에 나설 수밖에 없는 상황이다.

또한 GDP 통계를 국가통계국에서 일률적으로 하겠다는 건 중국의 전반적인 시스템이 개선되고 있음을 방증한다. 14억 인구를 가진 나라가 통합적인 데이터 관리를 하는 건 결코 쉬운 일이 아니다.

앞으로 중국의 GDP가 얼마나 줄어들지 예측하긴 쉽지 않다. 국가통계국에서 수정해왔기 때문에 조정의 폭은 별로 크지 않을 수도 있다. 하지만 중국에서는 통계에 포함되지 않은 국내총생산 규모가 적지 않다. 예를 들어 중국은 월 매출 3만 위안(약 500만 원) 이하의 영세상인들에게 최대 17%에 달하는 증치세(부가가치세)를 징수하지 않는다. 때문에 영세 기업은 영수증 발행에 소극적이고 통계에도 포함되지 않는 경우가 많다.

정부가 발표하는 통계는 한 나라의 살림살이를 가늠하는 척도다. 과연 14억 인구대국의 살림살이를 일목요연하게 조망할 수 있는 통계 시스템은 현실적으로 가능할까? 전 세계 통계 전문가들의 눈과 귀가 중국을 향하고 있다.

정부가 발표하는 통계는 한 나라의 살림살이를 가늠하는 척도다.
과연 14억 인구대국의 살림살이를 일목요연하게
조망할 수 있는 통계 시스템은 현실적으로 가능할까?

중국에서 코인 채굴을 향한
골드러시는 멈출 것인가?

가상화폐 공개 전면 금지로 투자자 발 동동

2017년 9월 4일 중국인민은행 및 공업화정보부 등 7개 부처가 공동으로 '가상화폐 공개(IPO)'를 전면 금지하면서 가상화폐 가격이 급락했다. 7개 부처는 어떤 조직과 개인도 가상화폐를 이용한 자금 조달을 하지 못하도록 금지했고, 진행 중인 프로젝트도 즉시 중단토록 했다. 이는 2013년 중국인민은행 등 관련 부서가 비트코인 리스크를 경고한 후 두 번째로 가상화폐에 대해 취한 조치다.

미국도 ICO에 대한 조치를 이미 취했다. 미국 증권거래위원회(SEC)는 2017년 7월 ICO를 감독 대상에 포함시켰으며, 8월에도 ICO 투자 위험을 경고했다. SEC의 조치는 2016년 6월 ICO를 시행한 'DAO 프로젝트'와 관련이 있다.

가상화폐 이더리움의 거래와 운영을 주관하는 일종의 컴퓨터 코드인 가상조직 'DAO'는 ICO를 통해 한 달도 안 되는 기간 동안 1억5000만 달러에 달하는 이더리움을 조달했지만, 해커가 5000만 달러에 달하는

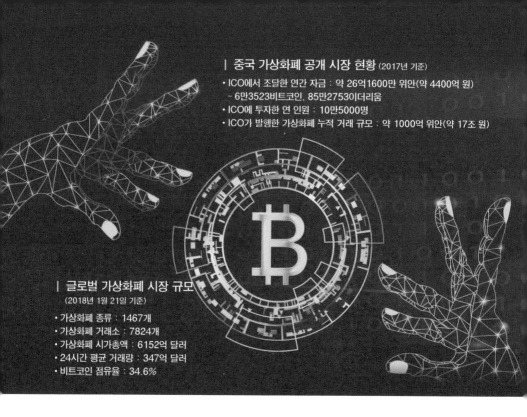

| 중국 가상화폐 공개 시장 현황 (2017년 기준)

- ICO에서 조달한 연간 자금 : 약 26억1600만 위안(약 4400억 원)
  - 6만3523비트코인, 85만27530이더리움
- ICO에 투자한 연 인원 : 10만5000명
- ICO가 발행한 가상화폐 누적 거래 규모 : 약 1000억 위안(약 17조 원)

| 글로벌 가상화폐 시장 규모
(2018년 1월 21일 기준)

- 가상화폐 종류 : 1467개
- 가상화폐 거래소 : 7824개
- 가상화폐 시가총액 : 6152억 달러
- 24시간 평균 거래량 : 347억 달러
- 비트코인 점유율 : 34.6%

이더리움을 훔쳐가면서 ICO와 해킹에 대한 경각심을 불러일으켰다. SEC는 DAO 해킹 사건을 조사한 후 DAO가 발행한 가상화폐를 증권으로 규정하면서 ICO를 증권거래법 테두리에서 규제하겠다는 뜻을 분명히 했다.

가상화폐를 이용한 일종의 크라우드 펀딩

'가상화폐 공개'가 무엇을 뜻하는지 용어부터 자세히 살펴보자. ICO(Initial Coin Offering)는 '기업 공개'를 뜻하는 IPO(Initial Public Offering)에서 'Public'만 'Coin'으로 바꿨다. 주로 블록체인 기술을 이용한 사업을 추진하는 기업이 투자자들에게 사업을 공개하는 것을 뜻한다. 특이한 점은, 투자자는 투자금을 비트코인이나 이더리움 등 가상화폐로 지불하

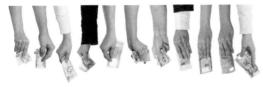

ICO는 가상화폐를 이용한 일종의 '크라우드 펀딩'이다. 스타트업이 벤처 캐피털을 찾을 필요 없이 직접 ICO를 통해서 자금을 조달받을 수 있기 때문에 각광을 받았다.

고 사업에 대한 지분도 기업이 자체 발행하는 가상화폐로 받는다는 것이다. 예컨대 알파 프로젝트가 ICO를 진행한다고 치자. 알파 프로젝트는 주식 대신 '알파 코인'을 발행한다. 투자자가 '알파 코인'을 사기 위해서는 비트코인이나 이더리움을 지불해야 한다. '알파 코인'은 ICO 거래소(플랫폼)에서 거래가 가능하다. 이처럼 ICO는 가상화폐를 이용한 일종의 '크라우드 펀딩(Crowd Funding)'인 셈이다. 스타트업이 벤처 캐피털을 찾을 필요 없이 직접 ICO를 통해서 자금을 조달받을 수 있기 때문에 각광을 받았다. 가상화폐와 블록체인 기술의 관련도가 높기 때문에 블록체인 기술 기반의 사업을 추진 중인 스타트업이 ICO를 많이 진행했다.

환금성도 있다. 사설 거래소에서 ICO가 발행한 가상화폐의 거래가 가능하기 때문이다. 사실 이게 핵심이다. 중국에서 ICO가 발행한 가상화폐 거래 규모는 약 1000억 위안(약 17조 원)에 이를 정도로 커졌다. '쥐비왕(聚幣網)' 같은 가상화폐거래소에서 가상화폐는 몇 배씩 오른 가격에 거래됐으나 이번 조치로 거래가 중단됐다. 많은 투자자가 ICO 사업설명서(White Paper)를 보지도 않고 남들이 ICO에 투자해서 단기간에 큰 수익을 올렸다고 하니까 나도 한번 해볼까 하고 ICO에 투자하는 경우가 많았다. ICO에 투기꾼들이 몰려들면서 한탕 챙기려는 사기성 ICO 프로젝트가 늘었고, 리스크 확대를 우려한 중국 금융당국이 전면 금지라는 극

약처방을 내린 것이다. 중국인민은행이 ICO 사업설명서 전부를 조사하고 나서 90% 이상이 불법 자금 모집과 금융사기라는 결론을 내렸다.

감독 강화되자 ICO 업무 속속 중단

중국의 ICO 현황을 살펴보자. 중국의 '국가 인터넷 금융 안전기술 전문가위원회'가 발표한 '2017년 상반기 국내 ICO 발전 현황 보고'에 따르면, 중국의 ICO 플랫폼은 모두 43개다. 이들 플랫폼에서 진행된 ICO는 모두 65건이다. 이 중 5건은 2017년 이전에, 60건은 2017년 1월부터 7월 18일까지 진행됐다. 특히 5월과 6월로 접어들면서 ICO 건수가 급증했다. 중국 금융당국의 주목을 받기 시작한 시점이다.

중국 금융당국의 감독 강화가 예상되자 8월 말에 일부 ICO 플랫폼은 자체적으로 ICO 업무를 중단했다. 주요 ICO 플랫폼 중 하나인 'ICOINFO'가 8월 30일 ICO 업무를 잠정 중단했고 9월 2일 '비트코인중국'도 ICO

▌ 중국의 ICO 진행 현황

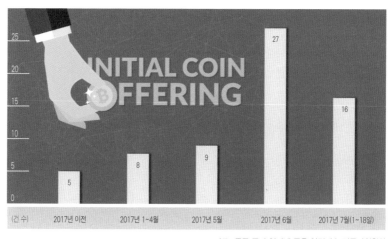

(건 수)	2017년 이전	2017년 1~4월	2017년 5월	2017년 6월	2017년 7월(1~18일)
	5	8	9	27	16

자료: 중국 국가 인터넷 금융 안전기술 전문가위원회

COIN 거래를 중단한다고 밝혔다. ICO 금지 조치가 발표되기 전인 9월 4일까지 모두 24개 ICO 플랫폼이 ICO 업무를 중단했다. ICO의 대부인 리샤오라이(李笑來)가 진행하는 ICO 프로젝트 'EOS'도 금융당국의 조사에 적극 협력할 것이며 중국에서의 크라우드 펀딩을 잠정 중단할 것이라고 밝혔다. 리샤오라이에 대해서는 뒤에서 다시 살펴보자.

투자자 몰리며 거품도 부풀어

투자금은 법정화폐가 아닌 가상화폐가 대부분을 차지했다. 90% 이상의 ICO가 투자금을 비트코인과 이더리움으로 받았다. ICO 전면 금지 조치 후 수요 감소 우려로 비트코인 가격이 단기 급락한 게 이해가 간다. 2017년 전체 ICO를 통해서 조달한 자금은 각각 6만3523비트코인(BTC), 85만2753이더리움(ETH)에 달했다. 위안화로는 약 26억1600만 위안(약 4400억 원)이다. ICO에 투자한 사람은 10만5000명이었다. 연령별로는 20대가 32.1%를 차지했고 30대가 31.2%, 40대가 16.7%이었다. 한국처럼 중국도 20~30대가 가상화폐 및 가상화폐를 이용한 투자에 관심이 많다.

ICO는 IPO와 달리 지금까지 금융당국 규제의 사각지대에 있었다. 이런 규제 공백과 일반인들의 투기 심리를 이용해서 ICO 투자 열기가 가열됐다. 제대로 된 사업설명서도 내지 않

▌**중국 가상화폐 공개 참여자 연령대 분포**

■ 40대 16.7% ■ 30대 31.2% ■ 20대 32.1% ■ 기타 20%

자료: 중국 국가 인터넷 금융 안전기술 전문가위원회

는 ICO가 많았다. 단기간에 몇 백 퍼센트의 수익을 내는 투자자가 나타나면서 더 많은 투자자들이 ICO에 몰렸다.

유통 시장에서는 이미 상승한 가격으로 거래되기 때문에 발행 시장인 ICO를 통해서 가상화폐를 싸게 매수하려는 사람이 늘었다. 이를 반영하듯 ICO 투자자 수는 2017년 5월 1만 명에서 6월 약 6만 명으로 급격히 증가했다. 투자자 중에서는 ICO가 거품이 있다는 걸 알면서도 투기 목적으로 ICO에 투자한 사람이 많았다.

그런데 전면 금지 조치가 내려지면서 모든 게 변했다. 중국인민은행을 포함한 금융당국은 ICO를 불법 공개 자금 조달 행위로 규정하고 불법 증권 발행 및 금융사기 행위로 못 박았다.

ICO를 통해 발행한 가상화폐의 가격을 살펴보자. 2017년 9월 5일 가상화폐거래소인 쥐비왕에서 거래되던 14종 가상화폐가 모두 하락했고 절반 이상이 40% 넘게 급락했다. 이튿날인 6일에는 반등세를 나타냈으나 여전히 하락폭이 컸다. 8월 15일 이후, ICO COIN, 토우표리엔(ELC), 쉔리엔(Xuan Chain), 타이비(Ti-Blockchain) 등 ICO 가상화폐는 누적 하락폭이 80~90%에 달했다. 쥐비왕은 9월 5일 ICO 가상화폐 거래가 언제라도 중단될 수 있다고 공시했는데, 실제로 9월 7일 ICO 가상화폐 거래를 중단했다. 팔려고 해도 팔 수 없는 처지가 된 것이다.

일부 ICO 프로젝트는 즉시 업무 중단 및 반환 업무에 착수했다. '샤오니우렌'은 금융당국 요구에 따라 투자금 반환 업무를 시작했으며 홈페이지에서 구성원 소개, ICO 사업설명서 등을 삭제했다. 샤오니우렌은 부동산, 토지, 채권, 비상장기업 지분을 디지털화하여 블록체인 기술 기반의 샤오니우렌거래소에서 거래하도록 하겠다는 사업 계획을 발표했었다. 언론으로부터 과장 선전, 사업설명서 조작 문제가 제기된 '자유행'

이라는 ICO 프로젝트도 홈페이지에서 구성원 정보와 사업설명서 등을 삭제했다. '자유행' 측은 금융당국의 요구에 따라 투자금 반환을 원하는 투자자에게 투자한 비트코인 및 이더리움을 돌려주겠다고 밝혔다.

중국 최대 비트코인 부호 리샤오라이 궁지에 몰려

ICO 전면 금지에 대한 ICO 투자자들의 반응은 어땠을까? 일부 투자자들은 투자한 금액을 돌려받고 싶어하는 반면, 투자를 유지하고 싶은 투자자들도 적지 않았다. 가상화폐 가격 폭락으로 이미 손실이 발생했기 때문에 투자금 회수를 주저했다. 아울러 향후 다시 수익이 날 수도 있다는 기대감을 버리지 못한 것이다.

최소 10개 이상의 ICO 프로젝트가 투자금 반환을 시작했지만, 투자금 반환에 관한 이견도 적지 않았다. 투자한 가상화폐 가격의 하락으로 투자 시점 대비 손실을 보고 있는 투자자들이 많았기 때문이다. 투자자들은 ICO 프로젝트가 차액을 보상해줘야 한다고 주장했지만, ICO 프로젝트 측에서는 투자받은 가상화폐 금액만 반환하겠다고 밝혔다.

중국에서 ICO하면 빼놓을 수 없는 인물이 '리샤오라이'다. 중국의 유명 학원인 신동방학원의 영어 강사 출신으로 『토플 핵심 어휘 21일 공략』이라는 책을 써서 유명해진 인물이다. 리샤오라이의 사례를 통해서 ICO 프로젝트를 좀 더 살펴보자.

2017년 6월, 리샤오라이가 참여한 첫 번째 ICO 프로젝트인 EOS의 사업 설명서가 공개됐다. 비록 많은 사람이 사업성에 의문을 품었지만, EOS는 5일 만에 1억8500만 달러를 조달하는 데 성공했다. 7월 초에는 EOS의 전체 시장가치가 약 50억 달러로 커졌다. ICO 프로젝트는 일부 지분만 단계적으로 가상화폐로 발행한 후 가상화폐거래소에서 거래되는 가상화폐 가격을 기준으로 전체 가치를 계산하기 때문에 시장가치가 부풀려지기 쉽다.

리샤오라이는 중국의 비트코인 최대 부호로도 불린다. 과거에 여섯자리수의 비트코인을 보유 중이라고 밝힌 바 있다. 2013년부터 비트코인에 투자하기 시작했으며, 이른바 '재무적 자유'를 달성했다고 밝힌 후에도 가상화폐와 블록체인 기술에 에인절 투자자로 투자하고 있다.

2017년 6월 초 2500달러에 머물던 비트코인 가격이 9월 1일 4950달러로 상승하는 동안 리샤오라이는 또 다른 ICO 프로젝트를 내놨다. 바로 '프레스 원(Press One)'이다. 프레스 원은 EOS와 달리 사업설명서도 없이 홈페이지에 사업 계획을 올린 게 전부였다. 프레스 원은 220억 개의 가상화폐를 발행할 예정이었으며 이 중 100억 개는 크라우드 펀딩을 통해 투자한 투자자들에게 발행해서 2억 달러를 모을 계획이었다.

이때까지만 해도 만사형통이었는데, ICO가 금지되고 가상화폐 가격이 폭락하면서 리샤오라이에게도 위기가 닥쳤다.

인기 영어강사, 에인절 투자자, 블록체인 전문가 등등. 그에게 붙여진 다양한 수식어만큼 그의 경력도 다채롭다. 그의 경력 중에서 최근 가장 이슈가 된 건 가상화폐 투자자이다. 주목할 점은, 그는 어떤 분야이건 항상 시장에 먼저 진입함으로써 수차례 막대한 부를 축적했다는 것이다.

2005년 신동방학원 영어강사이던 시절 『토플 핵심 어휘 21일 공략』을 출간했는데,

| 중국 최대 비트코인 부호 리샤오라이

267

때마침 중국에서 외국 유학 열풍이 불었다. 책이 유학 준비생들의 필독서가 되면서 리샤오라이는 거액의 저작 인세를 벌었다. 2016년에는 『재무적 자유의 길』이란 투자 책을 출간했다. 그와 함께 '재무적 자유로 가는 길'이라는 제목으로 지식 콘텐츠 앱인 '더따오'에 유료 칼럼(199위안/년)을 개설했는데, 무려 17만6000명이 유료 구독을 신청했다. 그의 직업이 영어 강사에서 재무 컨설턴트로 바뀐 것이다.

압권은 비트코인이다. 2013년 해외 언론이 중국 비트코인 시장을 보도할 때, 당시 41살인 리샤오라이를 거론하면서 중국에서 가장 많은 비트코인을 보유한 사람이라고 언급했다. 이처럼 리샤오라이는 중국 비트코인계에서 유명한 인물이지만, 평가가 명확하게 갈리는 인물이기도 하다. ICO 금지 후 중국 언론은 리샤오라이에게 의문을 품기 시작했다. 과연 리샤오라이는 성공한 ICO 대부로 남게 될 것인가?

ICO 규제 더욱 강화될 듯

그동안 중국에서 ICO가 열광적인 호응을 받았던 이유는 ICO 프로젝트를 추진한 기업이 자금을 조달할 수 있을 뿐 아니라 투자자들도 ICO 프로젝트 투자를 통해서 높은 수익을 올릴 수 있었기 때문이다. ICO 시장이 상대적으로 작은 반면, 유통 시장 거래 규모는 약 1000억 위안에 달했다. 가격 제한폭도 없이 24시간 거래되는 가상화폐 시장에 투자자들은 열광했다. 일확천금을 노리는 투자자들이 시장으로 계속 유입되면서 공급이 적은 ICO 가상화폐는 가격이 급등할 수밖에 없었다. 사람들은 ICO 가상화폐를 손에 넣기 위해 더 적극적으로 ICO에 투자했다. 흡사 2000년 초 한국의 코스닥 열풍을 떠올리게 했다.

그런데, 중국 금융당국이 ICO를 전면 금지하면서 분위기가 급반전했다. 향후 중국 금융당국은 가상화폐, 특히 ICO에 대한 규제를 강화할 것으로 전망된다. 중국 금융당국은, 2015년 급증한 P2P 대출처럼 ICO가 금융 불안의 도화선이 될 것이라고 판단했다. 중국에서는 2016년 2월 P2P 대출 업체인 'e주바오'가 다단계 피라

중국은 가상화폐 공개를 전면 금지하고 나서면서 코인 채굴을 향한 골드러시가 크게 꺾였다. 하지만, 전 세계적으로 가상화폐 거래소의 거래량은 줄지 않고 있다. 중국의 고민이 깊어지는 이유다.

미드식으로 자금을 모집해 90만 명에게 500억 위안의 피해를 입힌 사건이 발생했다. 이로 인해 중국 금융당국이 P2P 대출 업체 규제를 대폭 강화하면서 P2P 대출 업체는 우량 업체 중심으로 정리됐다.

규제를 강화할수록 고민이 깊은 이유

미국과 중국 심지어 한국까지 ICO를 규제 혹은 금지하고 있지만 전 세계적으로 가상화폐 거래소들은 여전히 적지 않은 수수료 수익을 벌어들이고 있다. 실제로 블룸버그 통신이 '코인마켓캡'에서 제공한 각 거래소 수수료, 거래액 정보 등을 분석했더니, 세계 10대 가상화폐 거래소는 하루 최대 300만 달러(32억 원)의 수수료 수익을 내고 있는 것으로 나타났다. 이를 연간 기준으로 환산하면 10억 달러(1조770억 원) 규모다.

흥미로운 사실은, 수수료 수익은 거래액에 비례한다. 거래소 마다 차이는 있지만, 대략 0.1~0.2%의 수수료를 부과한다고 했을 때 엄청난 규모

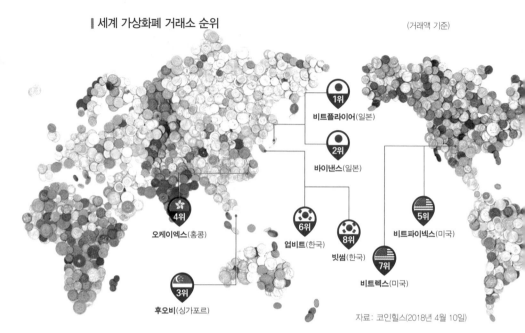

┃ 세계 가상화폐 거래소 순위 (거래액 기준)

1위 비트플라이어(일본)

2위 바이낸스(일본)

4위 오케이이엑스(홍콩)

6위 업비트(한국)

8위 빗썸(한국)

5위 비트파이넥스(미국)

7위 비트렉스(미국)

3위 후오비(싱가포르)

자료: 코인힐스(2018년 4월 10일)

의 거래액이 세계 가상화폐 시장에 유통되고 있는 것이다.

거래액 기준 상위 거래소를 살펴보면, 일본과 홍콩 등 아시아에 본거지를 두고 있다. 전 세계 가상화폐 거래의 절반이 아시아 거래소에서 이뤄지고 있는 것이다. 전기요금이 북미나 유럽보다 상대적으로 저렴한 아시아에서 가상화폐 채굴이 활발하게 이뤄졌고, 채굴된 가상화폐가 그대로 아시아에서 거래되고 있기 때문이다.

중국의 가상화폐 거래소들은 자국에서 가상화폐 규제가 시작되자 일본 등 다른 아시아 지역으로 거래소 본사를 옮겼다. 중국의 '바이낸스'는 일본으로, '후오비'는 싱가포르로 각각 이전했다. ICO를 전면 금지한 중국의 고민이 깊어지는 대목이 아닐 수 없다.

가상화폐 규제해도
블록체인 열기 뜨거운 중국

비트코인 채굴능력 1위 나라

주식 시장은 세상의 핫이슈를 지나치는 법이 없다. 꼭 경제와 산업에 관한 이슈가 아니더라도 정치건 외교건 국방이건 분야를 가리지 않고 뭔가 화젯거리가 될 만한 뉴스가 터지면 어김없이 주식 시장이 반응한다. 2018년 초에 한국 증시에서는 가상화폐 거래소가 중요한 테마로 부상했다. 이를테면 가상화폐 거래소 폐쇄에 관한 정부의 방침이 뉴스를 통해 보도되면 가상화폐 거래소 지분을 가지고 있거나 거래소 개설을 준비 중인 종목의 주가가 요동을 친다. 비트코인을 비롯한 가상화폐 열풍이 불었을 때 블록체인 관련 기술주가 수혜를 본 것도 같은 맥락이다.

이처럼 주식 시장까지 들썩이게 하는 가상화폐 열풍은 가까운 중국에서도 감지된다. 사실 가상화폐 열풍은 한국보다 중국에서 먼저 불었다. 중국은 전 세계 비트코인 채굴능력의 73%를 차지하고 있다. 2017년 말 기준 글로벌 10대 비트코인 채굴 기업 중 8개가 중국 업체다.

그런데 2017년 하반기 들어 가상화폐 공개(ICO, Initial Coin Offering)에

■ 비트코인 채굴 국가별 연산능력

호주 0.9%
미국 1.7%
기타 9%
인도 2.5%
러시아 6.2%
체코 6.3%
중국 73.3%

막대한 자금이 몰리는 등 과열의 기미가 보이자 중국은 아예 싹을 제거해버렸다. 2017년 9월 중국인민은행 등 7개 부처가 ICO를 전면 금지하고 가상화폐 거래소를 폐쇄하기로 한 것이다.

관계 부처 간 의견 조율을 통해 내린 폐쇄 결정은 일사불란하게 처리됐다. 중국이 사회주의 국가인 영향도 컸다. 당시 중국은 민간에서 개발한 가상화폐는 인정하지 않는다는 입장을 분명히 밝혔다. 대신 중앙은행인 중국인민은행이 디지털화폐연구소를 설립해서 관련 연구를 진행하고 있다. 디지털화폐를 발행해도 중국인민은행에서 하겠다는 얘기다.

중국 증시에 부는 블록체인 테마주 열풍

2017년 9월 중국이 ICO를 전면 금지하자 비트코인 가격은 약 30% 급락했다. 물론 곧바로 반등하며 2018년 1월 초까지 상승세를 이어왔다. 하지만 중국 증시에서 가상화폐 거래소 테마주는 찾아볼 수 없다. 대신 블록체인 관련주가 테마주로 부상했다. 특히 2018년 들어 블록체인 열기가 뜨겁다. 1월 둘째 주까지 블록체인 테마주는 평균 약 16% 상승했는데, 많이 오른 종목은 60% 이상 올랐다. 중국에서 가상화폐 거래소는 선택 가능한 옵션이 아닌 만큼 기업들이 블록체인 기술 활용에 매진하기 시작한 것이다.

블록체인은 가상 화폐의 거래가 공개적으로 기록되는 디지털 장부(원장, ledger)에서 비롯됐다. 개별 블록이 이전 블록에 대한 정보를 가지고 있어 체인으로 연결된 것과 동일하며 여러 노드(node)에 분산해서 저장 · 관리된다.

블록체인은 대표적인 가상 화폐인 비트코인에 적용되고 있다. 비트코인은 P2P(Peer-to-Peer) 방식의 공유 네트워크에서 10분마다 신규 블록을 생성하며 다수 노드의 검증을 통해서 해킹을 막는다. 거래 정보를 임의로 변경하려면 수많은 컴퓨터를 동시에 해킹해야 하는데 이는 사실상 불가능하다.

하지만, 블록체인 기술은 가상화폐에만 머무르지 않는다. 즉, 인터넷 보안 등 여러 영역에서 활용할 수 있다. 특히 금융에서 지불 결제, 스마트 계약, 금융 거래 등 다방면에 걸친 응용이 가능하다.

▌비트코인 채굴 기업 글로벌 시장점유율	(단위: %)
1 AntPool(중국)	17.6
2 BTC.TOP(중국)	10.8
3 F2Pool(중국)	9.7
4 BTC.COM(중국)	9.4
5 ViaBTC(중국)	7.8
6 BTCC(중국)	6.7
7 SlushPool(체코)	6.4
8 BitFury(러시아)	6.2
9 Bixin(중국)	5.1
10 BW.COM(중국)	4.1

자료: btc.com, 동성증권

기존 금융 회사는 중앙집중형 서버에 거래 기록을 보관하지만, 블록체인은 거래에 참여하는 모든 사용자에게 거래 내역을 보내 주며 거래 때마다 이를 대조해 데이터 위조 및 해킹을 막는다. 따라서 블록체인 환경에서는 거래 데이터 조작이 거의 불가능하다.

따라서 중국은 비트코인과 블록체인을 분리해서 비트코인은 규제하지만 블록체인은 지원하고 있다. 비트코인을 금지한 나라는 많지 않다. 중국과 방글라데시, 볼리비아, 에콰도르, 러시아 정도다. 미국, 일본, 호주, 독일 등은 가상화폐를 일단 인정하는 분위기다.

중국이 비트코인을 규제하고 나선 것은 최근의 일이 아니다. 2013년 12월 중국인민은행이 '비트코인 리스크 예방에 관한 통지'를 발표하며 금융 회사가 고객에게 비트코인과 관련된 서비스를 제공하는 것을 금지했다. 비트코인이 몇 달 만에 100달러도 안 되는 가격에서 1000달러 넘게 급등하자 나온 조치였다. 2014년 3월 인민은행은 또 다시 금융 회사가 비트코인 거래소에 계좌 개설, 송금, 환전 등의 서비스를 제공하는 것을 금지했다. 그리고 2017년 9월에는 가상화폐 거래소를 폐쇄하기로 결정했다.

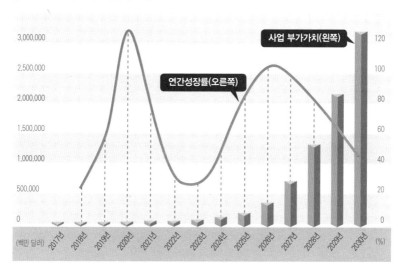

사업 부가가치(왼쪽)

연간성장률(오른쪽)

(백만 달러) 2017년 2018년 2019년 2020년 2021년 2022년 2023년 2024년 2025년 2026년 2027년 2028년 2029년 2030년 (%)

2017년 3월 기준 / 자료: 가트너

이와 달리 블록체인에 대해서는 적극적인 지원을 아끼지 않고 있다. 2016년 2월 저우샤오촨 중국인민은행장은 디지털화폐는 반드시 인민은행에서 발행할 것이며 블록체인은 선택 가능한 기술 중 하나라고 밝혔다. 이때 중관춘 블록체인 산업연맹이 설립되면서 블록체인에 관한 연구가 본격적으로 시작됐다. 같은 해 10월에는 공업정보부가 『중국 블록체인 기술과 응용 발전 백서』를 발표해, 처음으로 블록체인 표준화에 대한 청사진과 기준을 제시하는 등 관련 업계에 가이드라인을 마련했다.

블록체인과 가상화폐? 반드시 공동운명체 아니다!

블록체인 기술은 현재 어느 정도까지 발전한 걸까? 실체 없는 허상은 아닐까? 2008년에 태동한 블록체인이 어느덧 10년의 세월을 맞이했다.

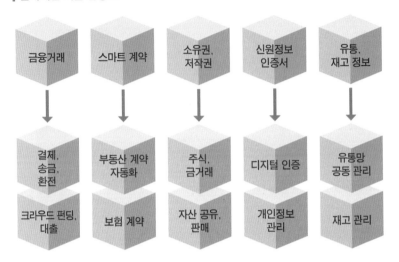

블록체인 기술은 가상화폐에만 머무르지 않는다. 다양한 금융과 인터넷 보안 및 유통 등 공급망 관리까지 활용도가 넓다.

이미 블록체인은 디지털 통화, 지불 결제, 금융 거래, 증권 거래 등 많은 분야에서 응용되고 있다.

『중국 블록체인 기술과 응용 발전 백서』에 따르면, 전 세계 블록체인 관련 기업 수는 2012년부터 매년 65%씩 증가했다. 중국 기업도 많다. 중국에는 2016년 말 기준 105개의 블록체인 관련 기업이 있으며, 미국(334개 사)에 이어 2위다.

중국을 대표하는 인터넷 기업인 알리바바, 텐센트, 바이두는 블록체인 투자에 적극 나서고 있다. 특히 텐센트는 2017년 4월 『블록체인 백서』를 발표하면서 블록체인 생태계 조성에 발 벗고 나섰다. 같은 해 10월에는 캐나다 블록체인연구단체에도 가입했다.

블록체인 투자는 인터넷 기업에 국한하지 않는다. 중국을 대표하는 보험사인 중국평안보험은 중국 기업 최초로 블록체인 컨소시엄인 'R3'에 가입해 글로벌 금융 회사들과 블록체인 기술 개발을 위해 협력하고 있다.

중국 증시의 블록체인 열풍은 이번이 처음은 아니다. 2016년 2월 저우샤오촨 인민은행장이 디지털화폐와 블록체인에 대한 구상을 밝히자, 시장은 블록체인의 성장 가

■ 블록체인 기술 투자금 규모 전망

자료: AITE

능성에 대해 뜨겁게 반응했다. 하지만 시간이 지나도 실제 응용되는 사례가 나오지 않자 시장의 반응도 서서히 식어갔다. 그러던 중 2018년 초에 블록체인 테마주 열풍이 다시 불기 시작했는데, 미국의 영향이 컸다. 미국 증시에 상장된 블록체인 관련 기업들의 주가가 급등하자 중국 증시에서도 블록체인이 유망 테마주로 다시 부상한 것이다. 게다가 블록체인 기술이 성숙해지면서 실제로 활용이 가능한 사례도 늘었다.

『중국 블록체인 산업발전 백서』에서는, 블록체인의 핵심 활용 영역을 금융과 인터넷 보안 및 공급망 관리로 나눴다. 블록체인은 데이터 조작이 사실상 불가능한 점과 분산원장으로 대표되는 탈중심화가 가장 큰 특징이다. 금융에서는 결제와 송금에 블록체인을 활용하면 저비용·고효율 효과를 누릴 수 있다. 디지털 인증도 마찬가지다. 자산의 디지털화 및 디지털 지갑을 이용한 가상화폐 거래에도 효율적이다. 인터넷 보안에서는 사용자 정보 보호와 데이터 위조 방지 및 보존에 탁월하다. 공급망 관리도 빼놓을 수 없다. 물류 및 제품의 위조 방지에 사용될 수 있는데, 블록체인은 데이터 조작이 불가능하고 거래 기록을 추적할 수 있기 때문이다.

│ 블록체인 특허 보유 기업 글로벌 톱 20

순위	출원자	국적	2017년 글로벌 특허 보유 건수		전체 특허 보유 건수	
1	알리바바그룹	중국		43		49
2	BANK OF AMERICA CORP.	미국		33		44
3	중국인민은행 디지털화폐연구소	중국		33		33
4	NCHAIN HOLDINGS LTD.	엔티가 바부다		32		34
5	베이징 루이저우시터우 과학기술	중국		26		27
6	MASTERCARD INTERNATIONAL	미국		25		45
7	장쑤 퉁푸둔 과학기술 유한공사	중국		23		23
8	중국인민은행 조폐공사 기술연구소	중국		22		22
9	선전 첸하이다타윈된 스마트 과학기술	중국		17		17
10	차이나유니콤	중국		16		19
11	항저우 취렌커지	중국		16		28
12	ACCENTURE GLOBAL SOLUTIONS	아일랜드		15		15
13	FMR LLC	미국		15		15
14	THE TORONTO DOMINION BANK	캐나다		15		15
15	항저우 윈상 네트워크	중국		14		22
16	베이징 중상 비트코인	중국		13		14
17	베이징 텐더 과학기술	중국		13		14
18	중차오신용카드	중국		13		13
19	STATE GRID	중국		11		12
20	중국은행	중국		11		11

자료: incoPat, awtmt.com , 뉴스핌

구더기 무서워 장 못 담그랴

물론 블록체인 기술에 결점이 없는 건 아니다. 2016년 6월 이더리움 기반의 'The DAO'가 해킹을 당하는 일이 발생했다. 해커에게 이더리움 360만 개(당시 가격 약 5천만 달러)가 도난당한 것이다. 중국에서 불고 있는 블록체인 테마주 열풍에 따른 부작용도 서서히 나타나고 있다. 허위 공시를 하거나 그럴 듯한 사업 계획을 공시해서 블록체인 열기에 편승하려는 몇몇 기업들 때문이다. 실제로 2018년 1월 16일 저녁 상하이거래소와 선전거래소는 블록체인 테마주에 대해 공개적으로 경고하며 투자자에게 각별한 주의를 당부했다.

하지만, 중국이 가상화폐 거래소 폐지에 대한 소모적 논쟁에 사회적 자원을 낭비하는 대신 블록체인 기술에 집중하는 건 퍽 인상적인 대목이 아닐 수 없다. 블록체인 기술 전부가 반드시 가상화폐에 국한되지 않기 때문이다. 중국 정부는 가상화폐를 규제하면 블록체인 기술 발전을 저해한다는 주장에 대해 설득력 있는 근거를 가지고 반박함으로써 시장의 혼란을 최소화한 것이다.

블록체인 시장이 블루칩으로 각광받으면서 그에 따른 부작용도 만만치 않다. 늘 해커의 위험이 도사리고 있고, 블록체인 테마주 거품과 가상화폐 투기는 도박판을 방불케 한다. 이에 대해 블록체인의 결점에 관한 소모적 논쟁을 강력한 규제로 제어하면서 기술의 진화에 온 힘을 쏟는 중국 정부의 행보는 퍽 인상적이다. 일러스트는 YoulDesign의 작품.

China
power
nomics

Chapter
04

•

중국몽은
실현될
것이가?

CHINA
POWERNOMICS
30

투키디데스의
함정

미국이냐, 중국이냐?

한국은 세계 최대 경제대국이자 최강국인 미국과 혈맹관계에 있다. 바로 지척에 위치한 중국은 세계 2위 경제대국이자 세계 최대 무역국가이다. 한국은 한·미 동맹을 통해서 국가안보를 보장받고 있지만, 경제적으로는 중국과의 교역에서 많은 혜택을 얻고 있다. 2001년부터 2016년까지 한국의 전체 무역흑자(5160억 달러) 중 대중 무역흑자(5035억 달러) 비중이 무려 98%에 육박한다.

한국이 국제사회에서 맞닥뜨린 가장 큰 난제 중 하나는 미국과 중국이 대립할 경우 어떻게 대처해야 하는가이다. 만약 미국 혹은 중국 한 나라를 선택해야 한다면 어느 나라 편에 서야 하는가? 사드 배치 문제가 불거지기 전까지는 대미 동맹에서 안보를 보장받고 대중 관계에서 경제적 실익을 추구하는 관계의 공존이 가능해 보였다. 하지만 지금은 두 강대국 틈에 끼어 셈법이 매우 복잡해졌다.

역사적으로 반복되어온 강대국들의 패권 다툼

'투키디데스의 함정'이라는 말이 있다. 아테네의 역사학자이자 장군인 투키디데스가 지은 저서 『펠로폰네소스 전쟁사』에서 비롯된 용어다. 투키디데스는 이 책에서, 펠로폰네소스 전쟁은 신흥 강자 아테네의 부상과 이에 대한 패권국 스파르타의 두려움 때문에 일어났다고 결론지었다. 이 용어는 신흥 강대국이 급격히 부상하면 기존 강대국이 불안함을 느끼게 되고 결국 전쟁으로 귀결된다는 의미를 담고 있다.

아래 그림은 19세기 독일의 역사화가 필립 폰 폴츠가 그린 〈펠로폰네소스 전쟁 전사자를 추도하는 페리클레스〉다. 아테네의 정치인 페리클레스는 펠로폰네소스 전쟁에서 전사한 아테네 군인들을 추도하는 연설을 통해 아테네 시민들에게 애국심을 강하게 고취시켰다는 기록이 전해진다. 애국심을 강하게 설파하는 고대 아테네 페리클레스의 모습은 지금의 세계 최강 신흥 패권국 중국의 정치 리더들과 닮았다.

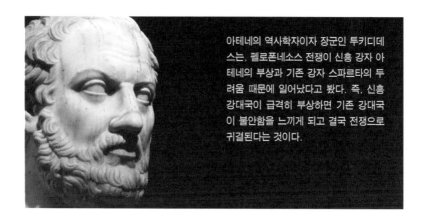

아테네의 역사학자이자 장군인 투키디데스는, 펠로폰네소스 전쟁이 신흥 강자 아테네의 부상과 기존 강자 스파르타의 두려움 때문에 일어났다고 봤다. 즉, 신흥 강대국이 급격히 부상하면 기존 강대국이 불안함을 느끼게 되고 결국 전쟁으로 귀결된다는 것이다.

최근 들어 '투키디데스의 함정'이 유명해진 것은 한 권의 책이 계기가 됐다. 하버드대학교 그레이엄 앨리슨 교수가 저술한 『전쟁을 향한 운명: 미국과 중국은 투키디데스의 함정을 피할 수 있을까?(Destined for War: Can America and China Escape Thucydides's Trap?)』라는 책이다(한국어판 제목은 『예정된 전쟁』이다). 그레이엄 앨리슨 교수는 미국 국방부 고위직을 역임하면서 현실정치에도 깊이 관여했던 안보 외교의 권위자이자 현시대 가장 중요한 국제정치학자 중 한 명으로 평가받는 인물이다

이 책에서 앨리슨 교수는 지난 500년 간 16번에 걸쳐 신흥 강자가 기존 강대국을 대체하려는 시도가 있었으며, 이 가운데 12번이 전쟁으로 귀결됐다고 말한다. 전쟁을 피할 수 있었던 네 번은 도전을 받는 자가 도전자에게 이길 수 없다는 대세를 파악하고 스스로 물러 선 경우였다. 동시에 도전자도 일정한 양보를 해야만 상호 간의 충돌을 피할 수 있었다. 저자는 독자의 관심을 끌기 위해 책 제목을 마치 전쟁이 임박한 것처럼 단정적으로 지었지만, 미국과 중국 간의 일전(一戰)이 불가피하다고 믿는 쪽은 아니다. 오히려 불가피한 충돌을 피하기 위해서는 어떻게 해야 하는지가 이 책의 주제다.

앨리슨 교수는 '투키디데스의 함정'을 두 부분으로 나누어 설명했다. 바로 '신흥 세력 신드롬(Rising Power Syndrome)'과 '기존 세력 신드롬(Ruling Power Syndrome)'이다. 전자는 신흥 세력 스스로 인정과 존경을 받을 자격이 있다고 믿는 것이다. 후자는 본질적으로 전자의 미러(mirror) 이미지, 즉 정반대의 모습을 가리킨다. 기존 세력은 쇠퇴의 낌새를 깨닫고 공포감과 불안감이 커진다. 반면, 신흥 세력은 자신의 중요성에 대한 인식이 커짐과 동시에 외부 세계의 인정과 존경(listen to what I have to say)을 요구하게 된다.

공포와 불안에 휩싸인 기존 세력은 신흥 세력을 졸부로 치부하며 이들의 주장을 무례하고 배은망덕할 뿐 아니라 도발적인 것으로 여긴다. '신흥 세력 신드롬'과 '기존 세력 신드롬'은 현재 중국과 미국의 지도층이

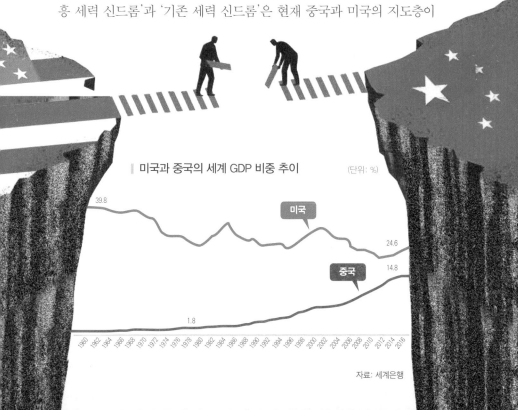

미국과 중국의 세계 GDP 비중 추이 (단위: %)

39.8

미국

24.6

중국

14.8

1.8

1960 1962 1964 1966 1968 1970 1972 1974 1976 1978 1980 1982 1984 1986 1988 1990 1992 1994 1996 1998 2000 2002 2004 2006 2008 2010 2012 2014 2016

자료: 세계은행

느끼는 감정을 잘 나타내고 있다.

미국과 중국의 충돌 가능성이 커진 가장 큰 이유는 중국의 눈부신 경제 성장 때문이다. 제2차 세계대전 직후만 해도 미국의 국내총생산(GDP)이 세계 GDP에서 차지하는 비중이 50%에 달했다. 중국의 GDP는 당시 제대로 집계도 되지 않을 만큼 미미했다. 중국이 본격적으로 개혁·개방을 추진한 1980년 무렵에도 중국의 GDP는 세계 GDP의 2%에도 미치지 못했다. 당시 미국의 GDP는 세계 GDP의 30%에 달했다.

중국의 GDP는 1981년 약 2000억 달러에서 2016년 11조2000억 달러로 50배 이상으로 급증했다. 그리고 2016년 미·중 양국의 GDP 격차는 1.7배 이하로 좁혀졌다(미국 GDP의 세계 GDP 비중 24.6%, 중국 14.8%). 환율을 기준으로 한 명목GDP 비교 결과가 이렇고 구매력평가(PPP) 기준 GDP는 이미 중국이 미국을 따라잡았다(348쪽 참조). 명목GDP도 2030년 이전에는 중국이 미국을 따라잡을 것으로 보인다.

군사 행동만큼 위협적인 중국의 경제적 레버리지

경제적으로 중국이 미국을 추월하는 상황에서 특히 주목해야 할 점이 있다. 바로 중국의 외교 정책에 나타나는 특징이다. 앨리슨 교수에 따르면, 중국은 외교 정책을 추진하는 과정에서 경제적 수단을 동원하는 것을 꺼리지 않는다. 이유는 간단하다. 경제적 수단을 사용할 수 있는 힘이 생겼기 때문이다. 중국은 세계 130여 개국과 무역을 하는 최대 교역 상대국이다. 특히 아시아 국가들과 교역 규모가 크다. 2015년 아시아 국가들의 대외무역에서 중국이 차지하는 비중은 15%인 반면, 미국의 비중은 9%에 불과했다. 트럼프 대통령이 환태평양경제동반자협정(TPP)을 탈퇴하면서 아시아에서 중국의 영향력은 더욱 커질 전망이다. 중국은 아세안(ASEAN, 동남아국가연합)과 역내 포괄적경제동반자협정(RCEP) 체결을 추진 중이다.

상대방이 현실을 잘 인식하지 못하거나 중국의 대외 정책에 저항하려고 하면 중국은 경제적 레버리지를 망설임 없이 사용한다. 중국으로부터 주요 원자재를 공급받거나 대중 수출의존도가 큰 나라들이 이러한 중국의 조치에 특히 취약하다. 중국은 외국과 자국의 불협화음이 커질 경우 우선 지연시키고 그래도 안 되면 차단한다.

2010년 일본과의 조어도(센카쿠 열도) 분쟁 때 중국은 첨단 산업에 필수 원료인 희토류의 일본 수출을 전면 금지했다. 중국은 당시 일본에 억류 중인 중국인 선장을 무사히 귀환시키기 위해서라고 했지만, 아시아에서 경제적 우위를 차지하기 위해서 중국이 일본에 보내는 경고 메시지라고 보는 게 맞다.

트럼프 대통령이 환태평양경제동반자협정(TPP)을 탈퇴하면서 아시아에서 중국의 영향력은 더욱 커질 전망이다.

2011년에는 중국 반체제 인사 류샤오보의 노벨평화상 수상에 항의하기 위해서 노르웨이산 연어 수입을 전면 금지했다. 노벨평화상 주최국인 노르웨이에 대한 보복조치였다.

2012년 필리핀과 남중국해 영유권 분쟁이 격화되자, 중국은 세관에 대기 중인 필리핀산 바나나의 검역을 지연해서 썩게 하고 나중에는 수입 자체를 금지했다.

한국 역시 중국의 경제 제재에서 자유로울 수 없다. 사드 배치를 이유로 2016년부터 한국 드라마·예능·영화를 제한하는 '한한령'을 실시하더니, 2017년은 한국 단체 관광을 금지하는 조치까지 취했다. 이어 한류 스타가 모델로 등장하는 제품들에 대한 불매운동과 중국에 개점한 한국 대형마트 보이콧에 이르기까지 이른바 '사드 보복'이 걷잡을 수 없이 확산되면서 한국을 곤혹스럽게 했다.

중국을 다시 위대하게

신흥 세력의 힘이 세지고 기존 세력의 상대적 역량이 약화되면 달라진 힘의 균형(Balance of Power)을 반영하기 위해서 기존의 협의, 체제 및 관계에 수정이 가해진다. 이 과정에서 생기는 불협화음을 앨리슨 교수는 '전환마찰(Transitional Friction)'이라 불렀다.

신흥 세력은 기존 세력이 변화를 너무 늦게 수용한다고 여기며, 이런 지연을 기존 세력이 신흥 세력의 발전을 봉쇄하기 위한 시도로 간주한다. 이와 달리 기존 세력은 잘 설계되고 안전한 지금의 제도와 질서를 신흥 세력이 파괴한다고 여긴다.

이 같은 상황을 잘 나타낸 실례가 중국이 추진하는 'AIIB(아시아 인프라 투

노벨평화상 주최 측은 중국 정부의 강한 반대에도 불구하고 반체제 운동가 류샤오보를 노벨평화상 수상자로 결정했다. 이후 중국은 노르웨이산 연어를 전면 금지하는 등 노르웨이에 경제적 보복을 가했다. 이에 대한 국제사회의 시각은 매우 부정적이다. 사진은 시상식에 참석하지 못한 류샤오보의 빈 의자에 그의 노벨평화상 증서가 놓여 있는 장면.

자은행)'이다. 제2차 세계대전 이후 미국이 구축한 달러 중심의 브레튼우즈 체제에서 중국은 낄 자리가 없었다. 국제통화기금(IMF)에서 중국의 투표권 효력은 일본보다도 낮은 6.1%에 불과하다. 중국은 IMF와 세계은행에 중국의 국력을 반영할 수 있는 비중 조절을 요구했으나 미국은 받아들이지 않았고 중국은 AIIB 추진으로 맞대응했다.

중국의 궁극적인 목표는 뭘까? 앨리슨 교수는 시진핑 주석의 목표 역시 트럼프 대통령과 똑같은 문장으로 표현할 수 있다고 말했다. '미국(America)'만 '중국(China)'으로 바꾼다면 말이다. 바로 '중국을 다시 위대하게(Making China Great Again)'이다. 시진핑 주석은 중국이 경제 성장을 지

속하고 국민들의 애국심을
고취하며 대외관계에서 어
떤 나라에게도 굴복하지
않는다면 중국인이 부유해
지고 강해질 뿐 아니라 존
경받을 수 있을 것이라고
강하게 믿고 있다.
'중국을 다시 위대하

발톱을 드러낸 중국의 공격적인 행보에 미국을 비롯한 국제
사회에서 우려의 목소리가 높다.

게'라는 문구가 구체적으로 뜻하는 바는 다음과 같다. 첫째, 서구 열강
이 침략하기 전에 그랬던 것처럼 중국이 아시아에서 지배적인 위치로
복귀하는 것이다. 둘째, 신장과 티베트 및 홍콩과 타이완을 포함한 대중
화(大中華, Greater China)에 어떤 걸림돌도 없이 지배력을 구축하는 것이
다. 셋째, 인접한 국경과 영해 지역에 역사적으로 누려왔던 영향력을 회
복해서 다른 국가들이 중국을 존중하게 만드는 것이다. 마지막으로 국
제무대에서 다른 강대국들의 '존경'을 얻는 것이다. 여기서 '존경'이라
함은 강대국들이 중국을 진정한 'G2'로 인정하는 것이다. 전통의 강대
국들 사이에서는 중국의 급격한 산업화를 조소하는 분위기가 여전히
존재하기 때문이다.

결국 미국과 중국은 투키디데스의 함정에 빠지고 말 것인가?

투키디데스의 함정이 암시하는, 중국과 미국의 무력 충돌은 불가피한
것일까? 미국은 '팍스 아메리카나'를 유지하고 싶어 하며 중국의 도전
에 언제라도 대응할 준비가 되어 있다고 공언한다. 양국 모두 자신의 행

동을 올바르고 합당하다고 생각하며 상대방은 의심스럽고 위험하다고 여긴다. 과연 미·중 양국은 투키디데스의 함정을 피할 수 있을까?

신흥 세력과 기존 세력이 가장 현명하게 무력 충돌을 회피한 경우는 20세기 초 미국과 영국이었다. 당시 영국은 공격적으로 국제 영향력을 확대하는 미국에게 거듭 양보했다. 영국은 미국과의 전쟁에서 승리할 수 없다는 현실을 직시했기 때문이다. 결국 영국은 미국의 둘도 없는 우방이 됐다. 사실 미국과 영국은 국제정치적 헤게모니만 걷어내면 서로 친구가 될 수 있는 배경을 공유하고 있다. 우선 인종적인 뿌리가 같고 언어도 동일하다. 뿐 만 아니라 정치와 경제, 사회 구조도 닮아 있다. 반면, 미국과 중국 사이에서는 공통분모가 거의 없다. 양국 사이의 팽팽한 힘의 균형도 양보를 기대하기 어렵게 하는 요인이다.

앨리슨 교수는 책에서 미·중 전쟁이 발발하는 몇 가지 시나리오를 제시했다. 남중국해에서 미국 태평양함대와 중국 해군과의 예기치 않은 충돌, 대만의 독립 시도가 계기가 된 미·중 간의 무력 충돌, 그리고 북한의 붕괴다. 세 가지 중 한국에 가장 치명적인 시나리오는 당연히 북한의 붕괴다.

앨리슨 교수는 미·중 전쟁 발발 시나리오를 제시하긴 했지만, 실현가능성을 강하게 전망하진 않았다. 즉, 앨리슨 교수는 미·중 간의 충돌이 불가피하다고는 생각하지 않는 것이다. 그 몇 가지 이유를 제시했는데, 무엇보다 핵강대국 간의 열전(Hot War)은 일어나지 않는다는 것이다. 미·소 간의 냉전이 전쟁으로 귀결되지 않은 것과 동일한 논리인데, 누구도 생존할 수 없는 '상호 확증 파괴(MAD, Mutual Assured Destruction)'로 인한 '공포의 균형' 때문이다. 앨리슨 교수는 한 걸음 더 나아가 '상호 확증 경제적 파괴(MAED, Mutual Assured Economic Destruction)'라는 개념을

미국	cf.	중국
넘버원	자기인식	우주의 중심 (Center of Universe)
자유	핵심가치	질서
필요악(惡)	정부에 대한 시각	필요선(善)
민주공화국	정부 형태	반응형 권위주의
선교사	본보기	없음
포용적	외국인에 대한 태도	배타적
현재	시계(視界, Time Horizon)	영원
발명	변화	복원, 진화
국제 질서 (International Order)	외교 정책	조화로운 계층제 (Harmonious Hierarchy)

자료: 『Destined for War: Can America and China escape Thucydides's Trap?』

제시했다. 고도화된 국제 분업 시스템에서 미국과 중국 경제의 상호의
존성이 심화됐기 때문에 미·중간의 전쟁은 양국 경제를 파멸로 이끈다
는 논리다.

스파르타가 범했던 우를 미국이 답습할 것인가?

앨리슨 교수는 책의 결론에서 미·중 간의 무력 충돌을 피하기 위해 미
국 정부에게 몇 가지 과제를 제시했다. 우선, 중국의 핵심 이익을 명확히
파악하라는 주문이다. 그러고 나서 중국이 무엇을 하려고 하는지 정확히
이해하라는 것이다. 트럼프 대통령과 시진핑 주석 모두 처음에는 타협을
배제한 채 최대한을 요구하는 것처럼 보이지만, 둘 다 협상가이니 협상
할 준비를 미리 해놓으라는 말이다. 아울러 미국이 새로운 전략을 세워

야 한다고 지적했다. 미국은 제2차 세계대전 후 형성된 팍스 아메리카나에 집착하고 있지만, 중국이 경제적으로 급부상한 상황에서 현상유지(status quo)를 목표로 하는 전략은 수정이 불가피하다는 얘기다. 미국으로서는 뼈아픈 성찰을 해야 할 시기에 봉착한 것이다.

트럼프 정부가 앨리슨 교수의 제안을 귀 담아 들었는지는 알 수 없다. 마침 그의 책이 한국어판으로 출간되면서 그가 한국의 한 신문사와 전화 인터뷰한 것이 기사화됐다. 인터뷰에서 앨리슨 교수는, "나는 주로 진단을 위해 작업한다. 하지만 워싱턴의 정책결정자들은 해결책(solution)을 바란다. 나는 처방(prescription)을 모르기 때문에 난감하다. 내가 바란 것은 토론이다. 다행히 이 책이 토론을 활성화시켰다"고 말했다. 그의 인터뷰대로라면 최소한 트럼프 정부의 사람들이 앨리슨의 제안을 회의석상까지 가지고 간 것이다.

사실, 앨리슨 교수의 제안이 과거에 회자된 적이 없는 매우 독창적이고 새로운 것은 아니다. 다만, 같은 얘기라도 워싱턴의 정책결정권자들이 얼마나 관심을 가지고 경청하는지가 중요하다. 그런 측면에서 앨리슨 교수의 제안은 의미하는 바가 크다. 수천 년 전 고대 문명 최강국이었던 스파르타가 범했던 우를 미국이 반복할 것인지 두고 볼 일이다.

미·중 무역전쟁의
승자는?

트럼프의 선전포고와 시진핑의 맞불작전

트럼프 미국 대통령이 600억 달러 규모의 중국산 제품에 대해 25%의 관세를 부과하겠다고 밝히면서 미·중 무역전쟁에 대한 긴장감이 고조됐다. 미국은 중국산 철강·알루미늄 제품에 대해 각각 25%와 10%의 관세를 부과하기 시작했고 중국도 맞불작전으로 30억 달러의 미국산 제품에 대한 관세 보복을 발표했다.

미·중 무역전쟁이 발발하면 중국이 불리할 공산이 크다. 한국이 중국의 사드 경제 보복에 취약했던 이유를 생각하면 이해가 쉽다. 한·중 간의 국력 차이도 있지만, 상대국에 대한 의존도가 비대칭적이었기 때문이다. 한국은 2016년 대중(對中) 수출의존도가 25%에 달했고 전체 무역흑자 중 대중 무역흑자 비중이 42%였다. 반면, 중국은 2016년 대한(對韓) 수출의존도가 4.5%에 불과했고 대한 교역에서 적지 않은 무역적자(375억 달러)를 기록했다.

한·중 교역에서 중국보다 한국이 얻는 게 많았던 셈이다. 그러니 중국

미국—중국 교역 규모 추이 (단위 : 억 달러)

미국의 대중 수출 규모
중국의 대미 수출 규모

연도	미국의 대중 수출 규모	중국의 대미 수출 규모
2006	537	2878
2007	629	3214
2008	697	3378
2009	695	2964
2010	919	3650
2011	1041	3994
2012	1105	4256
2013	1217	4404
2014	1237	4685
2015	1159	4832
2016	1156	4626
2017년	1304	5056

자료: 미국 통계국

이 막무가내로 경제 제재를 가해도 한국이 대응할 수 있는 수단은 제한적이었다.

미·중 간 甲과 乙은 각각 누구?

미·중 교역에서는 미국에 비해 중국이 얻는 게 훨씬 많다. 중국 해관총서(관세청)에 따르면, 2017년 중국의 대미 수출의존도는 18.9%에 달했다. 더 놀라운 건 무역흑자다. 중국의 전체 무역흑자 중 대미 무역흑자가 차지

하는 비중이 무려 65%에 달했다.

미국의 대중 수출의존도는 훨씬 낮다. 미국 통계국에 따르면, 2017년 미국의 대중 수출의존도는 8.4%에 머물렀고 대중 교역에서 무려 3752억 달러의 무역적자를 기록했다. 중국에 대한 관세폭탄을 공언한 트럼프 대통령이 취임한 해에는 미국의 대중 무역적자 규모가 사상 최대치를 기록했다.

미국은 특히 전체 무역적자(7962억 달러)에서 대중 무역적자가 차지하는 비중이 47%에 달한다. 밀레니엄 시대가 열렸던 2001년만 하더라도 미국 전체 무역적자에서 대중 무역적자가 차지하는 비중은 20%에 불과했는데, 16년 만에 무역적자 비중이 두 배 넘게 커진 것이다. 2001년부터 2017년까지 누적된 미국의 대중 무역적자 규모는 무려 4조3000억 달러에 이른다.

이런 상황에서 트럼프 대통령이 중국에 대해 무역적자 축소를 요구하지 않는다면 더 이상하다. 게다가 2018년에는 미국의 중간선거가 있는 해이다. 트럼프 정부가 2018년 3월 초 방미한 시진핑 정부의 경제 브레인 류허 부총리에게 대미 무역흑자 1000억 달러 축소를 요구한 배경이다. 미국 입장에서는 1000억 달러가 아니면 최소 500억 달러라도 대중 무역흑자를 줄여야 하고 중국도 협조해야 한다고 생각할 것이다.

물론 트럼프 대통령이 상대방의 선의만 기대하지는 않는다. 2018년 초부터 이어진 중국산 태양광 패널에 대한 세이프 가드 발동, 철강·알루미늄에 대한 25% 관세 부과, 600억 달러 중국산 제품에 대한 25% 관세 부과 조치가 이를 증명한다.

트럼프 정부의 보호무역 조치가 막무가내식이긴 하지만, 미·중 교역에서 미국 기업이 불리한 대우를 받고 있는 건 움직일 수 없는 사실이다. 최근 트럼프 대통령이 언급한 미·중 양국의 자동차 관세 차이가 대표적인 예이다. 중국은 완성차에 대해 25%의 수입 관세를 부과한다. 현대차가 중국에 165만 대 생산능력을 갖춘 이유다. 반면, 미국은 완성차 수입 관세가 2.5%에 불과하다.

이 밖에도 중국 시장의 진입장벽은 높다. 외국 기업이 중국 시장에 진출하려면 중국 기업과 합작 기업을 설립해야 하고, 합작 기업의 외자 지분도 50%를 초과하지 못하도록 규정했다. 자동차 제조 업체가 대표적인 예이다. 또한 중국은 금융·서비스업, 통신, 인터넷, 의료 분야 개방도가 상당히 낮다.

▌미국의 대중 무역수지 적자 추이   (단위 : 억 달러)

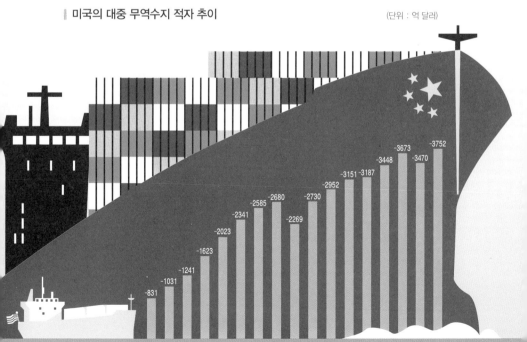

2001	2002	2003	2004	2005	2006	2007	2008	2009	2010	2011	2012	2013	2014	2015	2016	2017
-831	-1031	-1241	-1623	-2023	-2341	-2585	-2680	-2269	-2730	-2952	-3151	-3187	-3448	-3673	-3470	-3752

암참 차이나(AmCharm China)가 2017년에 실시한 '중국 비즈니스 환경 조사'에 따르면, 중국에 진출한 미국 기업 462개 사 중 81%가 '중국에서 예전처럼 환영받지 못한다'고 응답했다. 또한 60%의 기업이 '중국 정부의 시장 개방 의지가 낮다'고 평가했다.

한국이 미·중 무역전쟁을 주시해야 하는 이유

중국의 대미 수출의존도가 훨씬 높기 때문에 중국은 미국의 통상 압력에 대해 전면적인 대응 대신 제한적으로 대응하면서 막후 협상을 추진할 가능성이 높다. 중국이 보복관세를 부과하겠다고 발표한 30억 달러의 미국산 제품도 미국의 철강·알루미늄 관세 부과에 대한 상징적인 대응 조치 성격이 크다. 중국은 보복관세 부과에서 대두, 비행기, 자동차 등 핵심 품목은 제외시키면서 과도한 대응을 자제했다.

미국과 중국의 무역전쟁은 초기 탐색 단계다. 물밑 협상을 통해서 서로의 기대와 요구를 어느 정도 충족시킨다면 전면적인 무역전쟁까지는 가지 않을 공산이 크다. 본격적인 무역전쟁을 벌이면 미·중 양국 모두 타격을 입겠지만, 중국이 받을 영향이 미국보다 크다는 사실은 중국 지도부도 잘 알고 있다.

만약 미국이 과도한 요구를 해서 무역전쟁으로 발생 가능한 손실보다 양보로 인한 손실이 더 크다면 중국 역시 무역전쟁을 선택하는 게 합리적이다. 하지만 그럴 가능성은 제한적이다. 미국도 마찬가지다. 무역전쟁 발생으로 (중국만큼은 아니라도) 적지 않은 타격이 예상되기 때문이다. 대표적인 게 수입 물가 상승으로 인한 인플레이션 우려와 미국 기업들의 중국 사업 수익성 하락이다.

미·중 무역전쟁 발생시
한국의 대중 수출 감소액 (단위: 달러)

미국이 중국 수입품의 약 10%에 달하는
500억 달러 규모의 수입품에 대해 25%의
관세를 부과해 미국의 대중 수입이 10% 감
소할 경우

자료: 현대경제연구원

경공업
-23억6000만

유화
-35억2000만

금속(철강)
-15억4000만

IT
-56억

전기장비
-109억2000만

기계
-27억2000만

자동차
-5억6000만

기타 운송
(조선)
-9000만

전체 수출 감소액
282억6000만 달러
(약 30조4925억 원)

앞으로 미국과 중국은 계속해서 잽(jab)을 주고받으면서 서로가 만족할 수
있는 거래를 위한 탐색전을 펼칠 것이다. 둘 다 링 위에서 잽만 주고받는
아웃복서에 머무를 가능성이 높다. 지금으로선 트럼프 대통령의 발언이나
조치가 인파이터 같지만, 이 역시도 '계산된' 권모술수로 봐야 한다.

미·중 무역전쟁에서 공교롭게 한국에 유탄이 튈 수도 있다. 미국이 중
국에게 한국 기업 대신 미국 기업으로부터 반도체를 구매토록 요구한
것이 대표적인 예이다. 현재 국제 분업 구조에서 미국과 중국이 가장 중
요한 공급사슬을 형성하고 있고, 한국도 중국에 반도체 등 중간재를 수
출하는 형식으로 간접적으로 포함돼 있다. 미·중 무역전쟁이 한국에게
유독 남의 나라 다툼이 아닌 이유가 여기에 있다. 미·중 무역전쟁이 찻
잔 속의 태풍으로 끝날지 폭풍우로 커질지 주의 깊게 지켜봐야 한다.

그들은 정말
송중기가 미웠던 걸까?

부담스런 관계

한국과 중국, 두 나라의 관계를 보고 있으면 종잡을 수가 없다. 한 없이 좋은 친구처럼 보이다가고 갑자기 두 번 다시 볼 일 없는 원수지간이 되기도 한다. 사람과 사람 사이에서는 오해가 풀릴 때까지 잠시 냉각기를 갖기도 하지만, 나라와 나라 사이는 그리 간단치가 않다.

다행히 최근 한·중 관계는 해빙기 모드다. 과거 더 없이 좋았던 시절만큼은 아니더라도 불과 1년 전 사드 갈등이 한창일 때를 생각하면 언제 그랬었나 생각이 들 정도다.

▌한·중 교역 규모 추이

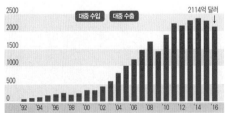

▌한국−주요국 교역 규모 비교

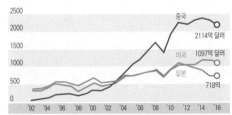

한·중 관계가 삐걱거리면 중국보다는 한국이 잃는 게 더 많다. 중국은 한국에게 있어서 여전히 훌륭한 시장이다. 한국 입장에서는 중국 정부의 눈치를 봐야 하고 때로는 중국인들의 비위도 맞춰야만 한다.

한국에 보내는 경고음

중국은 한국과의 사이에서 뭔가 심기가 불편해지는 일이 생기면 그들만의 신호를 보낸다. 이른바 '한한령(限韓令)'이다. '금한령(禁韓令)'이라고도 하는데, 중국에서 한국이 제작한 콘텐츠 또는 한국 연예인이 출연하는 광고 등의 송출을 금지하는 것이다.

물론 한한령이 중국 정부에서 공식적으로 발효한 법령이나 행정명령은 아니다. 그래서 더 문제다. 반한감정이 비공식적으로 작용하면서 중국 내에서 한류 산업을 옥죄고, 더 나아가 한류 스타가 모델로 나오는 화장품 등 다양한 제품들에 대한 불매 운동도 서슴지 않는다. 사드 배치로 양국의 갈등이 절정에 이르렀을 때는 중국에 진출한 한국의 대형마트 매장들

▌한국 대중 투자 규모 추이

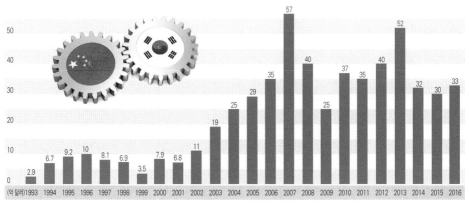

자료: 한국수출입은행, 한국무역협회

이 줄지어 영업정지를 당했고, 중국인들의 한국 여행 규제가 잇달았다. 지금은 사드 문제가 일단락되면서 한한령이 잠잠해졌지만 언제 다시 한국을 위협할지 마음을 놓을 수 없다. 한국으로서는 한한령에 대한 경계를 늦출 수 없다. 그런 의미에서 사드 문제로 발톱을 드러냈던 한한령의 기억을 소환해 그 실체를 되짚어 볼 필요가 있다.

경고음이 폭발음으로

2016년 11월 21일 오전 중국 정부가 한류 스타와 한국 콘텐츠에 대한 제재안을 발표했다는 뉴스가 나오면서 한국 증시에서 엔터테인먼트와 화장품 관련주가 급락하는 일이 벌어졌다.

사건의 발단은 한국 언론이 웨이보의 'TV관찰가(衛視觀察生)'라는 아이디가 올린 '한류제한령' 관련 내용을 보도하면서부터다. 이에 따르면 11월 18일 강소위성TV가 익일부터 한국 연예인이 나오는 TV 광고를 송출할 수 없다는 통지를 받았으며, 직원들에게 즉시 기획부서와 광고주에 연락해서 광고를 바꾸라는 내용의 캡처를 올렸다는 것이다. 11월 19일에는 중국 인터넷 언론이 이 내용을 보도했다. 「시나(新浪)연예」는 지방 TV 방송국에 사실 여부를 확인한 결과, 이런 루머가 있는 것은 사실이지만 구체적인 통지를 받은 곳은 없었다고 보도했다.

중국 인터넷에서 한한령이 본격적으로 이슈가 되기 시작한 건 2016년 11월 21일 오후다. 중국 외교부는 매일 오후 3시 내외신 기자를 대상으로 정례 브리핑을 진

2016년 11월 21일 오후 '한한령'에 관한 질문을 받고 있는 경상 중국 외교부 대변인

행한다. 이날 한 기자가 한한령에 관한 질문을 했다. 이에 대한 경솽(耿
爽) 중국 외교부 대변인의 답변을 그대로 옮겨보자.

질문 : 보도에 따르면 최근 중국의 한한령이 계속 확산되고 있다. 중국
정부는 각 TV 방송국에 한국 연예인이 나오는 광고를 내보내지 말라고
요구했다. 사실 여부를 확인해 줄 수 있는가? 여기에 대해 어떤 의견을
가지고 있는가? 중국의 이런 조치는 사드 배치와 관계가 있는가?

답변 : 첫째, 나는 이른바 한한령에 대해서 들어본 적이 없다. 둘째, 중국
은 중·한 간의 문화 교류에 대해서 적극적인 태도를 견지하고 있다. 그
러나 양국 간의 문화 교류는 민의를 기초로 한다는 사실을 모두 알고
있을 것이다. 셋째, 중국은 미국이 한국에 사드를 배치하는 것을 단호히
반대한다. 중국인들 역시 사드 배치에 불만을 드러냈다. 유관 기관이 이
런 정서를 주시했을 것으로 믿는다.

경솽 대변인은 한한령에 대해서 들어본 적이 없다고 했지만, 행간을 살
펴보면 시인도 부인도 하지 않았다. 대신 '민의'를 내세웠다. 한한령에 대
한 책임을 일반 시민에게 넘긴 셈이다. 정례 브리핑 이후 웨이보에서는
난리가 났다. 중국 네티즌들은 경솽 대변인의 답변을 지지하면서 애국심
앞에서 한류스타는 중요치 않다고 한목소리를 냈다. 인터넷 여론 조사에
서도 이런 분위기가 드러났다. 웨이
보에서 7400여 명을 대상으로 이루
어진 여론 조사를 보면, 한한령에 대
한 찬성이 74%를 차지한 반면, 반대
는 5%에 그쳤다. 17%는 금지할 것
과 금지하지 말아야 할 것을 구분해
야 한다고 응답했다. 20~30대가 주

중국 외교부가 '한한령'을 직접적으로 언급하지는 않았지만,
중국 미디어에서 '한한령'이란 말은 빈번하게 회자된다.

를 이루는 중국 네티즌들 중 다수가 한한령을 긍정한 것이다.

2016년 11월 21일 당시 한국은 국정농단 사태가 한창이었다. 대부분의 언론이 다른 데 신경 쓸 경황이 없었다. 한한령의 경고음이 묻힐 수밖에 없었다. 하지만, 그후 한한령의 경고음이 폭발음으로 바뀌는 데는 긴 시간이 필요하지 않았다.

매력적인 한류가 한순간 혐오의 대상으로

한한령은 대체로 엔터테인먼트와 콘텐츠 산업에서 시작된다. 한한령은 국가적·민족적 감정을 자극하기 때문에 한류를 포함한 문화 산업이 가장 취약하다. 2016년 7월 한국 정부가 사드 배치를 결정하자마자 바로 한 달 뒤인 8월경 한한령이 한류스타 송중기를 조준했다. 당시 중국 드

중국판 「BAZAAR」의 표지를 장식했던 송중기

라마 〈촉산검협전〉 제작진이 송중기를 100억 원대 개런티로 캐스팅하려 했으나 여러 이유를 들어 캐스팅이 불발되고 만 것이다. 후난위성TV의 〈상애천사천년 2〉에서는 한국 배우 유인나의 출연 분량이 삭제되는 일이 발생했다. 중국 스마트폰 비보(VIVO)의 모델도 송중기에서 중국 배우 펑위옌으로 교체됐다. 가수 황치열은 중국판 예능 프로그램 〈아빠 어디가 4〉에서 하차했다.

왜 중국인들은 한류스타에 열광하다가도 갑자기 돌변해 한류스타에 품었던 호의를 적의로 바꾸는 것일까? 그 안에 한한령의 의미가 숨어 있다. 한한령에는 정치적인 의도가 짙게 깔려 있다. 한류가 중국에서 선풍적인 인기를 끌었던 배경에는 2000년대 들어 한·중 교역 규모가 줄곧 확대된 것과 양국 간에 정치적으로 지속된 우호적인 분위기가 바탕이 됐다. 2015년 9월에 한국 대통령이 참석한 중국 전승절 열병 행사는 가까워진 한·중 관계를 보여주는 기념비적 사건이었다. 그런데 2016년 7월 한국 정부가 사드 배치를 결정하면서 한·중 관계에 불협화음이 생기기 시작했다. 중국 정부는 사드 배치를 미국의 대중 봉쇄 전략의 일환으로 판단하고 반대 의사를 명확히 했다. 중국인들 역시 중국 정부의 입장과 다르지 않았다. 민족주의 성향이 강하기로 소문난 중국인들이 한국의 사드 배치를 묵과할 리 없었다.

두 번째는 정서적 이유로, 한류 자체의 영향이 크다. 중국에서 한류가 큰 인기를 누린 이유는, 중국 경제가 고성장을 거듭하면서 문화적 수요가 급증했지만 중국 문화 산업이 이를 충족시킬 만한 콘텐츠를 생산해내지 못하자 문화적·지리적으로 가까운 한국으로 눈을 돌린 측면이 있다. 그런데 중국에서 한류가 너무 인기를 끌다 보니 한류에 대한 거부감도 함께 나타났다. 2014년 초 '별에서 온 그대'가 방영된 이후, 중국은 온통 김수현의 광고로 도배가 됐다. 김수현의 국내 출연료는 8억~10억 원인 반면, 중국 출연료는 1100만 위안(약 19억 원)을 넘어섰다. 2016년 〈태양의 후예〉가 방영되고 나서는 송중기가 대세를 이뤘다. 특히 중국 동영상 사이트가 실시간으로 한국 드라마를 방영하면서 한국과 중국과의 '인기 시차'가 사라졌다. 중국 네티즌들은 한국 오락 프로그램도 바로 중국어 자막과 함께 볼 수 있게 됐다. 덕분에 〈런닝맨〉이 중국에서 인기를 끌자 이

광수는 중국 남녀노소가 좋아하는 인기 스타로 부상했다.

그런데, 중국인들은 한류 스타에 열광하는 동시에 중국인이 아닌 한국인 연예인들에 불편함을 드러냈다. 한류 스타들에게서 중국을 돈벌이 대상으로만 여기는 인상을 받기라도 하면, 불편함이 거부감으로 돌변했다. 한류 스타들에게서 중국을 비하하거나 무시하는 기미가 조금이라도 감지되면 바로 응징에 들어가는 것이다.

한한령에 기름을 붓는 건 중국 언론이다. 한류 스타가 실언이라도 하면 이를 대대적으로 보도해 반한감정을 부추겼다. 한류 스타의 스캔들을 정치적으로 이용하는 것이다.

한한령에 숨은 저의

문제는 한한령이 단순히 한류 산업, 즉 엔터테인먼트와 콘텐츠 분야에 국한해서 영향을 미치지 않는다는 사실이다. 사드 사태가 불거졌던 2017년으로 되돌아가보자.

한국 언론에서는 사드로 촉발된 한한령을 가리켜 '사드 보복'이라 보도했다. 사드 보복은 크게 중국 정부 차원에서의 경제 보복과 민간 차원에서의 불매 운동, 그리고 중국 인터넷 공간에서의 반한 감정으로 표출됐다. 흥미로운 사실은 한한령의 숨은 저의를 들여다보면 한 가지 공통된 이데올로기가 포착되곤 하는데, 다름 아닌 '국가주의'다.

실제로 반한감정을 부추기는 언론 보도 가운데는 애국심을 자극하는 가짜뉴스들이 적지 않다.

2017년 3월 초 중국판 트위터인 웨이보에 롯데그룹 신동빈 회장의 인터뷰 기사가 올라왔다. 한국의 '환구신문안'이라는 매체에서 중국인들의 롯데 불매 운동에 대해 신 회장을 인터뷰한 기사였다. 인터뷰에서 신 회장은 만면에 미소를 띠고 "걱정할 필요 없다. 중국인들은 이익을 중시하는 모리배로서 줏대가 없기 때문에 우리가 물건의 가격만 내리면 바로 구매할 것"이라고 말했다고 보도됐다. 중국 온라인에서는 난리가 났다. 롯데 불매 운동에 관심이 없던 네티즌들도 웨이보, 위챗(중국판 카카오톡)을 통해 관련 내용을 공유하면서 분노를 분출했다.

상식적으로 생각해도 말이 안 되는 기사였다. 롯데그룹은 곧바로 해당 인터뷰 기사가 사실무근이라고 정식 성명을 냈다. '환구신문안'은 있지도 않은 매체이며 롯데는 중국을 경시하지 않고 중국인들을 존중한다고 밝혔다. 알고 보니, 인터뷰 기사는 중국 네티즌이 게시판에 올린 글이 웨이보에 소개되면서 급속하게 퍼진 것이다. 결국 중국인들의 애국심을 자극하는 가짜뉴스가 SNS를 통해서 확산된 에피소드였지만 이로 인한 피해는 엄청났다.

▎사드 배치 결정 전후 미디어/엔터주 상대주가 추이

사드 배치로 인한 한한령으로 당시 한국 증시에서 미디어와 엔터테인먼트 주가가 크게 하락했다. 하지만, 한한령의 위력은 엔터테인먼트 업계에 국한하지 않았다.

주: 상대주가는 주요 미디어/엔터 종목(CJ CGV, CJ E&M, 쇼박스, NEW, 에스엠, 와이지엔터테인먼트, 제이콘텐트리) 평균 기준. 자료: KRX, 이베스트투자증권 리서치 센터

누구를 위한 팍스 시니카일까?

중국에서 국가주의를 강조하는 목소리가 날로 커지고 있다. 실제로 중국의 국가주의는 반한감정에 국한해서만 나타나지 않는다.

2008년 프랑스 사르코지 대통령이 달라이 라마를 만나자 중국은 항공기 구매 계약을 연기했다. 2010년 중국 반체제 인사인 류샤오보가 노벨평화상을 받자 노르웨이산 연어 수입을 줄였다. 2012년 일본과의 댜오위다오(일본명 센카쿠 열도) 분쟁에서도 중국의 국가주의는 뜨거웠다.

결국 한한령의 공포에 대처하기 위해서는 먼저 중국의 국가주의를 이해할 필요가 있다. 중국 국제정치학자인 정융녠(鄭永年) 싱가포르 국립대학교 교수는 『미래 30년』이라는 저서에서 중국 국가주의 세력을 크게 네 가지 집단으로 분류했다.

첫째, 전통적인 좌파다. 이들은 서구 자본주의에 대해 비판적이며 이념적으로도 사회주의에 편향돼 있다. 서구 자본주의가 중국 사회주의의 본령을 훼손할 것을 우려하며, 개혁·개방에 대해서도 회의적인 태도를 견지해 오고 있다.

둘째, 보수 세력이다. 이들은 국가 이익, 즉 국익을 가장 중요하게 여긴다. 이들은 국익에 경제력뿐 아니라 문화와 같은 소프트 파워까지 포함시킨다. 이들에게 있어서 중국의 전통 문화는 국익을 대표하는 소프트 파워 중 하나다. 중국적인 것은 모두 좋은 것이라고 여기며 외국 문화의 유입을 경계한다.

셋째, 감정적인 국가주의 세력이다. 최근 인터넷을 이용해 가장 활발한 움직임을 보이고 있는 집단이기도 하다. 20~30대 젊은 층이 대다수인 이들은 성장하면서 중국의 국력이 나날이 강해지는 것을 목격했고 중국의 발전에 큰 자부심을 느끼고 있다. 이들은 '중국의 세기'가 도래했다고 믿고 있다.

넷째, 국가주의의 이해관계자들이다. 이들은 정치, 경제, 문화 등 여러 분야에서 국가주의를 이용해서 직접적인 이익을 얻는 집단이다. 이들에게 국가주의는 믿음이나 의식 형태가 아니라 오로지 이익을 얻는 데 필요한 도구다. 국익을 빌미로 사익을 추구하는 것이다. 이들에게 필요한 것은 '외부의 적'이다. 외부의 적을 희생양으로 삼아 자기의 영향력을 확대한다. 중국을 정조준하는 사드의 주인 미국과 그 조력자인 한국은 모두 '외부의 적'이다. 사드 배치로 인한 한한령은 바로 이들의 기획이다.

결국 중국에서 국가주의와 국익, 애국심은 표현만 다를 뿐 그 속에 내재한 의도는 다르지 않다. 시진핑 주석이 2049년까지 중국을 세계 최강국으로 만들겠다는 '중국몽(中國夢)'을 제시한 이후 이른바 '팍스 시니카(Pax Sinica)' 구호가 잦아지고 있다. 팍스 시니카를 위해서는 중국인들을 한데 묶어야 하고 내부의 결속을 위해 외부의 적이 필요하다. 한한령은 팍스 시니카를 견고히 다지기 위해 중국인들의 애국심을 점검하는 전략적 정책이다. 그들이 중국몽을 실현하는 그 순간까지 한한령과 반한 감정은 사라지지 않을 지도 모른다.

순망치한 관계에서
골칫거리가 된 북한

피를 나눈 관계에 발목이 잡히다

뭐든지 세계 최대를 자랑하는 중국. 국경을 마주하고 있는 이웃 나라만 해도 14개로 전 세계에서 가장 많다. 몽골, 러시아, 카자흐스탄, 키르기스스탄, 타지키스탄, 아프가니스탄, 파키스탄, 네팔, 부탄, 인도, 미얀마, 라오스, 베트남 그리고 북한까지 중국 정부로서는 국경을 마주한 이웃 나라들과의 외교가 녹록치 않다.

저마다 이해관계가 다르기 때문에 외교적 온도차도 제각각이다. 외교는 국가 간에 냉랭해도 문제이지만, 관계가 너무 가까워도 골치 아프다. 적절한 간격을 유지하는 게 중요하다.

중국은 북한에게 있어서 외교적으로 가장 긴밀한 이웃 나라다. 양국 사이가 서로 혈맹관계라는 것은 누구나 다 아는 사실이지만, 때로는 피를 나눈 관계가 발목을 잡기도 한다.

중국이 북한과 접하는 국경선의 길이는 1334km로 전체 국경선(2만 2000km)의 6%에 불과하다. 하지만 외교적 밀도는 국경선의 길이와 비례하지 않는 모양이다. 북한이 중국에 미치는 영향은 적지 않다.

중국과 북한, 아니 중국과 한반도 전체의 관계는 역사적으로도 특별하다. 한반도는 오랜 세월 중국과 밀접한 관계를 맺어왔으며, 심지어 중국의 왕조 교체에까지 영향을 미친 예가 적지 않았다. '동이(東夷)'라 불렸

❘ 중국과 국경을 마주한 이웃 나라들

① **몽골**(4710) ② **러시아**(4354) ③ **미얀마**(2000) ④ **인도**(1700) ⑤ **카자흐스탄**(1753)
⑥ **네팔**(1415) ⑦ **베트남**(1347) ⑧ **북한**(1334) ⑨ **키르기스탄**(1096) ⑩ **부탄**(600)
⑪ **파키스탄**(500) ⑫ **라오스**(500) ⑬ **타지키스탄**(400) ⑭ **아프가니스탄**(92)

자료: 「중앙일보」 '중국의 인접국가'를 인용. ( )는 국경선 길이(km)

311

던 동쪽의 작은 오랑캐로 인해 왕조까지 교체됐다고 하니 중국인들로서는 퍽 자존심 상하는 이야기일 수도 있겠다. 하지만, 사실이다.

7세기경 수양제는 고구려를 세 차례나 침공했으나 모두 실패했고 전쟁의 여파로 수나라 해체가 가속화 됐음은 움직일 수 없는 역사적 사실이다. 1592년 임진왜란이 발발하자 조선은 명나라에 원군을 요청했고 명나라는 원군을 파병했다. 이여송이 지휘한 명나라 원군의 역할에 대해 갑론을박이 많지만, 일본을 물리치는데 도움이 되었음을 부인할 수 없다. 하지만 당시 쇠락의 기미가 보였던 명나라는 원군 파병으로 인해 재정파탄이 가속화됐고 결국 청나라에 망하고 만다. 1894년 청일전쟁은 청나라도 일본도 아닌 한반도에서 발발했다. 동학혁명이 일어나자 조선은 청나라에 지원을 요청했고 청나라가 파병하자 일본도 텐진조약에 근거해 군대를 파병했다. 일본의 야욕으로 시작된 청일전쟁에서 패배한 청나라는 이후 열강의 먹잇감으로 전락했다.

이처럼 한반도에서 역사적인 사건이 일어나거나 세력 균형이 깨질 때마다 중국 역시 막대한 영향을 받아왔다. 그래서일까, 중국 정부가 내세우는 한반도 정책의 최우선 목표는 한반도의 안정이다. 중국은 돌발 변수가 발생할 수 있는 북한의 정권 붕괴나 남북통일보다도 현상 유지가 자신들의 국익에 가장 부합하다고 여긴다. 물론 중국이 최우선 가치로 두는 국익은 경제 성장일 게다.

입술이 없으면 이가 시리다?

중국에게 있어서 북한의 존재는 '순망치한(脣亡齒寒)론', 즉 '입술이 없으면 이가 시리다'라는 말로 설명되곤 한다. 북한이 미국의 영향을 막는

방파제 역할을 한다는 것이다.

하지만, 북한의 핵실험과 미사일 발사가 계속되자 북한에 대한 중국의 시각이 바뀌었다. 중국의 학계에서 주장되어온 북한의 '전략적 부(負)자산론'은 이를 방증한다. 중국의 대외관계에 있어서 북한이 '자산'보다는 '부채'로 작용하기 시작했다는 주장이다. 다시 말해 북한의 핵실험 등 강경 군사 정책이 중국이 추진하는 경제 성장 정책에 적지 않은 부담으로 작용하고 있다는 얘기다.

부담스런 부분은 종종 강조되기 마련이다. 중국에서는 한반도의 위기에 대해 확대 해석하는 경향이 있는데, 같은 이치다. 예를 들어보자. 2013년경 중국 관영지인 「환구시보」는 한반도 전쟁 발생 확률이 70~80%에 달한다는 한반도 전문가 장롄구이 교수의 칼럼을 게재해서 중국뿐 아니라 한국 언론으로부터 뜨거운 관심을 받은 적이 있다. 중국 공산당에서 꽤 비중 있는 자리에 있는 학자가 그런 발언을 했으니 중국은 물론 한국에서도 논란이 되고 남을 만 했다.

필자가 직접 피부로 느꼈던 경험도 있다. 2017년 2월 22일 필자는 홍콩 봉황TV의 〈이후이시탄(一虎一席談)〉이라는 시사 토론 프로그램에 원격

'전략적 부(負)자산론'이란, 중국에게 있어서 북한이 '자산'보다는 '부채'로 작용하기 시작했다는 주장이다. 다시 말해 북한의 핵실험 등 강경 군사 정책이 중국이 추진하는 경제 성장 정책에 적지 않은 부담으로 작용하고 있다는 얘기다.

화상으로 참여했다. 참고로 이 프로그램은 각종 현안에 대해 패널들이 난상토론을 벌이는 것으로 유명하다.

홍콩 매체라는 특성을 이용해, 민감한 주제에 대해서도 찬반 양쪽의 자유로운 발언을 허용하기 때문에 중국에서 시청률이 높은 편이다. 반면, 중국 국영 방송인 CCTV는 중국 정부의 입장에 완전히 부합하는 주장만 내보내기 때문에 시청자들의 관심도가 떨어지는 측면이 있다.

이 날의 주제는 한·미 연합군사훈련과 북한 핵실험, 즉 한반도에 드리운 위기였다. 당시 토론에 참석한 한 패널이 한반도 전쟁 발발 가능성을 거론하자 패널 중 일부가 강하게 동조하고 나서 한국인인 필자를 꽤 당황스럽게 했다.

북한을 바라보는 중국의 시선은 양가적이다. 혈맹인 북한의 정책을 원칙적으로 지지하지만 예외도 존재한다. 북한의 핵실험은 중국에도 압박으로 작용한다. 특히 북한에 가까운 중국의 동북 지역에서는 안전에 대한 우려가 높다. 중국 정부 입장에서는 북한이 핵보유국 지위를 인정받게 되면 중국의 대북 영향력이 약해지는 것도 우려한다. 아울러 북한의 핵실험과 미사일 발사로 인해 중국이 추진하는 대외 경제 정책에 악영향이 초래되지 않을까 걱정이다.

북한 입장에서도 중국의 입장을 고려하지 않을 수 없다. 동북아시아에서 북한에 실질적인 영향력을 행사할 수 있는 나라는 중국밖에 없다고 해도 과언이 아니다.

북한이 수입하는 원유 중 약 90%를 중국에 의존하고 있기 때문이다. 북한은 무연탄과 철광석을 중국에 수출해서 원유 수입대금으로 충당한다. 따라서 중국의 북한 무연탄 수입 금지 조치는 북한에는 상당한 압력이다. 중국은 유엔 안보리 결의안 2321호에 따른 조치일 뿐이라고 해명했지만, 북한으로서는 중국의 경고로 받아들일 수 있는 대목이다. 지금까지 중국은 대북제재 결의안 이행에 적극적이지 않았었다.

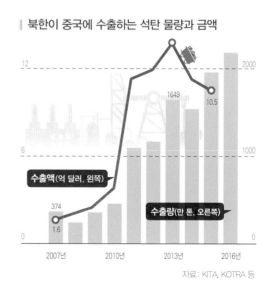

북한이 중국에 수출하는 석탄 물량과 금액

수출액(억 달러, 왼쪽)

수출량(만 톤, 오른쪽)

374
1.6

1649

10.5

2007년　　2010년　　2013년　　2016년

자료: KITA, KOTRA 등

부담스럽다고 당장 버릴 순 없다!

얼마 전 한국의 모 대학교에서 국제관계학과 교수로 재직하는 중국인 외교학자를 만날 기회가 있었다. 점심을 함께 하는 동안 중국인 교수는 필자에게 중국을 다소 비판하는 논조의 얘기를 건넸다. 그 가운데 특히 기억에 남는 건 중국의 한국 전문가들이 한국 내 여론을 제대로 이해하지 못하고 있다는 것이다. 그는 중국의 대북 정책에 대해서도 부정적이었다. 현상 유지만을 최우선으로 하는 피동적인 수준에 머물고 있다는 것이다.

그런데, 한국은 북한 문제가 발생하면 너나 할 것 없이 중국의 눈치 보기에 급급하다. 실제로 중국은 골치 아픈 북한 문제를 한국이 알아서 대처해 주기를 바라고 있는데도 말이다. 중국으로서는 북한 문제에서 차이나 패싱(China Passing) 소리만 모면하면 그만이다. 한국과 북한 사이에서 더 이상 난처해지고 싶지 않은 것이다.

중국은 전략적 자산이 아니라 부채로 변하기 시작한 북한에 대한 정책적 조정을 이미 염두에 두고 있는 듯하다. 자산은 끌어안아야 하지만 부채는 버리는 게 맞다. 하지만 외교에서는 반대로 자산에 거리를 두고 부채를 끌어안아야 하는 경우도 생긴다. 부채로 변하기 시작한 북한을 노골적으로 내칠 수 없다는 얘기다. 결국 중국 입장에서는 한국이 주도적으로 북한 문제를 해결해 나가길 원한다. 자신들이 직접 나서기가 껄끄러운 부분을 한국이 대신해 주었으면 하는 것이다.

외교는 럭비공과 같다. 어디로 튈지 종잡을 수가 없다. 사드 사태처럼 외교가 경제 문제로까지 튀는 건 전쟁 다음으로 경계해야 할 부분이다. 경제 전문가들조차 나라 간 외교적 속내까지 들여다보는 혜안(慧眼)이 절실한 시대다.

IPO(기업공개)로 살펴 본 중국 업계지도

2000만 개가 넘는 회사들이 포진한 '기업 대국'

중국 인구는 14억 명에 달한다. 인구 수 만큼은 아니지만 많은 게 또 하나 있다. 바로 기업이다. 중국 기업 수는 2015년에 이미 2180만 개를 넘어섰다. 서울과 경기도를 합친 인구 수 만큼의 기업이 중국의 경제 주체가 되어 활동하고 있는 것이다.

기업에게 수익 창출과 더불어 가장 큰 목표 중 하나는 기업공개(IPO, Initial Public Offering)일 것이다. 기업공개는, 기업이 불특정 다수의 투자자에게 자사의 주식을 팔아 자금을 모으는 과정을 뜻한다. 즉, 기업이 이미 발행했거나 새로 발행하는 주식의 전부 또는 대부분을 증시에 내놓고 불특정 다수의 투자자를 상대로 주식을 팔아 자금을 공개모집(공모)하는 것이다.

중국에서는 기업이 너무 많다 보니 기업공개가 어렵다. 상장기업 수를 몇 만 개까지 늘릴 수 없기 때문이다(2017년 말 기준 중국 증시에 상장된 기업 수는 3468개 사). 그래서 중국에서는 늘 기업공개가 화두다. 소수의 선택된 기업만 상장할 수 있기 때문에, 기업공개는 중국에서 어떤 산업이 유망한지를 가늠하는 바로미터가 된다.

빨라지는 기업공개 속도

2017년 중국 증시의 가장 큰 변화 중 하나는 기업공개의 정상화였다. 2016년 하반기부터 상장 심사 속도가 눈에 띄게 빨라졌다. 상장하기 위해서 2~3년씩 기다려야 하는 중국 기업에게는 그야말로 단비 같은 소식이다. 중국은 2017년 9월 말 상장심사위원회가 새로 구성된 후 상장 심사 기간이 단축됐고 상장 심사도 엄격해졌다. 중국 기업이 상장 신청에서 기업공개까지 걸리는 시간은 2년에서 빠른 경우 약 1년으로 단축

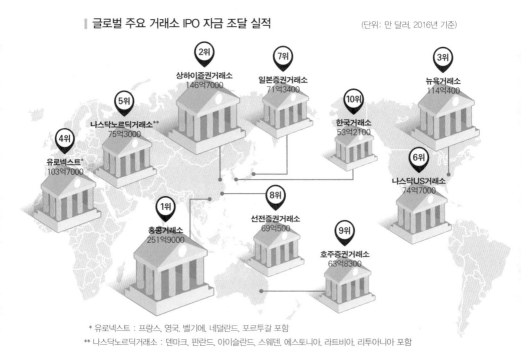

┃ 글로벌 주요 거래소 IPO 자금 조달 실적　　　　(단위: 만 달러, 2016년 기준)

- 2위 상하이증권거래소 146억7000
- 7위 일본증권거래소 71억3400
- 3위 뉴욕거래소 114억400
- 5위 나스닥노르딕거래소** 75억3000
- 10위 한국거래소 53억2100
- 4위 유로넥스트* 103억7000
- 6위 나스닥US거래소 74억7000
- 1위 홍콩거래소 251억9000
- 8위 선전증권거래소 69억500
- 9위 호주증권거래소 63억8300

* 유로넥스트 : 프랑스, 영국, 벨기에, 네덜란드, 모르투갈 포함

** 나스닥노르딕거래소 : 덴마크, 판란드, 아이슬란드, 스웨덴, 에스토니아, 라트비아, 리투아니아 포함

됐다. 동시에 분식회계 우려가 있거나 실적이 하락한 기업은 상장 심사를 통과하기가 더욱 힘들어졌다.

2017년 중국 증시에 상장한 기업 수는 사상 최고치인 437개 사에 달했다. 전년 대비 93% 증가했다. 상장을 신청한 기업 중 상장 심사를 통과한 확률은 79%에 달했다. 하지만 2017년 말 새로운 상장심사위원회가 구성된 후 통과율은 70% 미만으로 하락했다. 상장기업이 기업공개로 조달한 금액은 2351억 위안(약 38조 원)으로 전년 대비 56% 늘었다. 지역별로는 광둥성 소재 상장기업이 98개 사에 달했다. 광둥성에서도 신경제를 이끌어 나갈 대표 주자로 꼽히는 선전 소재 상장기업들이 40개 사에 달했다. 동북 3성(지린성·랴오닝성·헤이룽장성) 소재 상장기업(4개)의 10배가 넘는 상장기업을 선전시가 배출한 셈이다.

중국의 실리콘밸리 '선전', 기업공개의 메카

중국은 기업 규모별로 상하이거래소의 메인보드, 선전거래소의 중소기업판과 창업판(차스닥)에 상장할 수 있다. 상하이거래소의 메인보드에 상장한 기업 수는 214개 사, 조달 금액은 1377억 위안에 달한다. 선전거래소의 중소기업판과 창업판에는 각각 82개 사(451억 위안)와 141개 사(523억 위안)가 상장했다. 대형 국유기업이 주로 상장한 상하이거래소의 메인보드보다 눈에 띄는 건 주로 벤처기업이 상장한 차스닥이다. 무게중심이 국유기업에서 민영기업, 제조업에서 첨단제조·바이오·인터넷 기업으로 옮겨가는 추세를 느낄 수 있다.

중국은 현재 상장 대기 중인 기업이 484개에 달한다. 2018년 중국 증시에 상장될 기업들의 면면을 살펴보면 중국 경제의 미래를 엿볼 수 있다.

우선 지역별로 나눠보자. 상장 대기 중인 484개 기업 중 광둥성 소재 기업이 91개에 달했고 이들 중 45개는 선전에 포진해 있다. 그 다음 장수성 기업이 76개이고 저장성 기업이 69개다. 광둥·장수·저장성의 기업이 전체 상장 대기 기업의 49%에 달한다. 이밖에 10개 이상의 상장 대기 기업이 있는 지역은 베이징, 상하이, 안휘성, 산둥성, 후베이성, 푸지엔성과 후난성이다.

2017년 상장된 기업도 광둥성(98개)·저장성(87개)·장수성(65개)이 가장 많았다. 이들 3개 성(省)의 합계가 전체 상장기업의 57%에 달했다. 기업공개로 조달한 금액도 광둥성(521억 위안)·저장성(486억 위안)·장수성(303억 위안)이 나란히 1~3위를 차지했다.

여기서 가장 눈에 띄는 건 광둥성, 특히 선전이다. 중국의 실리콘밸리로

┃ 중국 지역별 상장 대기 기업 현황

IPO ■광둥성·장수성·저장성
중국의 개방을 이끈 핵심 경제 축으로,
신성장 산업 위주로 포진해 있다.

IPO ■동북 3성(지린성·랴오닝성·헤이룽장성)
중국의 대표적인 러스트 벨트로, 2017년 4개 사가
상장했고 2018년도 12개 사가 상장 대기 중이다.

지린
헤이룽장
베이징 55
랴오닝
산둥 19
장수 76
안휘 19
후베이 14
쓰촨 9
상하이 41
후난 10
저장 69
광둥 91
푸지엔 13

떠오른 광둥성 선전시가 중국의 미래를 대표할 기업을 키우고 있음을 확인할 수 있다. 선전은 중국판 한강의 기적으로 불린다. 지난 1980년 중국 최초의 경제특구로 지정된 선전은 1979년 GDP 1억9000만 위안(약 326억2680만 원)에서 2015년 1조7503억 위안(약 300조5615억 원)으로 30년 만에 GDP가 무려 9200배 상승했다. 뿐 만 아니다. 과거 조그만 어촌도시에 불과했던 선전은 수출액 23년 연속 1위, 대외 교역액 2위를 차지하며 중국에서 외국인들이 꼽은 최고 투자 지역으로 급부상했다.

또한 장강삼각주 지역을 구성하는 저장성, 장수성이 중국 경제의 또 다른 축이라는 사실이 드러난다. 광둥성과 더불어 중국의 개방을 이끈 동남연해지역이 중국의 핵심 경제 축으로 성장한 것이다. 이 지역에 위치한 상장기업이 많은 이유는 산업 구조가 성숙한 데다 민영기업 비중이 크고 신성장 산업 위주로 발전하고 있기 때문이다.

광둥·장수·저장성과 극명한 대조를 이루는 건 동북 3성(지린성·랴오닝성·헤이룽장성)이다. 이 지역은 개혁·개방 이전에는 중공업 기지 역할을 담당했지만, 시대의 변화를 쫓아오지 못하고 뒤처졌다. 이들 지역에

중국 최초의 경제특구 선전은 수출액 23년 연속 1위, 실리콘밸리로 불릴 정도로 유니콘 기업들의 메카이자 대외 교역액 2위를 차지하는 도시로, 중국의 외국인들이 꼽은 최고 투자 지역이다.

서 2017년 4개 사가 상장했고 2018년에는 12개 사가 상장 심사 대기 중이다. 동북 3성 지역은 중국의 러스트 벨트다. 중공업 위주의 국유기업은 경쟁력을 상실했고 민영기업은 뿌리내리지 못했다. 러스트 벨트(Rust Belt)란 미국 제조업의 호황을 구가했던 중심지였으나 제조업의 사양화 등으로 불황을 맞은 지역을 말한다. 오하이오와 펜실베이니아 등 제조업이 발달한 미국 북부와 중서부 지역을 가리킨다.

통신과 바이오 그리고 4차산업이 뜬다!

이제 업종별로 살펴보자. 상장 대기 기업의 업종을 세부적으로 들어가 보면, 컴퓨터, 통신 및 기타 전자 설비 업종이 54개 사에 달하고 그 다음

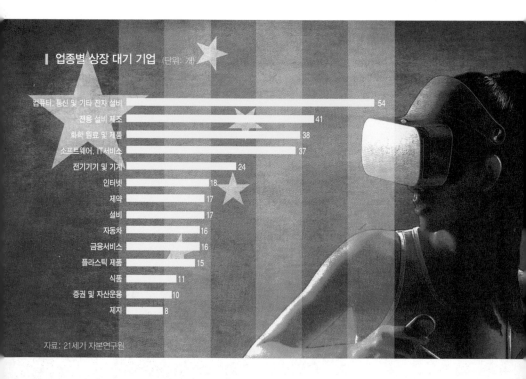

■ 업종별 상장 대기 기업 (단위: 개)

업종	개
컴퓨터, 통신 및 기타 전자 설비	54
전용 설비 제조	41
화학 원료 및 제품	38
소프트웨어, IT서비스	37
전기기기 및 기계	24
인터넷	18
제약	17
설비	17
자동차	16
금융서비스	16
플라스틱 제품	15
식품	11
증권 및 자산운용	10
제지	8

자료: 21세기 자본연구원

322

은 전용 설비 업종이 41개 사, 화학 원료 및 화학 제품이 38개 사, 소프트웨어·IT서비스가 37개 사이다. 2017년 상장된 기업의 업종 분포도 비슷했다. 컴퓨터, 통신 및 기타 전자 설비 업종, 화학 원료 업종 및 제약 업종의 비중이 가장 컸다. 중국은 인터넷과 IT를 중심으로 신경제가 발달하면서 IT·미디어·소비·헬스케어의 비중이 갈수록 커지고 있다.

업종별로 살펴봐도 역시 눈에 띄는 건 선전이라는 도시다. 2017년 선전에 있는 40개 기업이 상장했고 2018년도 비슷한 수의 기업이 상장 대기 중인데, 첨단제조와 인터넷 업종에 포진한 벤처기업들이 주를 이룬다. 선전에는 뒤지지만 베이징과 상하이도 혁신을 추구하는 스타트업이 많다. 또한 중국도 한국처럼 제약과 바이오 업종이 인기다. 상장 준비 중인 기업 가운데 야오밍캉더(藥明康德)라는 세계 11위의 제약 회사도 있다. 이 회사는 2007년 미국 증시에 상장했다가 2015년 자진해서 상장 폐지했다. 차스닥에 상장해서 한화로 약 1조 원을 조달할 계획이다.

2017년에 철강과 부동산 업종은 상장된 기업이 전무했다. 중국은 철강·석탄으로 대표되는 구경제에서 인터넷·통신 등 IT 기술로 대표되는 신경제로 전환하는 중이다. 최근에는 사물인터넷·가상현실·드론 등 4차산업의 비중이 높아지고 있다.

변화 속도는 중국답게 매우 빠르다. IT강국을 자부했던 한국으로서는 긴장하지 않을 수 없다. 한국 IT 기업들에게 엘도라도였던 중국 대륙이 어느새 한국의 IT 기업들을 집어삼킬 괴물들이 우글거리는 정글로 변해버린 것이다.

중국에서 주목해야 할 4대 키워드

전 세계 애널리스트들이 가장 주목하는 나라

중국의 국내총생산(GDP)은 2016년 기준 11조2000억 달러에 달한다. 1위인 미국(18조6000억 달러)에는 못 미치지만 3위인 일본(4조9000억 달러)의 두 배 이상이다.

코끼리가 된 중국 경제가 지금도 매년 7% 가까운 속도로 성장하다 보니 대형 경제 이슈들이 끊이질 않는다. 전 세계 애널리스트들이 가장 주목하는 나라로 수년째 중국을 꼽는 이유다.

가까운 미래에 중국을 들었다놨다할 키워드들을 몇 개 골라봤다. 우선, 중국산 대형 여객기인 'C919'의 상용화가 있다. 알리바바가 추진 중인 '신유통'도 이목을 집중시킨다.

'5세대(5G)' 통신 상용화 및 '인공지능(AI)'도 빼놓을 수 없다. 5G와 AI는 중국의 4차산업 전망을 가늠할 수 있는 바로미터이기도 하다. 지금부터 하나하나 살펴보자.

2017년 5월 중국이 자체 개발한 대형 여객기인 'C919'가 시험 비행을 했다. 중국 방송사들이 앞 다투어 보도할 만큼 C919 시험 비행에 14억 중국인들이 일제히 열광했다. C919가 항공기 국산화의 첨병이기 때문이다.

중국의 항공 여객 수는 2017년 기준 5억5000만 명으로 전년 대비 약 13% 늘었다. 하지만 아직도 항공 여객 수가 전체 인구의 반에도 미치지 못한다. 중국 항공 운송 시장의 성장 여력이 여전히 많이 남아 있음을 방증한다. 중국 항공사의 항공기 구매 수요도 갈수록 커지고 있다. 보잉사는 향후 20년 동안 중국이 7240대의 항공기를 구매해야 할 것이라고 전망했다. 구매가격은 모두 1조1000억 달러에 달한다. 천문학적이다.

7000대가 넘는 항공기를 구매해야 하는 중국 입장에서는 국산화에 대한 욕심이 생길 수밖에 없다. 글로벌 항공기 시장은 보잉과 에어버스의 과점 구조가 지속돼왔다. 중국 내수 시장에서만 점유율을 높여도 '규모의 경제' 실현에 필요한 유효 수요를 창출할 수 있다.

C919는 국유기업인 중국상용비행기공사(COMAC)가 제작하고 있다. 2020년 투입이 목표다. C919는 단일 통로형 중형 여객기로서 '보잉737 MAX'와 '에어버스 A320neo'가 경쟁 상대다. 대부분이 중국 항공사의 주문이긴 하지만 이미 785대의 주문량을 확보했다.

중국이 최초로 제작에 성공한 항공기 C919

2018년은 C919 상용화를 위한 중요 고비가 될 전망이다. C919는 이미 두 번째 비행기가 시험 비행을 시작했으며 향후 모두 6회의 시험 비행을 통해 1000개가 넘는 검증항목에 대한 테스트를 통과해야 한다.

KEY WORD 신유통

신유통은 중국 최대 전자상거래 업체인 알리바바가 온라인에서 오프라인으로까지 사업을 확장하면서 내세운 개념이다. 알리바바는 백화점을 인수하고 가전양판점과 대형마트에도 지분투자하는 등 오프라인 유통 영역에까지 진출했다.

알리바바의 최종 목표는 온·오프라인과 물류가 결합된 원스톱 유통 솔루션을 오프라인 업체들에게 제공하는 것이다. 물론 이를 가능케 하는 것은 알리바바의 IT 기술이다. 이마트가 중국 시장에서 철수했고 롯데마트도 철수를 준비하는 등 한국 유통 업체들의 중국 사업은 부진했지만, 중국 유통 시장은 빠른 속도로 성장 중이다. 2016년 중국의 민간 소비 규모는 33조2000억 위안(약 5600조 원)에 달했으며 2017년에도 10%에 가까운 증가세를 유지했다.

중국 유통 시장은 양적인 성장 못지않게 질적으로도 큰 변화를 겪고 있다. 특히 알리바바가 오프라인 유통 시장에 진출하면서 변화가 커졌다. 과거에 오프라인 유통 업체가 전자상거래에 진출했지만, 중국은 대체적으로 온라인(전자상거래)과 오프라인 유통 시장이 분리돼 있었다.

그런데 알리바바가 온라인에서 오프라인으로 역반격을 시작했다. 알리바바는 지분투자를 통해 배타적인 협력 관계를 구축한 다음, 오프라인 유통 업체에게 모바일 결제, 클라우드컴퓨팅, 물류 및 빅데이터 등 총괄적인 서비스를 제공한다. 오프라인 유통 업체 입장에서는 손해 볼 게 없다. 오프라인 유통 업체가 온라인 부문을 알리바바에게 아웃소싱하면 알리바바는 부가가치를 더해서 유통 솔루션을 제공하는 셈이다. 소비자도 이익이다. 오프라인 유통 업체의 서비스가 개선되기 때문이다.

알리바바가 운영하는 온·오프라인 통합형 슈퍼마켓인 '허마'는 '전통적인 수퍼마켓+배달음식+허마앱'이 결합된 통합 서비스를 제공한다. 점포로부터 3km 범위 안에 있는 소비자가 애플리케이션(앱)으로 주문하면 30분 내에 상품을 배달 받을 수 있다.

소비 규모가 큰 중국의 대도시를 중심으로 알리바바의 신유통이 진가를 발휘할 것이란 분석이 여기저기서 제기된다. 중국의 유통 시장은 한마디로 엘도라도다. 한국의 유통 브랜드들이 중국에서 자리를 잡지 못한 건 두고두고 아쉬운 일이다.

알리바바는 지분투자를 통해 배타적인 협력 관계를 구축한 다음, 오프라인 유통 업체에게 모바일 결제, 클라우드컴퓨팅, 물류 및 빅데이터 등 총괄적인 서비스를 제공한다.

🔍 5세대 이동통신(5G)

글로벌 이동통신 시장을 주름잡는 통신사들이 자사의 기술을 5G 표준 규격에 반영하기 위해 치열한 다툼을 이어가고 있다. 눈에 보이지 않는 '전파 전쟁'이 한창인 것이다. 3G는 벌써 구시대의 유물이 됐다. 어느덧 4G를 넘어 5G까지 왔다.

세계에서 가장 치열한 전파 격전지는 역시 중국이다. 14억 중국인들 손에 스마트폰이 들렸음을 상상해 보라. 중국에서도 5G 표준을 놓고 자국 통신사들과 글로벌 기업들이 사생결단에 나섰다.

5G는 4G보다 40~50배 속도가 빠르다. 사물인터넷(IoT)·자율주행·인공지능(AI) 등 4차산업에서 5G는 없어서는 안 될 핵심 기술이다. 5G가 상용화 되지 못하면 4차산업도 물 건너가게 된다.

중국 이동통신 업계는 2G는 뒤처졌지만, 3G에서 글로벌 통신사들과의 거리를 좁혔고, 4G에서 엎치락뒤치락 하더니, 5G에서는 아예 선두로 치고 나갈 기세다. 중국 이동통신 업계가 글로벌 리더로 도약할 수 있는 건 중국이라는 거대 시장의 인프라를 갖고 있기 때문에 가능하다.

2013년에서 2017년까지 중국 3대 이동통신 업체(차이나모바일·차이나텔레콤·차이나유니콤)의 매출액 합계는 1909억 달러에서 2108억 달러로 늘었다. 전 세계 이동통신 업체의 매출액이 제자리걸음을 하거나 뒷걸음질 친 것에 비하

면 훌륭한 성적이다. 중국 기업인 화웨이가 글로벌 최대 통신장비 업체인 점도 유리하다. 세계 최대 통신장비 업체였던 에릭슨의 매출이 쪼그라드는 동안 화웨이는 세계 최대 통신장비 업체로 성장했다.

3GPP(이동통신 표준화 기술협력 기구)는 2018년 상반기에 5G 국제 표준을 확정할 예정이다. 중국을 대표하는 차이나모바일은 3GPP에 적극 참여함으로써 영향력을 키워나가고 있다. 자사 기술을 국제표준화하기 위한 전략이다. 차이나모바일이 3GPP에 제안한 5G 표준 관련 기술 제안만도 1000개가 넘는다. 중국 3대 이동통신 업체는 향후 7년 간 약 1800억 달러를 5G에 투자할 계획이다. 4G 투자 대비 약 50% 증가한 규모다.

차이나모바일의 기술이 3GPP를 통해 국제표준화되면 어떤 일이 벌어질까? 수많은 나라들이 중국의 전파 식민지가 될 수 있다는 가정이 현실이 될지도 모른다.

▎세계 주요 기업들의 5G 분야 진출 현황

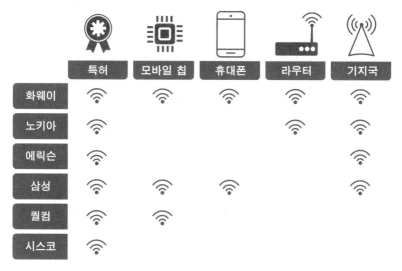

출처: WSJ

329

중국 정부는 중국을 대표하는 인터넷 기업으로 'AI드림팀'을 구성했다. 2017년 11월 중국 과학기술부는 바이두, 알리바바의 아리윈, 텐센트 및 커다쉰페이에게 인공지능 창신 플랫폼을 개방한다고 밝혔다. 바이두는 자율주행, 아리윈은 시티브레인, 텐센트는 의료영상, 커다쉰페이는 음성인식을 각각 맡았다.

"승용차 안에서 운전대 대신 기다란 젓가락을 잡고 훠궈(중국식 샤브샤브)를 즐기며 이동하는 날이 머지않았다." 베이징 인민대회당에서 열린 전국인민정치협상회의(정협) 폐막식에 참석한 리옌훙 바이두 회장이 한 말이다. 그는 향후 3~5년 안에 자율주행차 시대가 열릴 것이라고 전망했다. 2019년부터 중국의 주요 자동차 브랜드들이 자율주행차 시범 양산에 들어갈 예정이다. 2013년 자율주행차 개발에 뛰어든 바이두는 2017년 7월에 무인 자율주행 시스템인 '아폴로(Apollo)'를 선보였다. 또한 진룽자동차와 공동으로 자율주행 미니버스 양산을 위한 막바지 작업에 들어갔다. 2016년 10월 아리윈은 알리바바 본사가 위치한 항저우에서 시티브레인

바이두에서 선보인 자율주행차

프로젝트에 돌입했고 항저우에 있는 128개 교통신호등을 직접 관리하기 시작했다. 아리윈은 시범구역 내의 통행시간을 15.3% 감소시켰으며 간선 고가도로의 운행시간을 약 5분 줄이는 데 성공했다. 인공지능으로 교통사고를 수습할 때의 안전성도 92%에 달했다.

텐센트의 강점은 의료영상이다. 텐센트는 AI 의료영상 제품인 '텐센트미잉'을 발표했는데, 식도암 · 폐암 · 자궁경부암 · 유방암 등을 검진할 수 있다. 텐센트미잉은 매월 수백만 장의 의료영상 자료를 처리하고 있는데, 식도암의 발견율은 90%, 사르코이드증(희귀난치염증성종양)의 발견율은 95%에 달한다. 14억 인구를 가진 중국은 의료 산업에서도 세계 최대 시장이다. 의료에 4차산업 기술이 더해질 경우 어마어마한 부가가치를 창출하게 된다. 바로 중국에서 그런 놀라운 일들이 실현되는 것이다.

「블룸버그 비즈니스위크」에 실린 브라티슬라프 밀렌코비치의 자율주행차를 주제로 한 일러스트

회색 코뿔소의 습격

알고도 놓치기 쉬운 위험

시진핑 집권 2기 체제가 출범하는 19차 당대회에서 시진핑 주석은 중화민족의 위대한 부흥과 중국몽(中國夢) 실현을 역설했다. 또한 중국 공산당 창당 100주년인 2021년까지 샤오캉(小康, 중산층) 사회를 실현하고 2050년 미국과 어깨를 겨루는 초강대국으로 성장한다는 비전을 제시했다. 그동안 중국이 이룬 경제적 성과를 고려한다면 불가능한 목표가 아니다.

개혁·개방 초기인 1980년 중국 국내총생산(GDP)은 1912억 달러로 미국의 7%에도 미치지 못했지만, 2016년에는 11조2000억 달러로 미국의 60%까지 쫓아왔다. 지난 30여 년 동안 중국 경제는 그야말로 욱일승천(旭日昇天)하는 기세로 성장해왔다.

하지만, 중국 경제의 고도성장에 따른 후유증도 만만치 않다. 최근 중국에서 '회색 코뿔소(Grey Rhino)'를 경계해야 한다는 목소리가 나오는 이유다. '회색 코뿔소'란 다가올 가능성이 높아서 모두가 예상할 수 있지만 간과하기 쉬운 위험을 뜻한다. 코뿔소는 몸집이 커 멀리 있어도 눈에

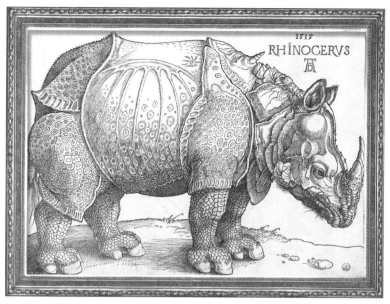

누구나 알 수 있듯이 코뿔소의 뿔은 치명적인 위협의 상징이다. 그림은 북유럽 르네상스 미술의 거장 알브레히트 뒤러가 1515년에 그린 판화 〈코뿔소(the rhinoceros)〉.

잘 띄며 진동만으로도 움직임을 느낄 수 있지만 코뿔소가 달려오면 두려움 때문에 아무것도 하지 못하거나 대처 방법을 알지 못해 그대로 당하고 만다는 것에 비유한 말이다.

회색 코뿔소를 설명할 때 함께 회자되는 용어로 '블랙 스완(Black Swan)'이 있다. 블랙 스완은 도저히 일어날 것 같지 않은 일이 벌어지는 상황을 가리킨다. 백조는 이름에서 알 수 있듯이 하얀 새이므로 검은 백조는 개념 모순이다. 그런데, 17세기 한 생태학자가 실제로 호주에서 검은 백조를 발견함으로써 '불가능하다고 인식된 상황이 실제 발생하는 것'이란 의미로 전이된 것이다. 월스트리트에서 활동하는 투자 전문가 나심 니콜라스 탈레브가 자신의 책에서 서브 프라임 모기지 사태를 예언하면서 블랙 스완으로 표현했다.

중국발 금융위기를 걱정하는 인민은행장

중국 금융당국도 회색 코뿔소를 예의주시하고 있다. 2017년 11월 4일 저우샤오촨 인민은행장은 중국인민은행 홈페이지에 '시스템적 금융위기 방지를 위한 마지노선 고수'라는 제목의 글을 게재했다. 저우 행장은 이 글에서 잠재적 리스크가 누적되면서 중국 금융 시스템의 취약도가 높아지고 있다며 블랙 스완 뿐 아니라 회색 코뿔소도 경계해야 한다고 지적했다.

저우 행장이 첫 번째로 지적한 문제는 거시적 측면에서 중국 경제의 높은 부채비율과 유동성 리스크다. 특히 부채비율을 거시금융 취약성의 근원으로 꼽았는데, 실물경제 부문이 부채를 과도하게 늘리면서 중국 금융 회사의 신용이 크게 팽창하는 결과를 야기했다. 2016년 말 기준 중국의 국내총생산 대비 부채 비중은 247%에 달했다. 이 중 기업 부문의 부채 비중이 165%로 과도하게 높았다. 특히 일부 국유기업들의 부채 비중이 날로 커지고 있다.

두 번째는 미시적 측면에서 금융 회사의 신용 리스크다. 최근 부실 대출이 증가하면서 중국 은행업의 자기자본비율과 리스크 대응 능력에 경고음이 들려오고 있다. 중국 회사채 시장도 디폴트가 늘어나면서 회사채 발행이 소폭 감소했다.

세 번째는 그림자 금융과 금융 회사들의 불법행위다. 일부 금융 회사는 금융감독의 사각지대에서 규제 허점을 이용해 불법행위를 저지르면서 차익거래를 하고 있다. 특히 자산관리 상품은 복잡한 상품 구조 및 자산과 부채의 '만기 불일치(단기 자금을 조달해서 장기로 운용할 때 발생할 수 있는 자금 상환 문제)'로 인해 대량 환매 발생시, 환매가 지연될 가능성이 상존한다.

5년 전인 2013년 다보스 포럼에서 세계정책연구소 대표인 미셸 부커가 중국이 처한 상황을 회색 코뿔소에 빗대어 진단해 주목을 끌었다. 부커는 『회색 코뿔소 : The Gray Rhino』라는 제목의 책을 펴내며 회색 코뿔소 개념을 널리 알렸다. 그리고 2017년 11월 6일 중국에서 개최된 포럼에서 부커는 블랙 스완 사건 배후에는 여러 마리의 회색 코뿔소가 존재한다고 말하면서 중국의 회색 코뿔소로 부채, 그림자 금융과 증시의 높은 변동성을 꼽았다.

부커는 매년 1월 전 세계 리스크에 대해서 리스트를 작성한다. 2017년 리스크 1위로 뽑은 것은 미국의 정치 환경이었고, 2위가 바로 중국의 부채였다. 부커는 저금리 추세가 지속되면서 전 세계적으로 부채 비율이 급증했는데, 중국도 비슷한 문제를 겪고 있다고 말했다. 아울러 부채, 그림자 금융과 증시의 변동성이 가장 큰 리스크 요소라고 덧붙였다.

┃ 주요국 GDP 대비 기업 부채 비중　(단위: %)

러시아 59
미국 71.2
프랑스 124.9
중국 165
한국 105
멕시코 25.3
영국 73
그리스 65.1
일본 101.3
인도 50.6
남아공 아프리카 36.7
브라질 50.1

출처: BIS

335

부커는 회색 코뿔소에 대처하는 단계를 다섯 가지로 구분했다. 1단계는
현실 부정, 2단계는 시간 끌기 또는 유예, 3단계는 타협, 4단계는 공황,
5단계는 대책을 실행하거나 코뿔소에 짓밟히는 것이다.

현재 중국이 회색 코뿔소를 대처하는 단계는 어느 지점일까? 부커는 중
국이 회색 코뿔소의 존재를 인정하고 받아들이는 타협 단계에 있다고
말했다. 현실을 인정하고 대책을 강구 중이라는 얘기다. 즉, 중국이 처
해 있는 문제는 무엇이고, 이 문제는 어떤 이해관계자들과 연관되어 있
는지, 또 그들이 원하는 것은 무엇인지 등 문제의 본질을 파악해나가는
단계라는 것이다.

다섯 마리의 회색 코뿔소

중국이 맞닥뜨린 회색 코뿔소를 정리해보자. 첫 번째 회색 코뿔소는 높
은 기업 부채 비율이다. 앞에서 살펴봤듯이, 중국 국내총생산 대비 부채
비중이 247%인데, 이중 기업 부채 비율이 165%에 달한다. 높은 레버리
지는 시스템적으로 금융 리스크를 가져올 수 있기 때문에 중국 정부에
서도 국유기업의 부채 비율 감소를 최우선 목표로 삼고 있다. 이런 취지
로 출자전환과 국유기업의 구조조정을 서두르고 있다.

두 번째 회색 코뿔소는 치솟는 부동산 가격이다. 중국 부동산 가격이 지
속적으로 상승하면서 베이징과 상하이 등 일부 대도시의 아파트 가격
은 중산층이 감내할 수 있는 한계를 넘어선지 오래다. 중국 상업은행의
부동산 대출 관련 부실 채권 비율이 빠르게 증가하고 있는 것이다. 특히
중국 은행들의 대출이 포화 상태에 이른 기업대출보다 주택담보대출
위주로 늘어나고 있다. 만약 부동산 가격이 급락하면 은행의 부실 대출

이 늘어나고 다시 부동산 가격 하락과 디폴트가 증가하는 악순환에 빠질 우려가 높다.

세 번째 회색 코뿔소는 그림자 금융이다. 글로벌 금융위기 발생 이후, 중국에서는 그림자 금융이 차지하는 비중이 급증했다. 그림자 금융이란 은행과 비슷한 기능을 하면서도 은행과 같은 엄격한 건전성 규제를 받지 않는 금융기관들의 신용 중개 행위를 이르는 말이다. 여기서 '그림자'는 은행 대출을 통해 돈이 유통되는 일반적인 금융 시장과 달리 투자 대상의 구조가 복잡해 손익이 투명하게 드러나지 않는다는 점에서 붙은 말이다. 머니마켓펀드(MMF), 환매조건부채권(RP), 자산유동화증권(ABS) 등의 금융 상품이 이에 해당된다. 중국은 은행 대출, 회사채 발행과 그림자 금융 대출을 포괄해서 실물경제의 유동성을 나타내는 지표인 '사회융자총액'에서 그림자 금융의 비중이 한때 40%까지 올라갔다. 그림자 금융은 본질적으로 금융당국의 규제를 피하는 속성이 있기 때문에 전반적인 금융 리스크를 높인다.

네 번째 회색 코뿔소는 지방정부 부채다. 지방정부 부채는 2008년 5조 위안에 못 미쳤지만 2016년 말 15조3200억 위안으로 급증했다. 중국 정부도 문제의 심각성을 인지하고 2014년부터 적극적인 통제에 나섰다. 하지만, 일부 지방정부는 변칙적인 수단으로 채권을 발행하는 등 여전

히 리스크가 상존하고 있다. 지방정부 부채의 디폴트 발생시 중국 정부가 지급보증을 거부할 수 없을 것이라는 시장의 기대도 문제 해결에 장애물로 작용하고 있다.

마지막은 위안화 환율이다. 중국의 외환보유액은 약 4조 달러에서 3조 1000억 달러 수준으로 줄어들었다. 위안화 환율이 크게 절하되면 중국 금융 시장이 요동치고 실물경제의 불확실성이 증폭될 수 있다. 해외 자본의 유출도 걱정이다. 중국은 위안화 환율의 안정을 유지하는 동시에 위안화 국제화를 추진해야 하는 과제를 안고 있다.

도망칠 것인가, 포획할 것인가?

시진핑 정부의 당면 과제는 2021년까지 샤오캉 사회를 달성하는 것이다. 그러기 위해서는 2020년까지 2010년 대비 국내총생산과 주민 소득을 2배로 늘린다는 소득배증계획을 반드시 달성해야 한다. 2017년 중국 경제성장률은 6.9%를 기록했다. 그렇다면 남은 3년 동안 최소 6.3%의 성장률을 유지해야 목표 달성이 가능하다. 중국은 적어도 6.5%를 성장 목표치로 삼을 가능성이 크다.

그런데, 회색 코뿔소가 현실화되면 목표 달성이 불가능할 수 있다. 중국 금융당국이 빈번하게 회색 코뿔소를 언급하는 이유다. 회색 코뿔소를 피하기 위한 중국의 대응책은 무엇일까? 우선, 디레버리징(deleveraging, 부채축소)이다. 디레버리징은, 보유한 자본을 상회하는 부채를 끌어들여 이를 지렛대 삼아 투자수익률을 높이는 것을 일컫는 레버리징의 반대말이다. 중국의 부채 비율 상승 속도는 둔화됐지만, 여전히 상승 추세가 지속되고 있다. 완화적 통화 정책을 유지하게 되면 부채 비율을 낮추기 어렵기 때문에 중국은 광의통화 증가 속도를 낮추는 등 통화 정책을 소폭 조정할 가능성이 크다.

금융감독의 고도화 역시 주요 대응책이다. 중국은 금융 리스크 해소를 위해, 2017년 7월 국무원 산하에 금융안정발전위원회를 설립했다. 중앙은행인 인민은행과 은행·증권·보험감독관리위원회로 구성된 '1행 3회'의 분업주의 규제 체제에서 발생하기 쉬운 감독기관 간의 갈등 조율이 앞으로 용이해질 전망이다. 중국 금융 시장은 겸업주의 추세가 강화되면서 기존 분업주의 규제의 효율성에 의문이 제기돼 왔다.

이미 금융안정발전위원회는 본격적으로 활동을 시작했다. 2017년 11월 금융안정발전위원회는 모든 금융 회사의 이재(理財)상품(자산관리상품)에 고강도 규제를 적용하고 레버리지를 축소하는 방안을 발표했다. 잠재적인 리스크로 여겨져 왔던 이재상품에 메스를 들이댄 것이다. 중국 은행들이 대차대조표에 기록되지 않는 부외거래인 이재상품 판매를 늘리면서 그림자 금융 규모가 확대돼 왔음을 깨달은 것이다.

중국의 금융감독을 책임지는 저우 인민은행장은 회색 코뿔소를 피하기 위해서 어떤 대책을 내놓았을까?

회색 코뿔소를 피하기 위한 중국의 대응책은 디레버리징, 즉 부채축소다. 거대해진 부채의 뇌관이 터지면 시진핑 정부가 꿈꾸는 중국몽도 산산조각 나고 만다.

저우 행장은, 금융 시장 개혁과 사회융자(자금조달) 구조 개선을 내세웠다. 중국은 주식·회사채 발행 같은 직접금융보다 은행 대출 위주의 간접금융 비중이 높은데, 앞으로 직접금융 위주로 전환하겠다는 것이다. 이를 위해서 기업공개 제도를 개혁하고 정부의 직접적인 시장 개입도 줄일 것이라고 말했다. 또한 개인 투자자 보호 및 인수합병 제도 개선, 사모펀드 육성 계획도 추진할 것이라고 밝혔다. 모두 기업들이 은행 대출 대신 직접금융 시장을 이용해, 자금을 조달하게 하려는 조치다.

중국을 향해 달려오고 있는 회색 코뿔소는 오래된 문제이면서 구조적인 문제다. 높은 부채 비율, 치솟는 부동산 가격, 그림자 금융, 지방정부 부채! 회색 코뿔소와의 쫓고 쫓기는 레이스가 시작된 것이다. 중국은 회색 코뿔소로부터 멀리 달아날 수 있을 것인가?

중국 정부가 부채 비율 축소 등 전방위적인 대응 방안을 모색하고 있기 때문에 일단은 회색 코뿔소로부터 일정한 거리를 유지할 수 있을 것이다. 하지만, 회색 코뿔소에서 도망치는 게 능사는 아닐 것이다. 중국몽을 실현하기 위해서는 회색 코뿔소를 사냥해 쓰러트려야 함을 중국 스스로 잘 알고 있다. 시진핑은 헌법 개정을 통해 장기집권이 가능해졌지만 집권 내내 회색 코뿔소의 위협에 시달릴 운명에 놓였다.

양적 성장을 넘어서
질적 성장으로

무게중심이 정치에서 다시 경제로

중국에게 지난 2017년은 '정치의 해'라 할만 했다. 5년마다 한 번 열리는 당 대회가 개최됐기 때문이다. 연초부터 19차 당 대회를 앞두고 시진핑 2기 지도부에 대한 온갖 추측이 난무했다. 차기 주자로 부상하던 쑨정차이가 낙마하는 등 변수도 있었지만, 왕치산 유임 등 깜짝 이벤트는 없었다.

2018년 이후에는 중국의 무게중심이 정치에서 경제로 이동할 전망이다. 2018년은 시진핑 집권 2기(2018~2022년)가 시작되는 해이다. 시진핑 집권 1기(2013~2017년)의 핵심 키워드가 반부패 사정 정책으로 대표되는 정치개혁(고위층의 인적개혁)이었다면, 시진핑 2기는 경제개혁이 중요하다. 그래서 2017년 12월 18일부터 20일까지 3일 동안 개최된 중앙경제업무회의의 결과에 많은 관심이 쏠렸다. 중국은 매년 12월 중앙경제업무회의를 개최해서 다음해 경제 정책의 기조를 결정한다.

중국의 새로운 구호

'선언' 혹은 '구호'는 중국 정부의 중요한 지배 전략 수단 가운데 하나다. 중국 정부는 중요한 정책이 정해지면 그것을 대중에게 알리고 설득하는 수단으로 '선언' 혹은 '구호'를 이용한다.

최근 중국 정부가 새롭게 내놓은 캐치프레이즈는 '초심을 잊지 말고 사명을 깊이 새기자'다. 베이징 최대 서점인 베이징 도서빌딩에 들어가면 입구에 쌓아놓은 『시진핑이 국정운영을 논하다(習近平談治國理政)』라는 책이 가장 먼저 눈에 띈다. 베이징 거리 곳곳에는 '초심을 잊지 말고 사명을 깊이 새기자(不忘初心·牢記使命)'라고 쓰여진 플래카드가 걸려 있다. 이 구호는 시진핑 주석이 19차 당대회 보고에서 사용했던 말인데, 여기서 사명은 '중국인의 행복과 민족 부흥'을 뜻한다. 사명의 속내를 들여다보면, 중국을 명실상부한 강대국으로 만드는 것이 시진핑 정부의 최우선 과제이고 이를 위해서는 경제개혁 및 성장이 필수적이라는 의미

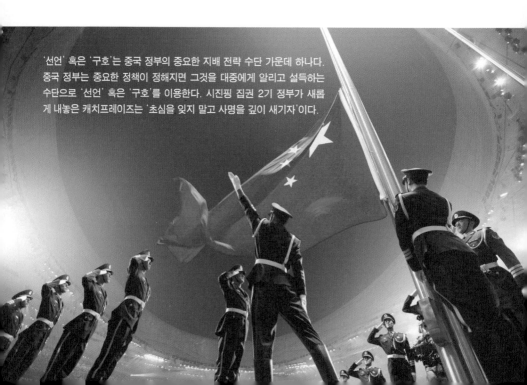

'선언' 혹은 '구호'는 중국 정부의 중요한 지배 전략 수단 가운데 하나다. 중국 정부는 중요한 정책이 정해지면 그것을 대중에게 알리고 설득하는 수단으로 '선언' 혹은 '구호'를 이용한다. 시진핑 집권 2기 정부가 새롭게 내놓은 캐치프레이즈는 '초심을 잊지 말고 사명을 깊이 새기자'이다.

가 담겨 있음을 알 수 있다.

2018년 중국 경제 정책의 핵심은 '질적인' 성장이다. 2018년 중국 경제 성장률은 2017년(6.9%)보다 다소 하락한 6.5% 정도에 그칠 수도 있다. 중국 정부의 성장률 목표치도 6~7%나 6.5% 정도로 하향 조정될 가능성이 있다. 중국이 성장률 하락을 용인하고 질적인 성장을 추진할 수 있는 배경은 지금까지의 성장률이 양호했기 때문이다.

중국 정부가 추진 중인 '2010~2020년 소득배증계획(10년 동안 GDP와 주민소득배증)'도 향후 3년 동안 매년 6.3%의 성장률만 유지하면 달성할 수 있다. 중국 국가정보센터의 경제예측부서도 2018년 경제성장률 목표치를 6.5% 정도로 정할 것을 제안했다. 경제 규모가 커지고 새로운 성장 동력이 생성되면서 고용이 늘고 있고 경제적 안정성도 제고됐다는 이유에서다.

대규모 투자의 덫

최근 들어 중국 정부는 양적인 성장보다는 질적인 개선이 중요한 시기에 이르렀음을 깨닫기 시작했다. 산업 구조조정과 혁신능력 제고, 총요소생산성(TFP) 향상을 당면 과제로 삼고 있음은 이를 방증한다.

2016년 하반기부터 경제성장률을 높이기 위해 사회간접자본(SOC) 투자를 늘린 게 오히려 중국 경제 성장의 발목을 잡았다. 2017년 1월부터 11월까지 사회간접자본 투자의 증가율은 20%에 육박했다. 고정자산투자 증가율의 3배에 달하는 증가 속도다.

여기서 반드시 집고 넘어가야 할 점은 사회간접자본 투자가 전체 고정자산 투자에서 차지하는 비중이 50%를 넘었다는 사실이다. 이는 철도 · 교량 · 지하철 등 중국 정부가 주도하는 SOC 투자가 민간 투자 대신 경제 성장을 견인해왔음을 의미한다.

2017년 정부 업무 보고에서 중국은 재정적자 목표치를 GDP의 3%로 정하는 등 3%를 가이드라인으로 유지하고 있다. '적극적인 재정 정책과 안정적인 통화 정책'은 2011년부터 지속해온 정책 기조다.

중국 정부 부문의 부채비율은 아직까지는 양호한 수준이다. 그럼에도 불구하고 현 수준의 SOC 투자는 퍽 부담스럽다. 2017년 6월 말 기준 중국 경제의 GDP 대비 총부채비율은 255.9%에 달했다. 특히 기업 부문의 GDP 대비 부채비율이 163.4%로 상당히 높다. 정부 부문과 가계 부문의 부채비율은 각각 45.7%와 46.8%로 양호한 수준이다.

중국 기업의 부채비율이 지나치게 높은 이유는, 중국 정부가 대형 국유기업을 통해서 사회간접자본에 투자해왔기 때문이다. 또한 부동산 개발 업체들의 과감한 확장도 부채비율 상승에 기여했다. 최근 중앙경제업무회의에서 직접적으로 부채비율에 대해 언급하진 않았지만, 부채비율 하락이 앞으로 중국 정부의 핵심 과제라는 건 누구도 부인할 수 없는 사실이다.

중국은 '고속철도 굴기'를 선언하며 2020년까지 대도시의 80% 이상을 고속철도로 연결하겠다고 밝혔지만, 일각에서는 대규모 사회간접자본 투자로 인한 재정적자를 어떻게 만회할지 우려의 목소리가 높다.

문제는 빚이다

지난 몇 년 동안 중국 경제의 최대 리스크는 성장률 둔화, 지방정부 부
채 그리고 금융 리스크였다. 지방정부 부채는 중국 정부의 적극적인 대
응으로 위험한 시기는 넘겼다는 게 전문가들의 진단이다. 하지만 앞으
로는 금융 리스크가 가장 큰 변수다. 부채비율을 낮춰야만 금융 리스크
도 줄일 수 있다.

중국 경제부처와 금융당국은 중앙경제업무회의 결과에 맞춰서 각자의
해석을 내놓았다. 중국공산당 산하 최고 경제 정책 결정기구인 중앙재
경영도소조의 양웨이민 주임은 실물경제 · 부동산 · 금융 등 주요 부문
에서 통합적으로 부채비율을 관리해서 금융 리스크를 줄여야 한다고
언급했다. 금융 리스크 제어를 위한 가장 중요한 변수가 부채비율이라
는 얘기다. 특히 양 주임은 국유기업의 디레버리징이 선결과제라고 봤

| 중국의 GDP 대비 부채비율

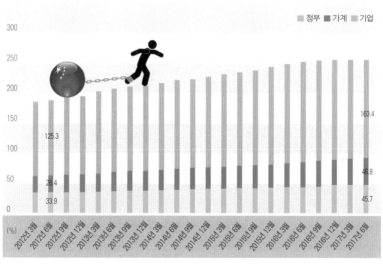

자료: BIS

다. 즉, 국유기업의 부채비율만 줄여도 중국의 총부채비율이 큰 폭으로 하락할 것이라고 말했다.

통화 정책을 책임지는 중국인민은행은 총부채비율과 은행의 자기자본 비율 관리에 중점을 뒀다. 은행감독관리위원회는 감독 강화를 강조했다. 살펴볼 내용이 많은 쪽은 자본 시장을 감독하는 증권감독관리위원회다. 증권감독관리위원회는 국무원 금융안정발전위원회와 인민은행이 주도하는 금융안정기구에 적극 협력해서 자본 시장의 안정적인 운영을 도모하겠다고 밝혔다. 또한 벤처기업과 신경제 기업을 적극 육성하고 자본 시장의 양방향 개방을 추진할 것이며 증권법 개정 작업과 선물법 입안 및 사모펀드관리조례 제정에도 힘을 기울이겠다고 밝혔다.

고도성장에서 고질량 성장으로

중국 정부가 추진하는 질적인 성장은 선택이 아닌 필수가 됐다. 중국은 이미 후기 산업화에 진입한 상태로, 맹목적인 양적 성장은 득보다 실이 크다는 사실을 잘 알고 있다. 베이징·상하이 등 1선도시는 서비스업 비중이 80%에 달한다. 중국 내부에서는 중국이 중진국 함정 구간에 들어섰다는 분석도 나오고 있다.

중국은 질적인 성장을 고질량(高質量) 성장으로 표현한다. 지금까지 유지해왔던 고속성장의 '고속' 대신 '고질량(높은 퀄리티)'을 추구하겠다는 얘기다. 규모(양)나 속도보다 질과 효율이 중요하다는 사실을 깨달은 것이다.

질적인 성장은 중국이 혁신경제를 추구하는 이유이기도 하다. 중앙경제업무회의에서도 고질량 성장을 향후 경제 정책 수립과 거시경제 조정에 필요한 핵심 키워드로 내세웠다.

하지만, 한 가지 집고 넘어갈 점이 있다. 심각한 비만에 처한 사람이 어느 날 갑자기 식사량을 '극단적으로' 줄이는 다이어트에 들어갔다고 하자. 과연 다이어트에 성공할 수 있을까? 사람에 따라 단기적으로는 성공하기도 한다. 하지만, 뒤이어 초래되는 요요현상이 다이어트의 발목을 잡는다. 다이어트의 성공을 좌우하는 키워드는 '의지'와 '방법'이다. 아무리 방법이 탁월하다 하더라도 의

미래 중국 경제의 화두는 '얼마나 강한가'가 아니라 '어떻게 강하면서도 현명할 수 있는가'이다.

지가 약하면 그만이다. 그런데, 의지는 동전의 양면과도 같다. 의지가 강하면 자칫 '극단적인' 방법을 선택하는 우를 범하곤 한다. 방법이 극단적이면 실패할 확률이 높다. 결국 의지는 강하면서도 현명해야 한다. 중국 정부가 양적인 성장을 멈추고 질적인 성장을 추구하는 경우도 마찬가지다. 중국 경제의 체질 개선은 꼭 필요하지만, 그 과정을 감내할 수 있는 기초체력을 얼마나 갖추고 있는지 냉정하게 따져봐야 한다. 질적인 성장 앞에 반드시 필요한 수식어를 붙인다면, 그건 '현명한'이 아닐까 싶다. '현명한 질적 성장'이란 무엇인가? 중국 정부가 앞으로 궁구(窮究)해야 할 지점이다.

글로벌 GDP 톱 20
(2016년 'GDP based on PPP valuation'* 기준, 단위 : 10억 달러)

9위 영국 2,788

5위 독일 3,979

19위 오스트리아 1,189

6위 러시아 3,745

4위 일본 4,932

17위 터키 1,670

13위 한국 1,929

18위 이란 1,459

1위 중국 21,269

12위 이탈리아 2,221

10위 프랑스 2,737

16위 스페인 1,690

14위 사우디아라비아 1,731

3위 인도 8,721

20위 태국 1,161

8위 인도네시아 3,028

* GDP based on PPP valuation이란 '구매력평가(Purchasing-Power Parity) 환율 기준 GDP'로 각국의 통화 단위로 산출된 GDP를 단순히 달러로 환산해 비교하지 않고 각국의 물가수준을 반영한 것임. 각국에서 생산되는 상품 서비스의 양과 물가수준까지 감안함으로서 소득을 단순 달러로 표시한 GDP와 다르게 한 국가의 실질소득과 생활수준까지 파악하는 기준이 된다.

자료 : IMF

인포
그래픽
찾아
보기

Chapter 4 | 중국몽은 실현될 것인가?

참고
문헌

- Graham Allison, 『Destined for War : Can America and China Escape Thucydides's Trap?』, Houghton Mifflin Harcourt, 2017
- David S. Evans and Richard Schmalensee, 『Matchmakers : The New Economics of Multisided Platforms』, Harvard Business Review Press, 2016
- Geoffrey G. Parker and Marshall W. Van Alstyne, 『Platform Revolution : How Networked Markets Are Transforming the Economy and How to Make Them Work for You』, W. W. Norton & Company, 2016

- 方军,『付费：互联网知识经济的兴起』, 机械工业出版社, 2017
- 阿里研究院,『新经济崛起：阿里巴巴3万亿的商业逻』, 机械工业出版社, 2016
- 吴晓波,『腾讯传：中国互联网公司进化论』, 浙江大学出版社, 2017
- 吴晓波,『历代经济变革得失』, 浙江大学出版社, 2016
- 郑永年,『未来三十年：改革新常态下的关键问题』, 中信出版社, 2016
- 郎咸平,『郎咸平说：新经济颠覆了什么』, 东方出版社, 2016
- 해리슨 E. 솔즈베리,『새로운 황제들』, 다섯수레, 2000

- 대외경제정책연구원, 『중국의 일대일로 추진 현황 및 평가와 전망』, 2017

- Huawei, 『2016 Annual Report』, 2017

- Webank, 『2016 Annual Report』, 2017

- MYbank, 『2016 Annual Report』, 2017

- Tencent, 『2016 Annual Report』, 2017

- Alibaba, 『2017年第三季度报告』, 2017

- BOE, 『2017年第三季度报告』, 2017

- IDC, 『Worldwide Quarterly Mobile Phone Tracker 2017Q3』, 2017

- 中商产业研究院, 『2017年1-12月中国集成电路出口数据分析』, 2018

- 中商产业研究院, 『2017年中国无人零售商店研究报告』, 2017

- 中商产业研究院, 『2017年中国主要城市房价工资比排行榜』, 2017

- 艾瑞咨询, 『2017年中国第三方移动支付行业研究报告』, 2017

- 艾瑞咨询, 『2017年中国本地生活O2O行业研究报告』, 2017

- 艾瑞咨询, 『2017年中国无人零售行业研究报告』, 2017

- 易观, 『中国第三方支付移动支付市场季度监测报告2017年第3季度』, 2017

- 易观, 『中国知识付费行业发展白皮书2017』, 2017

- 胡润研究院, 『2017胡润80后富豪榜』, 2017

- BCG, 阿里研究院, 百度, 滴滴, 『中国互联网经济白皮书：解读中国互联网特色』, 2017

- 中国电子学会, 『2017年中国机器人产业发展报告』, 2017

- 高德地图, 『2017年度中国主要城市交通分析报告』, 2018

- 企鹅智酷, 『中国互联网趋势预测白皮书』, 2016

- 智联招聘, 『2017年秋季中国雇主需求与白领人才供给报告』, 2017

- 国家互联网金融安全技术专家委员会, 『2017上半年国内ICO发展情况报告』, 2017

- 华泰证券, 『半导体行业系列报告之一：路漫漫修远兮 国产IC任重道远』, 2017

- 西南证券,『携10.5代线先发优势, 开创8K新时代』, 2018

- 中金公司,『覆巢之下寻完卵, 产品升级是王道』, 2018

- 中信证券,『2017年双十一数据洞察-不一样的消费升级』, 2017

- 招商证券,『三个层面看阿里腾讯新零售对局』, 2017

- 东兴证券,『比特币宏观政策胶着, 区块链技术前景可期』, 2018

- 国泰君安,『区块链主题能火多久』, 2018

| 관련 사이트 |

- 중국 반도체업종협회 http://www.csia.net.cn

- 중국 자동차공업협회 http://www.caam.org.cn

- 포브스 부호 리스트 https://www.forbes.com/billionaires/list

- 중국 국가통계국 http://www.stats.gov.cn

- 신랑재경 http://finance.sina.com.cn

- 야후 파이낸스 https://finance.yahoo.com

- 중국 인민대표대회 http://www.npc.gov.cn

- 중국 인터넷정보센터 http://www.cnnic.net.cn

- 중국지수연구원 http://industry.fang.com

- 관세청 http://www.customs.go.kr

- 세계은행 http://www.worldbank.org

- BIS https://www.bis.org

미래 유망 투자처 전격 해부 리포트

4차산업 투자지도

| 한국비즈니스정보 지음 | 336쪽 | 25,000원 |

**4차산업혁명 시대에
가장 뜨는 업종과 기업은 어디인가?**

사물인터넷(IoT), 인공지능(AI), 5세대이동통신(5G), 3D프린터, 가상 · 증강현실, 자율주행차, 블록체인, 생체인식, 드론(무인항공시스템) 등 4차산업혁명을 주도하는 34개 업종을 선별해 각 업종마다 투자가치가 높은 유망기업들을 찾아 핵심 투자 포인트를 분석했다.

생각의 틀을 바꾸는 수數의 힘

숫자의 법칙

| 노구치 데츠노리 지음 | 허강 옮김 | 252쪽 | 15,000원 |

**설득력과 논리력, 사고력과 판단력을 키우는 열쇠는
당신이 수(數)에 얼마나 밝은가에 달렸다!**

이 책에 담긴 49가지 숫자의 법칙들은, 이름만 대도 알만한 업계의 고수들이 오랜 세월 경험을 통해 체득한 비즈니스 묘수들을 수치로 풀어낸 것이다. 그들은 하는 일마다 꼬이고 난관에 부딪혀 어찌해야 할지 막막할 때마다 뜻밖에도 숫자에서 그 혜안을 찾았다. 그 탁월하고 비범한 숫자의 법칙들이 이 책 안에 빼곡히 담겨 있다.

위기를 조장하는 이코노미스트들의 위험한 선택

샤워실의 바보들

| 안근모 지음 | 324쪽 | 16,000원 |

**정부와 중앙은행의 위험천만한 화폐 실험이
경제를 통제 불능의 괴물로 만들고 있다!**

중앙은행은 시장을 지배하는 신(神)이기를 자처했고, 시장은 그러한 신의 계시를 맹목적으로 따랐다. 그 결과 시장은 거품과 붕괴, 인플레이션과 디플레이션이 끝없이 반복되고 있다. 국내 유일의 '중앙은행 관찰자'(central bank watcher)로 불리는 저자는 정부와 중앙은행에 대한 비판적인 시각을 견지하며 금융위기 이후 주요국의 재정과 통화 정책, 그리고 경제를 한 편의 다큐멘터리처럼 생생하게 재연하고 있다.